GEHEIMNISVOLLE
WELT

Christopher Frayling

GEHEIMNISVOLLE WELT

Eine Reise
durch das Mittelalter

Aus dem Englischen
von Uwe Bork

Für Arthur

Dieses Buch begleitet die von der BBC und dem SDR produzierte Fernsehserie
Geheimnisvolle Welt. Streifzüge durch das Mittelalter (im Original: *Strange Landscape*).

Original English Language Version
© Christopher Frayling 1995
Der Titel der englischen Ausgabe lautet: Strange Landscape. A Journey Through the Middle Ages

Die Deutsche Bibliothek – CIP-Einheitsaufnahme
Frayling, Christopher:
Geheimnisvolle Welt : eine Reise durch das Mittelalter /
Christopher Frayling. Aus dem Engl. von Uwe Bork. – Köln :
vgs, 1995
Einheitssacht.: Strange landscape >dt.<
ISBN 3-8025-1301-0

2. Auflage 1995
© der deutschsprachigen Ausgabe: vgs verlagsgesellschaft, Köln 1995

By arrangement with BBC Books, a division of BBC Worldwide Ltd.

Umschlaggestaltung: Papen Werbeagentur, Köln
Lektorat: Marcus Reckewitz, Bonn
Satz: ICS Communikations-Service, Bergisch Gladbach
Druck: Butler & Tanner, Frome
Printed in England
ISBN 3-8025-1301-0

FRONTISPIZ
Der Reichtum der mittelalterlichen Landschaft
in allen vier Jahreszeiten – eine Vision
der Äbtissin Hildegard von Bingen (1098–1179)

Inhalt

Danksagung

Aufrichtiger Dank vor allem an Jim Burge, den Produzenten der von der BBC und dem Süddeutschen Rundfunk gemeinsam produzierten Fernsehserie *Geheimnisvolle Welt (Strange Landscape)*, die dieses Buch begleitet. Er steuerte die Serie erfolgreich vom Inferno durch das Fegefeuer in ein verdientes Paradies. Dank auch an Derek Towers und Christopher Salt, die in den Folgen »Die diamantene Stadt«, »Die Feuer des Glaubens« und »Das Duell der Denker« mit Enthusiasmus und Können Regie führten. Auch an Peter Firstbrook (Produzent und Redakteur), Kate Macky (Produktionsleiterin), Rosie Allsop, Barbie MacLaurin und Liz Sugden (Aufnahmeleiterinnen), die immer zur richtigen Zeit am richtigen Ort waren. Mary Cranitch, die Rechercheurin der Serie, war mir — weit über alle Pflicht und Schuldigkeit hinaus — eine große Hilfe und Unterstützung. Ohne sie wäre dieses Buch nicht nur völlig anders ausgefallen, es wäre auch sehr viel schwieriger zu schreiben gewesen. Alexander Murray, Mitglied des University College in Oxford, agierte als historischer Berater der Fernsehserie; viele seiner exzellenten und durchdachten Ratschläge haben ihren Weg in dieses Buch gefunden, obwohl er nicht für das Endergebnis verantwortlich gemacht werden darf: Ich hoffe inbrünstig, daß der erste Abschnitt mich nicht zu einem Fall für die Inquisition macht. Malcolm Miller lehrte mich in der Kathedrale von Chartres, wie man Kirchenfenster »liest«; Kevin Jackson untersuchte Mediävistik und Modernismus; Graham Cox half mir dabei, über höfische Liebe etwas intensiver nachzudenken; Terry Gilliam ließ mich teilhaben an seiner Version von einem Mittelalter »mit allen seinen Auswüchsen«; und Umberto Eco widmete mir großzügig seine Zeit, als ich ihn wegen aller mit dem »Namen der Rose« zusammenhängenden Fragen belästigte: Sie haben alle — ohne es zu ahnen — zur endgültigen Form dieses Buches beigetragen. Gillian Plummer und Barbara Berry bearbeiteten den Text mit wahrhaft phantastischer Effektivität und Geschwindigkeit. Und meine Frau Helen hat mit mir eine hektische Reise über die Haupt- und Nebenstraßen des mittelalterlichen Europas unternommen. *Und* sie ist dabei fröhlich geblieben.

Christopher Frayling
Bath und London, April 1994

Teil 1

DAS MITTELALTER HEUTE

Im Jahr 1980 veröffentlichte Umberto Eco, Professor für Semiotik an der Universität Bologna, seinen ersten Roman, »Der Name der Rose«. Seit den frühen fünfziger Jahren hatte er die ästhetischen Ideen des Thomas von Aquin, mittelalterliche Kunst im allgemeinen und die Buchmalereien der biblischen Offenbarung im besonderen studiert. Aber es war »Der Name der Rose«, der seine beiden beherrschenden Interessen zusammenführte: das Denken des Mittelalters und die Alltagskultur des ausgehenden zwanzigsten Jahrhunderts. Sein Roman handelt vor allem davon, »die Erscheinungen zu erkennen, durch die die Welt zu uns spricht wie ein großartiges Buch«, und gleichzeitig diese Erscheinungen zu dechiffrieren − damals wie heute.

»Der Name der Rose« erzählt die Geschichte des Besuchs eines jungen Benediktinernovizen, Adson von Melk, und seines Meisters, eines gebildeten Franziskaners namens Bruder William von Baskerville, in einer entlegenen Abtei irgendwo in den Bergen Norditaliens Ende November des Jahres 1327. Ihr Besuch fällt in eine Zeit erhitzter Debatten zwischen dem Papsttum und dem radikalen Flügel des Franziskanerordens, »den Spiritualen«, über die Rolle der Kirche in der Gesellschaft: Sollte sie arm sein? Wo verliefen die Grenzen der Toleranz und der Häresie? Wie sollte sie auf die Entwicklung einer am Profit orientierten Wirtschaft in Westeuropa reagieren?

Im Verlauf einer unruhigen Woche, die schließlich in Ermittlungen zu einem Mordfall gipfelt, diskutieren Adson und William mit verschiedenen Mitgliedern der Mönchsgemeinschaft eine Reihe von Fragen, die im frühen vierzehnten Jahrhundert »in der Luft gelegen« haben mögen. Sie beziehen sich auf die Ästhetik des Lichts und den Symbolismus sakraler Geometrie, die

»moderne« Darstellung der Jungfrau Maria, die Legenden des heiligen Franziskus von Assisi, die Ursprünge der Inquisition und die Rolle der Dominikaner bei ihrer Durchführung, die Buchmalereien, die neuesten Erfindungen wie zum Beispiel Brillen, die Debatte zwischen Bernhard von Clairvaux und Abt Suger von Saint-Denis über den Gebrauch von Ornamenten und Bildern in Kirchen, die Anziehung, die das Beispiel des hitzköpfigen Intellektuellen Peter Abaelard auf junge Mönche ausübte, die Ausbreitung von »Ketzereien aus dem Orient« wie etwa derjenigen der Katharer, die Popularität aristokratischer Seifenopern wie »Tristan und Isolde«, die Skulpturen »monströser Rassen« in der Basilika Sainte-Madeleine im burgundischen Vézelay und monströser, ineinander verschlungener Löwen in der Abteikirche von Moissac in der Gascogne, die Bedeutung von Reliquien und Reliquiaren sowie die Sprache der Labyrinthe. Darüber hinaus eröffnen diese und andere Diskussionen eine Reihe von Ausblicken auf die Offenbarung und ihre Vorhersagen über das Ende der Welt, die, wie eine der Figuren es ausdrückt, »den Schlüssel zu *allem* bieten«. Der junge Adson findet während dieser ereignisreichen Woche sogar noch die Zeit, in der Küche der Abtei ein »schönes und schreckliches Mädchen« zu lieben, wobei die Antworten des Novizen auf alles, was ihm widerfährt, vollständig aus Zitaten religiöser Texte jener Zeit gebildet werden – vom Lied der Lieder über die Predigten des Bernhard von Clairvaux bis zu den Visionen der Hildegard von Bingen.

Es ist offensichtlich, daß Ecos Roman, das Produkt von mehr als fünfundzwanzig Jahren Forschung über das elfte bis vierzehnte Jahrhundert, es sich bewußt zur Aufgabe gemacht hat, eine detaillierte ideologische und intellektuelle Karte der fremdartigen geistigen Landschaft des Mittelalters zu zeichnen. Es gibt zwar einige Bemerkungen über das frühe, das sogenannte »finstere« Mittelalter, das sich vom Untergang des Römischen Reiches im Westen (um das Jahr 450) bis zur Jahrtausendwende erstreckte. Es war die Zeit des Endes des Großen Römischen Friedens, sinkender Bevölkerungszahlen und des Wiederauflebens des Stammesdenkens. Die des Lesens und Schreibens mächtige Zivilisation mauerte sich in benediktinischen Bunkern ein, bis die Morgenröte der »karolingischen Renaissance« zu dämmern begann, die ihr Zentrum am Hof Karls des Großen im Rheintal hatte, und bis das auftauchte, was als »der Schmelztiegel des mittelalterlichen Europas« in Nordfrankreich, Südengland, den Tälern der Rhone und des Rheins sowie in Norditalien bekannt wurde. Aber der Schwerpunkt von Ecos Roman wie der seiner Forschungen liegt in der Zeit zwischen dem Jahr 1000 und der italienischen Renaissance des fünfzehnten Jahrhunderts. Es ist die Ära, die, wie Eco sagt, »in unserer Schulzeit Humanismus genannt wurde«, ein Zeitraum, Hochmittelalter genannt, der mit dem Schießpulver, dem gedruckten Wort und der Entdeckung der Künstlerpersönlichkeit endete.

Es gibt einen Hinweis im »Namen der Rose« auf Dantes »Göttliche Komödie«: »Jemand hatte erwähnt, daß der größte Dichter jener Tage, Dante Alighieri aus Florenz, der erst seit wenigen Jahren [er starb 1321] tot war, ein großes Epos gedichtet hatte (das ich nicht lesen konnte, weil es in vulgärem Toskanisch verfaßt war).« Das Epos wird von Eco mehr als eine in moderner Sprache geschriebene Zusammenfassung spätmittelalterlichen Denkens über Kunst, Theologie, Kosmologie, Science-Fiction und Wissenschaft aufgefaßt und weniger als ein unbewußter Vorläufer der sich um den Künstler drehenden Welt der Stadt Florenz, wie sie sich ein Jahrhundert später entwickeln sollte. Sogar der Titel seines Romans bezieht sich direkt auf das endgültige Ziel des Pilgers, »Dantes mystische Rose«.

Ecos Zeit ist also das Hochmittelalter, die »helle« Zeit. Aber natürlich versteht sich keiner der Bewohner seines Klosters als zur »Mitte« von irgend etwas zugehörig (viele von ihnen ziehen es statt dessen vor, sich als Teil des »Endes« aller Dinge zu betrachten). Es waren die Humanisten des fünfzehnten Jahrhunderts, die im Rückblick den Ausdruck »Mittelalter« prägten, um damit den riesigen, von Finsternis überschatteten Bindestrich zwischen dem Fall des Römischen Reiches und der erleuchteten Gegenwart zu beschreiben, zwischen den beiden Höhepunkten Rom und Florenz. Die rund eintausend Jahre zwischen 500 und 1500 wurden zur »mittleren Zeit«, einer Zeit, die von Kunst und Zivilisation abgelöst wurde. Das Adjektiv »mittelalterlich« wurde sogar erst noch später üblich, und zwar im neunzehnten Jahrhundert, als eine romantische Schickeria feuchte Augen bei der Vorstellung eines goldenen Zeitalters der Ritterlichkeit und der Legenden bekam, weil sie vom goldenen Zeitalter Griechenlands und Roms gelangweilt war. »Mittelalterlich« meinte damals ein ebenso reichhaltiges wie merkwürdiges Sortiment aus den Romanen von Walter Scott, dem Kult um Shakespeare, dem Studium von Dokumenten aus der Zeit vor Erfindung des Buchdrucks, der Restaurierung von Gebäuden jener Zeit, die sich noch in Gebrauch befanden, dem Mythos vom glücklichen Handwerker und einer Begeisterung für frühe Literatur wie Chaucers »Troilus und Cressida«, wo die Kämpfer des Trojanischen Krieges klassischer Zeiten eher wie Ritter im Turnier aussahen, die stolz die Farben ihrer Damen in den Kampf trugen und wo »Träume zu Wahrheit wurden und Sagen zu Geschichte«.

Heute ist diese Periode in Frankreich, ebenso wie in Italien und Deutschland, als *le Moyen Âge*, das Mittelalter, bekannt — eine einzige, identifizierbare Ära mit eigener Identität; in England und Amerika spricht man dagegen von »den Mittelaltern« als einer Reihe von Zeiträumen oder Perioden innerhalb einer langen, historischen Zeitspanne. Weil die Geschichtswissenschaft den Untergang Roms inzwischen weiter und weiter in Richtung auf die Ursprünge der Renaissance verschiebt (deren Anfänge dabei in demselben Maße zurückdatiert werden), tendiert man heute zunehmend dazu, beide Ausdrücke, ob nun im Singular oder Plural, in distanzierende Anführungsstriche zu setzen. Das Mittelalter ist unter Druck geraten.

Kurz nachdem »Der Name der Rose« 1983 auf Englisch veröffentlicht wurde, hatte ich mit Umberto Eco in Mailand ein langes Gespräch über die Bedeutung des Romans und besonders über die anhaltende Faszination, die das Mittelalter sowohl auf die gehobene wie auch auf die populäre Kultur ausübt. Sein erstes Buch über mittelalterliche Ästhetik war bereits 1956 veröffentlicht worden, und vor kurzem bemerkte er: »Ich kenne die Gegenwart nur durch den Fernsehschirm, während mir das Mittelalter unmittelbar bekannt ist.« Es war daher nicht überraschend,

FOLGENDE DOPPELSEITE:
Das Feuer in der Bibliothek: Verbotenes Wissen führt zur Vernichtung
einer entlegenen Abtei in den Bergen Norditaliens;
Filmfassung von Umberto Ecos »Der Name der Rose«, Regie: Jean-Jacques Annaud (1986).

daß er das frühe vierzehnte Jahrhundert als Rahmen für seinen ersten Roman wählte. Eine Überraschung war sehr viel mehr, daß »Der Name der Rose« sich zu einem Bestseller in der gesamten westlichen Welt entwickelte, ähnlich erfolgreich wie das Buch »Montaillou« des Historikers Emmanuel Le Roy Ladurie, eine wissenschaftliche Studie aus den späten siebziger Jahren zu den aus dem vierzehnten Jahrhundert stammenden Aufzeichnungen der Inquisition über die letzte häretische Katharersekte im Bergdorf Montaillou in Südwestfrankreich, und − leichter vorherzusagen − wie Barbara Tuchmans Buch aus dem Jahr 1978 »Der ferne Spiegel: Das dramatische 14. Jahrhundert«, das Parallelen zwischen dem spätmittelalterlichen Europa und der dunklen Nacht des zwanzigsten Jahrhunderts zog. »Der Name der Rose« war außerdem Anregung für unzählige Krimis, die in mittelalterlichen Klöstern, der ultimativen Version des »verschlossenen Raumes«, angesiedelt sind: Edith Pargeters (alias Ellis Peters) »Cadfael«-Bücher, die im Shrewsbury des zwölften Jahrhunderts spielen, kamen zwar bereits 1977, also drei Jahre vor der Veröffentlichung von Ecos Roman, heraus, aber sie wurden erst in den achtziger Jahren zu einem Erfolg. Heute gibt es nicht weniger als zwanzig Cadfael-Romane von »Im Namen der Heiligen« bis »Bruder Cadfael und der Ketzerlehrling«. Woher rührt diese Faszination für das Mittelalter, die in der Rezeption von wissenschaftlichen Werken ebenso sichtbar wird wie in populären Veröffentlichungen?

Wie Eco mir gegenüber betonte, bestand zu allen Zeiten ein Interesse am Mittelalter. In der Renaissance kehrten die großen Dichter zu den Themen der Rittersagen zurück. Cervantes' »Don Quixote« aus dem frühen siebzehnten Jahrhundert erzählt die Geschichte eines Mannes, der die reale Welt nicht mit seiner Vorliebe für mittelalterliche Romanzen in Einklang bringen konnte. Während der Aufklärung, als die Philosophen scheinbar das letzte Gefecht gegen das finstere Zeitalter führten, begann gerade dieses finstere Zeitalter mit der Gattung des Schauerromans und der frühen Romantik die Aristokraten in seinen Bann zu ziehen. Und dank solcher Schriftsteller wie Walter Scott, Alfred Tennyson und Victor Hugo sowie der Restaurierungsarbeiten von Viollet-le-Duc erschuf sich das neunzehnte Jahrhundert sein eigenes Mittelalter. John Ruskin und die Präraffaeliten, in Theorie und Praxis meisterhaft von William Morris vertreten, wandten sich von der gerade industrialisierten viktorianischen Welt und ihrem Motto »schäbig ist Spitze« ab und widmeten sich einer mittelalterlichen Welt voller leuchtender Farben, Mythen und glücklicher − nicht entfremdeter − Kunsthandwerker. Eco fuhr fort:

> Aber in Wirklichkeit ist die wahre Wiederentdeckung des Mittelalters als Werk der Massenmedien des zwanzigsten Jahrhunderts anzusehen, in dem sich erst ein neues und intensiveres Interesse daran entwickelt hat. Meine These lautet, daß jedes Mal, wenn Europa eine Krise, eine Unsicherheit über seine Ziele und Aufgaben spürt, es sich zu seinen eigenen Wurzeln zurückzieht. Und die Wurzeln der europäischen Gesellschaft liegen nun einmal ohne Frage im Mittelalter. Alles, was derzeit im Europarat diskutiert wird, wurde im Mittelalter geboren: die kapitalistische Wirtschaftsordnung, Banken (gemeinsam mit Schecks und der Prime Rate), Handelsstädte, moderne Sprachen, der Kampf zwischen Arm und Reich, die demokratische Regierungsform, der Aufbau des modernen Staates und der modernen Armee, die Idee des internationalen Zusammenschlusses − und der technologische Wandel. Windmühlen,

Hufeisen, Kompasse, der Siegeszug der arabischen Mathematik, nicht zu vergessen die Tastatur, die schnell zu dem wird, womit wir schreiben und unsere Gedanken strukturieren . . . Die grundlegenden Konzepte dafür mögen aus dem alten Griechenland und dem alten Rom stammen, aber im Mittelalter haben wir gelernt, mit ihnen umzugehen. Ich denke, daß wir mit dem Altertum, d. h. dem ägyptischen, griechischen oder römischen Altertum, so umgehen: Wir restaurieren seine Monumente und betrachten sie respektvoll − im Britischen Museum oder, ähnlich einem Museum, auf einem Hügel wie beim Parthenon. Mit dem Mittelalter gehen wir dagegen anders um, das Mittelalter *leben* wir noch. Wir leben oder beten immer noch in Kathedralen, wir leben immer noch auf der italienischen Piazza, die eine mittelalterliche Erfindung ist, wir leben oder arbeiten immer noch in einer Bank, die ebenfalls im Mittelalter erfunden wurde. Sicher, wir »recyceln« und rekonstruieren das Mittelalter, aber wir tun das, *indem wir in ihm leben* . . . Die Art von Intoleranz und Dogmatismus, die von Le Roy Ladurie in »Montaillou« erforscht wurde, erklärt immer noch unsere eigene Intoleranz und unseren eigenen Dogmatismus.

Eco nimmt an, daß diese Suche nach den Wurzeln, also unser Fragen nach unserer Herkunft, sich ebenso auf Ideen bezieht wie auf Erfindungen, Institutionen und Organisationen:

> . . . Die zeitgenössische Logik verdankt mittelalterlichen Logikern wie William von Occam viel. Das Mittelalter ist nicht, wie viele Menschen glauben, das finstere Zeitalter, sondern es ist eine Periode, in der die Kultur in größerer Vielfalt blühte, als wir denken. Es mag danach aussehen, daß − wie es bei chinesischen Politikern der Fall ist − jeder dasselbe sagte und jeder dieselbe Autorität zitierte, aber bei näherem Hinsehen enthüllt eine unscheinbare Veränderung in einem Adjektiv oder Adverb eine andere Sicht der Welt.

Ein neueres Buch, das Parallelen zwischen Tendenzen der zeitgenössischen Politik und Gesellschaft und dem Mittelalter zieht, setzt dagegen diese Periode mit einem »Finsteren Zeitalter« gleich. Alain Mincs »Das neue Mittelalter« aus dem Jahr 1994 sollte besser »Das neue finstere Zeitalter« heißen, ein Titel, der präzise beschreibt, was Minc zu vermitteln versucht. Der Kollaps der aus Nationalstaaten und gut organisierten Städten der Post-Renaissance und Post-Aufklärung gebildeten Welt und das Ende der Expansion Europas sowie des Triumphs des Westens hat seiner Meinung nach zu einem neuen Stammesdenken geführt: Städte sind in Clans und Nachbarschaften aufgeteilt, mit Oberklassen-Appartements, die von Schutztruppen bewacht werden, und »No-Go-Areas«, d.h. Sperrzonen, in den Innenstädten. Die Ost-West-Beziehungen sind geprägt von einer Mixtur aus der Bedrohung durch Heilige Kriege und der Furcht Westeuropas und Amerikas vor den zwischenzeitlichen Fortschritten der asiatischen Pazifikregion (vergleichbar der Paranoia gegenüber der arabischen Zivilisation im achten Jahrhundert und gegenüber dem Islam während des Mittelalters). Mit einer Korruption großen Maßstabs (»Räuberhäuptlinge« sind inzwischen mit Computern und nicht mehr mit Schwertern ausgerüstet) und dem Zusammenbruch des Nationalstaates scheint Italien dabei in bezug auf eine neo-mittelalterliche Desintegration derzeit an der Spitze zu stehen. Die Stämme der eurasischen Steppe sind wieder ruhelos in Bewegung, und sogar das moderne Äquivalent des Heiligen Römischen Reiches – das Europa von Maastricht – scheint kein Rückgrat mehr zu besitzen und kraftlos geworden zu sein. Während die Stadt so dem Mittelalter verfällt, fegt die Seuche das Land leer (der Diskurs über AIDS ist voll von Bildern Armageddons), Bettler wandern durch die Straßen und neue Wahnideen, Irrglauben und Sekten gewinnen über Nacht an Einfluß. Minc faßt zusammen:

> Das neue Mittelalter: Der Zusammenbruch der Aufklärung als grundlegendes Leitprinzip angesichts eingängiger Ideologien und Irrglauben, die die Menschen für überwunden gehalten hatten.

> Das neue Mittelalter: Die Wiederkehr von Krisen und Spannungen als Hintergrund des Alltags.

> Das neue Mittelalter: Die Desintegration des »geordneten« und »zentrierten« Universums angesichts von Regionen und Gesellschaften, die unserer Fähigkeit zu rationaler Analyse zu trotzen scheinen.

Aber wenigstens ein Kritiker hat auf Mincs apokalyptische Thesen mit dem Aufschrei geantwortet: »Das ist unfair gegenüber dem Mittelalter!« Es war nicht annähernd so furchtbar wie die moderne Welt, zumindest nicht das späte Mittelalter, und sogar das »finstere Zeitalter« hatte etwas Besseres verdient als das. Umberto Eco würde dieser Reaktion vermutlich zustimmen, und er würde mit Sicherheit der Bemerkung beipflichten, daß man um so mehr interessante Dinge sieht, je näher man das Mittelalter betrachtet und je tiefer man sich in diese Zeit versenkt.

Doch, wie Eco angefügt hat, die Wiederentdeckung des Mittelalters im zwanzigsten Jahrhundert hat – mit einer Menge Zwischenstufen – ebenso in der Fast-Food-Welt der Pop-Kultur wie in der nachdenklicheren Welt der Geschichtswissenschaft stattgefunden. Und es ist auch nichts Neues an der Wiederentdeckung selbst: G. K. Chesterton, britischer Schriftsteller und Kritiker des frühen zwanzigsten Jahrhunderts, beschrieb diesen Trend bereits mit folgender Formulierung: »Mittelalter, im milden Schein des Mondes betrachtet«. Eco hat denn auch eine lockere Klassifikation der verschiedenen Wiederentdeckungen vorgelegt – eine Klassifikation, die sich auf so gut wie jede Periode von der Renaissance bis zur Gegenwart anwenden läßt (und auch auf das Mittelalter selbst, in dem der Kult der Ritterlichkeit vielfach als ein Wiederaufleben der guten, alten Zeit der Antike angesehen wurde und in dem »Ketzer« so zu leben versuchten, wie nach ihrer Meinung die ursprünglichen Jünger gelebt hatten). Die vier heute interessantesten seiner zehn Kategorien (s. Anhang 1, S. 208–209) sind die philologische, die philosophische, die barbarische und die romantische. Die philologische, die auf den Prozeduren des geschichtlichen »Suchens nach den Wurzeln der Sprache« in der Unmenge heute verfügbaren Materials sowie auf dem Versuch beruht, in die »Formen des Alltagslebens« und damit in die *Mentalität* einer Periode einzudringen, dient als Ausgleich zu allem übrigen. Manchmal haben die Massenmedien ein Interesse an dieser Art von wissenschaftlicher Arbeit gezeigt, zum Beispiel, als 1978 »Montaillou« übersetzt wurde, als Ecos Studie von 1959 »Kunst und Schönheit im Mittelalter« im

Gefolge des »Namens der Rose« wiederaufgelegt wurde oder auch als J. R. R. Tolkiens Übersetzungen der Mundartgedichte aus dem vierzehnten Jahrhundert »Sir Gawain und der Grüne Ritter« und »Pearl« in den Bücherregalen neben den neuesten Mantel-und-Degen-Sagas standen. Insgesamt waren die Mediävisten aber schon damit zufrieden, das Mittelalter aus den geschichts- und gesellschaftswissenschaftlichen Fakultäten der Universitäten und Hochschulen heraus neu zu entdecken und neu zu dokumentieren. (Einige der neuesten Richtungen akademischer Studien sind in Anhang 2 zusammengefaßt.)

Einige Historiker haben in den vergangenen Jahren die starken Verbindungen zwischen dem Mittelalter und der Gegenwart beschrieben, beispielsweise den Rassismus, ethnische Säuberungen oder (manchmal positiver) zeitgenössische Politik und Gesellschaft betreffend. Aber einer der großen Unterschiede zwischen dem Denken des zwanzigsten Jahrhunderts und dem westeuropäischen Denken des Mittelalters liegt darin, daß heute die Annahme vorherrscht, unter der Oberfläche hänge im wesentlichen nichts miteinander zusammen (Teile eines Chaos), während man damals glaubte, unter der Oberfläche hänge im wesentlichen alles miteinander zusammen (Teile eines Kosmos) und sei so eine Reflektion des göttlichen Willens. Durch unser gesamtes Jahrhundert hinweg haben die dogmatischen Erklärungen aufeinanderfolgender Päpste – beeinflußt durch eine Zwischenkriegs-»Neo«-Version der Theologie Thomas von Aquins – versucht, diese Kluft soweit wie möglich zu überbrücken; schließlich gelang es auch Aquin, die Römisch-Katholische Theologie seiner Tage mit der aristotelischen Philosophie zu versöhnen. Aber auch in der weltlichen Kultur und Philosophie hat sich die mittelalterliche *philosophia perennis* als wichtige Quelle der Inspiration und Kräftigung erwiesen – nicht in Form eines Vorrats ewiger Fragen draußen in der Stratosphäre, sondern als zur Plünderung freigegebene philosophische Speisekammer.

So scheinen sich gerade modernistische Autoren des frühen zwanzigsten Jahrhunderts unter dem Eindruck von Anzeichen der Desintegration und Dissonanz um sich herum, als alles Solide sich in Luft auflöste, zu dem eleganten System der Kohärenz und versteckten Ordnung, wie es das Mittelalter zeigte, besonders hingezogen zu fühlen. Herausragend unter diesen Autoren waren James Joyce, T. S. Eliot und Ezra Pound. Umberto Eco vermutet, daß diese Faszination bei Joyce so tief gründete, daß er »von seiner Jugend bis ins reife Alter einen mittelalterlichen Geist behielt«. Ecos »The Middle Ages of James Joyce« beginnt:

> Der mittelalterliche Denker kann die Welt nicht wahrnehmen, erklären oder handhaben, ohne sie in den Rahmen einer Ordnung zu stellen. . . .»Ulysses« demonstriert diese Vorstellung von Ordnung durch die Wahl einer homerischen Struktur und bei »Finnegan's Wake« durch das Kreisschema . . . Der mittelalterliche Denker weiß, daß Kunst die menschliche Ausdrucksform ist, die universalen Regeln der kosmischen Ordnung zu reproduzieren. In diesem Sinn reflektiert Kunst das Außerpersönliche eines Künstlers stärker als seine Persönlichkeit. Kunst ist ein *analogon* der Welt . . . Dieser Ordnungsrahmen liefert eine unbegrenzte Kette von Beziehungen zwischen Geschöpfen und Ereignissen . . . Es ist der Mechanismus, der Erscheinungen erlaubt, bei denen eine Sache zum lebendigen Symbol einer anderen wird, und der ein unendliches Gewebe von Beziehungen schafft. Jede Person oder jedes Ereignis ist

eine Chiffre, die sich auf einen anderen Teil des Buches bezieht. Daraus entsteht das Netz von Anspielungen in »Ulysses« und das System von Wortspielen in »Finnegans Wake«. Jedes Wort schließt jedes andere ein, denn Sprache ist eine sich selbst reflektierende Welt . . . Wenn man den transzendentalen Gott aus der Symbolwelt des Mittelalters entfernt, hat man die Welt von Joyce.

Eine Art, die Objekte und Ereignisse des Universums dem Anschein einer Ordnung zu unterwerfen, ist, ein Inventar, eine Liste oder einen Katalog von ihnen zu erstellen, und dies war in der Tat eine der charakteristischsten Formen mittelalterlicher Wissenschaft. Eine solche Liste, eine Neuanordnung der Elemente, kann dann unter Bezug auf standardisierte Bilder und Sätze wesentlich früherer Autoritäten interpretiert werden. Eco fährt fort:

> (Mittelalterliche) Autoren stellen Kataloge von Objekten und Schätzen aus Kathedralen und Königspalästen zusammen, in denen die scheinbar zufällige Anhäufung von Reliquien und Kunstwerken keinen klaren Unterscheidungen zwischen schönen Künsten und teratologischen, d. h. monströsen Kuriositäten folgt. Sie gehorchen statt dessen einer Logik der Bestandsaufnahme. Die Schatzkammer des Sankt-Veits-Doms in Prag listet zum Beispiel neben unzähligen anderen Objekten folgendes auf: die Schädel des heiligen Adalbert und des heiligen Wenzel, das Schwert des heiligen Stephanus, Jesus' Dornenkrone, Stücke von Jesus' Kreuz, das Tischtuch des letzten Abendmahles, ein Zahn der heiligen Margarete, ein Stück des Schienbeines des heiligen Vitalis, eine Rippe der heiligen Sophia, das Kinn des heiligen Eoban, die Schulterblätter der heiligen Affia, eine Walrippe, der Stoßzahn eines Elephanten, die Aschenpflanze des Moses und die Kleidung der Jungfrau . . . Die Schatzkammer des Kölner Domes enthielt sogar den Schädel des heiligen Johannes des Täufers im Alter von zwölf Jahren (sic). Diese Listen erinnern auf merkwürdige Weise an die Liste der Paraphernalia der verschiedenen Heiligen aus der mystischen Prozession, die im Zyklopen-Kapitel von »Ulysses« auftritt.

Die Geschichte vom Schädel Johannes des Täufers war bereits im Mittelalter ein Witz. Nach verschiedenen Originalberichten wurde einem Wallfahrer, der die Schreine Frankreichs besuchte, der Schädel Johannes des Täufers innerhalb von zwei Tagen an zwei unterschiedlichen Orten gezeigt. Der Wallfahrer fragte daraufhin, wie es denn möglich sein könne, daß dem heiligen Johannes zwei Schädel gehörten. »Ah«, sagte darauf der clevere Bewahrer des zweiten Schreins, »der Schädel, den du gestern gesehen hast, ist offensichtlich der Schädel des Johannes, als er noch jung war.« Vielleicht gab es im Kölner Dom zusätzlich noch einen weiteren, noch jüngeren Schädel.

   Die Idee der Liste oder Neuanordnung entsprach mit Sicherheit den Schriftstellern der Moderne ebenso wie den surrealistischen Künstlern mit ihren Kuriositätenkabinetten, ethnographischen Sammlungen und ihrer »bricolage«, bei der sich die offensichtliche Zufälligkeit als Teil der von Michel Foucault so genannten »Archäologie des Wissens« zur großen Attraktion entwickelte. Und damit die Liste für ihn einen Sinn ergab und er Verbindungen hinter den Kombinationen fand, hatte der mittelalterliche Gelehrte ebenso wie der modernistische Schriftsteller Zuflucht zu anerkannten Texten oder Ideensystemen zu nehmen, die bereits seit der Zeit zwischen den Jahren 150 und 400 durchaus existiert haben mochten. Wie Bernhard von Chartres es etwa um das Jahr 1130 formulierte: »Gleich Zwergen, die auf den Schultern von Giganten stehen, ist es uns möglich, etwas weiter als sie zu sehen.« Daher stammt eben der Eindruck, daß jeder dasselbe sagt wie der andere, obwohl tatsächlich jeder sich eine Nuance anders ausdrückt als der andere. Das Ganze ist damit weniger eine Sache des »Neu-Erfindens« als des »Neu-Inventarisierens«.

Entwicklungen in der Logik des zwanzigsten Jahrhunderts und in anderen Formen der weltlichen Systembildung wie Strukturalismus und Semiotik sind die Folge dessen, was Eco die »immerwährende Kraft des Mittelalters« nennt. Eine Interpretation des »Namens der Rose« legt Verbindungen nahe zwischen dem Studium von Bildern und Symptomen im vierzehnten Jahrhundert (Skulpturen, Kräuter, Medizin, Farben, Juwelen, Buchillustrationen) und den Theorien ihrer Bedeutung heute (das *wie* ebenso wie das *was*). In den sechziger Jahren spekulierte Marshall McLuhan, Medienanalytiker und Autor des Buches »Das Medium ist Massage«, über die unterschiedlichen Gefühle und Wahrnehmungen einer Ära, in der »Veröffentlichung bedeutete, nicht mehr als vermutlich dreißig Leuten gleichzeitig ein Manuskript laut vorzulesen« und der Nach-Gutenberg-Ära, in der »der Mann, der den Druck beherrschte, einen Zugang zur Macht gefühlt haben muß, wenn sein Bild in genau gleicher Form beliebig viele Male für beliebig viele unsichtbare Leute multipliziert werden konnte«. Mit der Beschleunigung der Information durch die Elektronik seien solche Empfindungen sogar einer »noch größeren Revolution« ausgesetzt als »Gutenberg sie in der Renaissance hervorrief«.

Philosophen wie Jean Baudrillard meinen, daß diese »Ekstase der Kommunikation«, d.h. die endlose Konversation zwischen Bildern, die Nach-Gutenberg-Welt charakterisierte, und sie haben diese »Ekstase« zu jenem Spiegelsaal des mittelalterlichen Symbolismus in Beziehung gesetzt, in dem jedes Symbol Teil eines endlosen Kreises von Kreisen der Kommunikation war, dessen zentraler Punkt Gott war. Wenn unsere heutige Welt »eine Kultur der Zitate« darstellt, legt dies ebenfalls Parallelen zur Art des Denkens im Mittelalter nahe. Der Hauptunterschied zwischen damals und heute dürfte sein, daß die unsichtbare Welt nicht länger den Schlüssel zur sichtbaren darstellt, daß wir uns bewußt sind, daß alle Listen ein verstecktes Ordnungsprinzip besitzen, das mit Macht zu tun hat, daß die Kultur der Zitate nicht länger Teil einer »gemeinsamen symbolischen Ordnung« ist und daß Schlüssigkeit, wie sie von den Modernisten so gepriesen wird, nicht länger notwendigerweise einen Wert darstellt.

Einige New-Age-Denker haben versucht, diese Leerstelle zu füllen, indem sie nach einer neuen »Erleuchtung« und nach Wegen gesucht haben, die Magie ins späte zwanzigste Jahrhundert zurückzubringen, und keineswegs überraschend haben sie sich dabei mehr den Ähnlichkeiten zum Mittelalter gewidmet als den Unterschieden. Wissenschaftsphilosophen wie David Ray Griffin suchen nach »einer Physik, die unsere Geschichten nicht länger entzaubert . . ., sondern die uns mit einer neuen Geschichte versorgt, die zu einer gemeinsamen und einigenden Geschichte als Grundlage unserer besonderen Geschichten werden kann«. Es soll eine Physik sein, in der Materie eher lebt und tanzt, statt fest und träge zu sein. Theoretiker der »Männerbewegung« schätzen

Ein Wagnerianischer Western in einer dunklen und brutalen mittelalterlichen Fassung:
John Milius' Film »Conan, der Barbar« (1981),
der auf Geschichten aus den späten zwanziger und frühen dreißiger Jahren beruht.

die Metapher des mittelalterlichen Ritters als ein Bild der Männlichkeit: Der »ausgeglichene Krieger«, der nach seiner Initiation in die psychische Offenheit (im Gegensatz zur Abwehrstellung) die Verpflichtung gegenüber der Weiblichkeit erkennt, aber sich gleichermaßen bewußt ist, daß er in der »Verantwortlichkeit des Kriegers« sein Schwert ziehen muß. James Hillman benutzt in seinem Werk »Eranos: Lectures of the Heart« das Bild vom Mann mit dem »cœur de lion«, der in der Wüste der verpesteten Kultur von heute keine Angst davor hat, in Wut auszubrechen und zu brüllen. Kunsttheoretiker wie Suzi Gablik argumentieren darüber hinaus, daß die Funktion der Kunst darin besteht, »das entfremdete, verletzliche menschliche Bewußtsein zu heilen«, das das Sakrale aus seinem Leben ausgeschlossen hat, indem es die Verbindung zum Körperwissen verlor, das durch die archetypischen Kräfte der Natur und des Mythos repräsentiert wird.

Andere haben den Tourismus als »nüchterne Version mittelalterlicher Pilgerschaft« beschrieben und sich dazu geäußert, was geschehen müsse, damit neue Formen der Erleuchtung entstehen könnten — Anhänger des New Age scheinen besondere Fans von Prozessionen, Gruppentänzen und Gesängen zu sein sowie von Diskussionen zur Frage nach Macht durch Magie und Mythologie. Ganz allgemein hat die Suche nach einer »neuen Erleuchtung« oder »Zentriertheit« zurückgeführt zu den Grundlagen der Kosmologie, also der Wissenschaft vom Universum, und zu Geschichten, die der Ära der Beschränkung und Ernüchterung weit vorangehen. Diese Geschichten sind wiederum bewußt aufgearbeitet worden, nicht als institutionelle Religion, sondern als Teil eines verallgemeinerten »Sinnes für das Sakrale«, einer Alternative zum Nihilismus.

In diesem Sinne würden sich die Konvois von »Neuzeit-Reisenden« am liebsten als das moderne Äquivalent der Bettelorden sehen, weil sie von der öffentlichen Wohlfahrt leben und das Beispiel eines alternativen, antibürgerlichen Anti-Reihenhaus-Lebensstils zelebrieren. Dieses Selbstbild ist sehr hilfreich, um den Streit mit Gegnern von einer hohen Stufe der Moral aus führen zu können. Wie die mittelalterlichen Wandermönche stehen sie für spirituelle Erneuerung, Kräutermedizin und eine neue Beziehung zur Mutter Erde. Aber wenn die Konvois wie von Magneten angezogen an verzauberten Orten wie Glastonbury und Stonehenge zusammenkommen, könnten die Klänge aus ihren Ghetto-Blastern oder von den an die Autobatterien angeschlossenen CD-Spielern sehr gut auch aus einem ganz anderen Mittelalter stammen: einer barbarischen Ära, in der das Leben widerlich, brutal und laut war.

Es handelt sich um die Klänge von »Heavy Metal«, einem Ausdruck, der übrigens aus William Burroughs »Naked Lunch« stammt, obwohl diese Musik in »Newspeak: A Dictionary of Jargon« (1984) auch schon »das Äquivalent für Schwert und Zauberei der Fantasyliteratur und für ›Dungeons and Dragons‹ der Gesellschaftsspiele« genannt worden ist. Es ist eine Mischung aus explosivem Schlagzeug, bis an die Grenze der menschlichen Belastbarkeit verstärkter Blues-Akkorde — wie von einem Schwert, das seinen Weg durch Walzbleche zu schlagen versucht —, Rauchmaschinen, farbigem Licht, langem Haar, Leder, einem wie auf einem Autofriedhof aufgetürmten akustischen Waffenlager, und einer Heiligengeschichte, die es schafft, Tolkiens Hobbit, die Offenbarung, Goten und Wikinger, keltische Mythen, Zauberei, den Schwarzen Tod und Motorräder miteinander zu verbinden. In ihrer Art repräsentiert die Heavy-Metal-Musik der siebziger und achtziger Jahre eines der stärksten, der zeitgenössischen Popkultur entsprungenen Bilder des Mittelalters: ein schäbiges Image von Finsternis, brutaler Gewalt und Irrationalität.

Vergleichbar mit den Splittergruppen und Sekten des Mittelalters gibt es natürlich auch hier Sub-Sekten: Black Metal, Christian Metal, Goth Metal und Medieval Metal, und es gibt sogar verschiedene Metal-Gewichtsklassen. Der vielleicht geeignetste Weg, eine Ordnung in diesem ohrenbetäubenden Chaos zu entdecken, ist, der mittelalterlichen Tradition zu folgen und eine Liste der Bands der vergangenen zwanzig Jahre aufzustellen, deren Namen an das Mittelalter erinnern: Angelwitch, Apocalypse, Apocrypha, Armageddon, Atilla, Avalon, Battle Axe, Black Sabbath, Candlemass, Cirith Ungol (der »Spinnenpass« an der Grenze zu Mordor in Tolkiens »Herrn der Ringe«), Cloven Hoof, Dark Angel, Dark Lord, Dark Star, Dragon, Elf, Elixir, Excalibur, Four Horsemen, Hallow's Eve, Helmet, Heretic, Icon, Iron Maiden, Kreator, Megadeath, Metal Church, Messiah Force, Mordred, Nazareth, Omen, Ostrogoth, Oz, Pandemonium, Pestilence, Possessed, Raven, Satan, Saxon, Shadow King, Shire, Sieges, Skull, Steel Forest,

Stormwitch, Sword, Talisman, Tigers of Pan Tan (nach einem Fantasyroman von Michael Moorcock), Voivod, Watchtower, Wolfsbane und Zodiac Mindwarp.

Es gibt Namen, die wie Punkte einer Aufstellung kommender Katastrophen in einem High-Tech-Stundenbuch klingen − es könnte vielleicht »Les très riches heures de Chuck Berry« heißen. Eine meiner Studentinnen, die Frank Frazettas Illustrationen von Helden-Fantasyromanen sowie die Schriften von Aleister Crowley sammelte und die bei Open-Air-Konzerten mit Heavy-Metal-Musik ihren Kopf so nah wie möglich an das »Innere« des nächststehenden Lautsprechers zu bringen trachtete, erzählte mir, daß die physische Erfahrung der Musik sie zu einer Art tolkienscher Mittelerde transportiere, die einen weitaus interessanteren und angenehmeren Ort als die normale Welt darstelle. Sie zog außerdem Verbindungslinien zwischen den besonderen Kräften, die man mit den heiligen Reliquien des Mittelalters in Verbindung brachte, und den mehr weltlichen Anziehungskräften der Hinterlassenschaften heutiger Rockmusik: Elvis Presleys Graceland, der Laternenpfahl in der Nähe von Chippenham, an dem Eddie Cochran zu Tode kam, John Lennons blumengeschmückter Rolls-Royce und anderes.

Die Kombination von Barbarei und Heldentum, bis zu einem gewissen Punkt von Mystik und von Technologie, die in der Sicht- und Hörweise von Musikkritikern einer »metallischen Attacke« gleichkommt, ist auch ein wesentlicher Zug in der Kultur der Comic-Bücher. Eine zufällig zusammengetragene Liste eines örtlichen Fachhändlers enthält folgende Titel: Avatar; Der schwarze Drachen; Der schwarze Ritter; Das ewige Camelot; Camelot 3000; Conan, der Barbar; Der Dämon (mit Merlin); Drachenflug; Drachenlanze; Dungeons and Dragons; Elfquest; Excalibur; Groo, der Wanderer; Mordred, der Superheld; Das grausame Schwert des Conan; Slaine, der gehörnte Gott; Schwert und Atom; Vlad, der Aufspießende. Himmlische Superhelden, oft mit Lasern und einem Arsenal von Heavy-Metal-Waffen ausgerüstet (sowie zusätzlich mit einer äußerst selbstbewußten, fast exegetischen Kenntnis der Comic-Geschichte versehen), scheinen den Hof von König Artus kolonisiert zu haben und in die Rolle des heiligen Georgs geschlüpft zu sein.

Der Rahmen dieser Comics ist »mittelalterlich« im allgemeinen Sinn des Wortes, wie ihn der Historiker Georges Duby verstanden und in dem Buch »Le Moyen Age au cinéma« definiert hat: »Ein Mittelalter wie aus der Mythologie, das einfach in der Zeit des ›es war einmal‹ angesiedelt ist und weit genug entfernt liegt, um den Menschen zu erlauben, ihre heutigen Phantasien darauf zu projizieren, während ihnen gleichzeitig das *Gewicht* und die *Struktur* einer realen Vergangenheit vermittelt wird.« Eine reale Vergangenheit scheint sich auch in der Welt des Alls abzuspielen, und das simultan zu unserer Gegenwart. Die »Phantasien von heute« drehen sich um einen Superhelden, der sich auf physische Kräfte, tierische Instinkte und die Beherrschung der Technologie verläßt (dem dabei aber eine spirituelle Dimension völlig fehlt). Er ist ein Self-made-man, der eher selten dem Adel oder einer Elite entstammt. Er führt im Normalfall einen persönlichen Rachefeldzug oder einen Rettungseinsatz im Stil eines Kommandounternehmens und gibt sich weniger mit so etwas wie den »Rechten und Pflichten« eines galanten mittelalterlichen Ritters ab. Seine Initiation trägt aller Wahrscheinlichkeit nach die Züge einer Militärausbildung, und er ist wesentlich mehr an gelegentlichem Sex als an höfischer Liebe interessiert (vorzugsweise mit einer Superheldin, die ebenso hart im Nehmen ist wie er). Es gibt zwar ein wenig mystischen Überbau, aber die vorherrschende Atmosphäre der Comics ist von einem provozierenden Materialismus. Das spirituelle Königreich, in dem sich Ethik und Ästhetik treffen, existiert nicht mehr. Wie Conan, der Barbar, es ausdrückt: »Vertraue niemand, . . . nur dem Schwert.« Und in den Verliesen stehen vermutlich Computer. Eco siedelt solche Comics ein wenig mitleidlos »in der Mitte zwischen Nazi-Nostalgie und Okkultismus« an.

Es ist verführerisch, die Wurzeln dieser merkwürdigen Wiederbelebung des Mittelalters in den Conan-Geschichten zu suchen, die für das Schundmagazin »Weird Tales« in den zwanziger und dreißiger Jahren von Robert E. Howard geschrieben wurden (der 1936 im Alter von dreißig Jahren Selbstmord beging). Er liebte es, seinen Geschichten einen vornehmen Stammbaum zu verleihen − »man hat die Sage schon in vielerlei Gestalt gehört, der Held hieß Perseus, Siegfried, Beowulf, oder auch Sankt Georg« −, bevor er dann zu den mehr »barbarischen«, eiszeitlichen Formen des Abenteuers kam. Doch die Wurzeln scheinen noch tiefer zu liegen, in Mark Twains »Ein Yankee aus Connecticut an König Artus' Hof«, das 1889 veröffentlicht wurde. In dieser Geschichte wacht ein gewisser Hank Morgan − ein Aufseher in der Colt-Waffenfabrik in Hartford, Connecticut − eines Morgens auf, um sich im England Artus' wiederzufinden:

> Es gab kein Gas, keine Kerzen; eine Bronzeschale halbvoll Butter − ranzig wie in einer Fremdenpension −, in der ein brennender Lappen schwamm, war die Vorrichtung, die das verbreitete, was als Licht betrachtet wurde. Von diesen Lampen hingen viele ringsrum an den Wänden und milderten die Dunkelheit; sie dämpften sie gerade so viel, daß sie trübselig wirkte. . . . Es gab keine Bücher, keine Federn, weder Papier noch Tinte, und in den Öffnungen, die sie dort für Fenster hielten, war kein Glas. Das Glas ist etwas ganz Unscheinbares, bis es einmal nicht vorhanden ist; dann wird es zu einer großen Sache. Das Schlimmste vor allem aber war wohl, daß es keinen Zucker, keinen Kaffee, keinen Tee, keinen Tabak gab.

Schließlich verwandelt Morgan die »tastenden und grabschenden Automaten«, die er überall um sich herum sieht, d. h. die Ritter, mit ihren sinnlosen und snobistischen Vorstellungen von Ritterlichkeit, und die Bauern in der »Hand jener fürchterlichen Macht, der Römisch-Katholischen Kirche«, mit einer Mischung aus Yankee-Know-how, wissenschaftlichem Management, Fließbändern und neuestem Ingenieurwissen aus einer Nation von Würmern in eine Nation von Menschen. Aber die konzentrierte Macht der Kirche und die aristokratischen Ideale der Ritterlichkeit erweisen sich als zu stark für ihn. Mit dreizehn Gatling-Kanonen, einer Reihe von Dynamit-Torpedos in Glaszylindern und einem Dynamo, der an einen elektrischen Zaun angeschlossen ist, zieht er sich in Merlins Höhle zurück, und in einer ekelerregenden Demonstration von Zerstörungswut »drückte ich den Knopf und erschütterte England damit so, daß die Knochen von seinem Rückgrat abfielen . . . Um uns herum lagen fünfundzwanzigtausend Gefallene . . . Hier soll der Bericht enden.«

Twains Satire war mit Absicht als Erwiderung auf den in Mode gekommenen »Pastoralismus« und die mit ihm einhergehende romantische Sicht des Mittelalters geschrieben worden, die jene Welt als beschauliche Antwort auf Rationalismus, Industrialisierung und schleichende Bürokratisierung vermittelte. Der »Yankee aus Connecticut« stellt in diesem Sinn den Gegenpol zu den Träumen von John Ruskin (mit seinen nicht entfremdeten Handwerkern, die gotische Kathedralen bauen) und William Morris (mit seiner Sehnsucht nach einer gemeinsamen symbolischen Ordnung, nach sinnvoller Arbeit und einer ästhetischen Dimension des Alltagslebens) dar. Für Twain zielte derartiger Romantizismus weit daneben. Er zog die Interpretation der Aufklärung vor, daß nämlich das Mittelalter − gleichgültig, ob das frühe oder das späte − eine Zeit der Barbarei, der Ignoranz und des Fragens danach war, wie viele Engel wohl auf einer Nadelspitze Platz finden könnten. Das war eine Sicht der Dinge, die unausgesprochen auch L. Frank Baum teilte, dessen »Der Zauberer von Oz« aus dem Jahre 1900 sich daran machte, dem − wie er es sah − pastoralen und regressiven europäischen Märchen eine urbane und optimistische amerikanische Version entgegenzusetzen (der Name Oz kam dabei passenderweise von einem Etikett im Aktenschrank des Autors: O − Z). Die Smaragdgrüne Stadt seines Buches war ein »wundervoller« Aufenthaltsort, ein Monument menschlichen Fortschritts, und um einiges komfortabler als das harte Los des Landlebens in Dakota (oder in Kansas, dem Ort der Geschichte). Und wenn die Smaragdgrüne Stadt heute mehr an ein Einkaufszentrum als an eine Kathedrale erinnert, so mag man dies als ein Zeichen für die Schärfe von Baums Vision werten.

Die »High-Tech-Einstellung« gegenüber dem Mittelalter spiegelt sich vielleicht auch in den Pionierarbeiten amerikanischer Historiker wie Lynn White Jr. wider, die speziell die technologische Erfindungskraft der Europäer im Spätmittelalter untersucht haben: Brillen im Italien des späten dreizehnten Jahrhunderts, der Steigbügel, der dem »barbarischen Einfluß« zu verdanken ist, der Knopf, dessen Bedeutung für die Mode nicht vor dem Jahr 1300 erkannt wurde, der Fruchtwechsel und der schwere Pflug sowie die Windmühle mit waagerechter Achse, die im zwölften Jahrhundert in der Normandie auftauchte. Whites Forschungen haben einige überraschende Dinge klargestellt: z. B., daß das sogenannte »finstere« Zeitalter »die Technologie-Entwicklung eher stimulierte als behinderte«, daß große Teile des technologischen Fortschritts ihren Ausgang auf den großen Ebenen der »weiten Welt des Nordens« nahmen und daß der verbreitete Glaube Westeuropas an die Menschwerdung Christi als dessen einmaliges Angebot zur Erlösung die Erfindung neuer Maschinen förderte. Man lebte nicht zur Probe, das Leben stellte für jeden die einzige und nicht wiederholbare Chance dar, das eigene Los zu verbessern. Letztendlich existierte damit wirklich eine Verbindung zwischen Spiritualität und Innovation. In einem Artikel aus dem Jahr 1965 zeigte Lynn White Jr. sogar, daß die Hauptzutaten des Wilden Westens sämtlich dem europäischen Mittelalter entstammen: das moderne Zaumzeug, das genagelte Hufeisen, der Planwagen, die Postkutsche, Schießpulver, biegsamer Eisendraht und die Windmühle, das Erhängen, der Name Sheriff bzw. shire reeve sowie der Whisky (Alkohol wurde zum ersten Mal im Italien des zwölften Jahrhunderts destilliert). »Um uns als Amerikaner zu verstehen, müssen wir wieder eine Beziehung zu unserer ferneren Vergangenheit, dem Mittelalter, aufbauen.«

Mark Twain hätte dem in keiner Weise zugestimmt (er mochte die Vorstellung nie, daß die Wiege der amerikanischen Demokratie in den teutonischen Wäldern gestanden haben könnte − mit Sicherheit stammte das »Land der Freien« aus einer vernünftigeren Gegend), wenngleich ihm vielleicht die Vorstellung, daß das Know-how der Yankees aus der Zeit des Mittelalters stammte, gefallen hätte. Ihm wäre ohne Zweifel das barbarische Mittelalter sympathischer gewesen, das

Der vom Pech verfolgte Held (Michael Palin) in
Terry Gilliams »unglaublich anrüchigen Version
des Mittelalters«, »Jabberwocky« (1977).

im ausgehenden zwanzigsten Jahrhundert in Form von Popmusik, Comics und Filmen so stark
vertreten ist. Ein Filmemacher, der sich auf dieses Bild jener Tage spezialisiert hat und zu ihm wieder und wieder zurückkehrte, ist Terry Gilliam. In »Ritter der Kokosnuß«, 1974 mit Terry Jones
gedreht, sagt einer der Bauern: »Er muß der König sein, denn er ist nicht von Kopf bis Fuß mit
Scheiße beschmiert.« »Jabberwocky« (1977) wurde angekündigt als »ein Film für die Zartbesai-
teten über die dreckigste Zeit der Geschichte, als das Mittelalter rund um das schuppige Haupt
von König Bruno dem Fragwürdigen in sich zusammenfiel«. Der neuere Film »Der König der
Fischer« spielt im heutigen New York, aber die Straßen zu Füßen der Wolkenkratzer erinnern an
einen mittelalterlichen Slum, in dem die Höfe den Bauern und Händlern vorbehalten sind, während die Luxusappartements die Domäne des Adels sind. Ein furchterregender Roter Ritter hat
seinen Auftritt im Central Park, und ein Professor für mittelalterliche Geschichte wird zum Stadt-
streicher.

Im November 1991, als »Der König der Fischer« in Großbritannien herauskam, fragte ich
Terry Gilliam nach der anscheinend unerschöpflichen Faszination, die das Mittelalter auf ihn
ausübt, und die ihn drängt, es mit allen seinen Häßlichkeiten immer wieder darzustellen:

> Totale Infantilität. Es kann sein, daß ich nie erwachsen wurde, ohne an irgend etwas mehr zu
> glauben als an Märchen. Die Dinge, die ich als Kind las und die mir erzählt wurden, glaubte

ich damals, und ich glaube sie noch heute. Es scheint eine einfachere Art von Welt gewesen zu sein, die leichter zu handhaben war, eine direktere Welt, in der man einen Ritter dafür hatte, hinauszugehen und einen Drachen zu erschlagen, wenn es ein Problem gab. Die simple Hierarchie des Mittelalters ist sehr angenehm, wenn es darum geht, eine Geschichte zu erzählen oder einen Film zu machen: Du hast einen König, du hast Priester, du hast Krieger, und mit diesen Archetypen kannst du spielen und sie auf eine Art und Weise einsetzen, für die sie nicht gedacht waren.

Es scheint eine Form der Nostalgie zu sein, der Sehnsucht nach einer Zeit der Magie, als — wie es in »Ritter der Kokosnuß« heißt — »merkwürdige Frauen, die in Seen herumlagen . . . die Basis für ein Regierungssystem« bildeten. Aber Gilliam glaubt, daß es sich weniger um einen Fall von Nostalgie als um eine Reaktion auf das von Hollywood verbreitete Evangelium handelt. »Das speckige Element, der Dreck, der Gestank des Mittelalters, das ist etwas, das ich *nicht* im Film gesehen habe, als ich heranwuchs. Alles bestand aus glänzenden Zähnen und perfekt gekämmtem Haar. Ich dachte, meine unglaublich stinkende Version des Mittelalters wäre vermutlich näher an der Realität, in der wir leben, als an dieser künstlich hergestellten Realität, an die die meisten von uns glauben.«

Diese »hergestellte Realität« hatte ihre große Zeit in den Mittfünfzigern, als die großen Hollywood-Studios gern britische Drehorte wählten, um ihre neuen Breitwandtechniken an verwegenen Abenteuern zu testen wie »Die Ritter der Tafelrunde« (»Knights of the Round Table«, MGM, 1953), »Talisman« (»King Richard and the Crusaders«, Warner Brothers, 1954) — dies ist der Film, in dem Virginia Mayo als kesse und zu stark geschminkte Lady Edith George Sanders die unsterbliche Zeile entgegenschleudert: »Krieg! Krieg! Das ist alles, woran du denkst, Dick Plantagenet. Du Brandstifter! Du Plünderer!« — »Prinz Eisenherz« (»Prince Valiant«, Twentieth Century-Fox, 1954) und »Der Eiserne Ritter von Falworth« (»The Black Shield of Falworth«, Universal, 1954). Diese Filme waren, wie Noël Coward über das Musical »Camelot« sagte, »wie Wagners Parzifal ohne die Lacher«. Sie vereinten klare amerikanische Helden, Farben wie im Comic und Kostüme wie im Märchen mit imitierten Walter-Scott-Dialogen, wie sie offensichtlich unverzichtbar sind, wenn erwachsene Männer sich in Rüstungen zwängen: »Bitte, Euer Gnaden, gestattet mir, Eure Botschaft an den Ritter des Blauen Kreuzes mit aller gebotenen Schnelligkeit zu überbringen.« Ungefähr so. Tony Curtis, der im »Eisernen Ritter« mitwirkte, nannte sie »verrückte Geschichten über Ritter in Rüstung und Maiden in Verzweiflung«, was die Sache ziemlich gut trifft. Cinemascope erwies sich als vorzüglich geeignet, um Lanzen, Rammböcke und reihenweise unsäglich weiße Zähne zu zeigen.

Die Punk-Rocker der Mittsiebziger lehnten ab, was sie als überproduzierte, realitätsferne, erdrückende Welt der durchschnittlichen Popmusik empfanden. In seinem Versuch, die Wurzeln des Punks als einer extremen Äußerung von »Freiheit und Terror« freizulegen, hat der Musikkritiker Greil Marcus in seiner mit freien Assoziationen arbeitenden Studie »Lipstick Traces: Von Dada bis Punk« Verbindungslinien zum Wandteppich von Bayeux, zu Bernhard von Clairvaux, nach Montaillou und vor allem zur Häresie der Katharer im Südfrankreich des frühen dreizehnten Jahrhunderts gezogen. Marcus vertritt die Auffassung, daß die Katharer das Leben auf Erden

»als einen Horrorfilm, eine mittelalterliche ›Nacht der lebenden Toten‹ ansahen«. Die Welt bestand aus Materie und war gemein, menschliche Wesen bestanden ebenfalls aus Materie und waren ebenfalls gemein. Sie hatten im Extremfall also das Recht, in dieser Welt zu tun, was immer sie wollten. In dieser Hinsicht waren sie entfernte Ahnen von Johnny Rotten, wenn er die Songzeile brüllte »Ich bin ein Antichrist«. Die Aufforderung »Töte sie alle und laß Gott die Seinen erkennen«, die während des Albigenser Kreuzzugs beim Fall von Béziers ertönte, war auf T-Shirts der Punk-Ära zu sehen, wie sie auch gern von Söldnern getragen wurden, die für Regierungstruppen in der Dritten Welt ihre Arbeit erledigten.

Die Vorstellungen der Katharer über die Schlechtigkeit der materiellen Welt haben sogar dazu geführt, sie als ursprüngliche Erfinder des Kinos anzusehen, in dem der kreative, wie ein Adrenalinstoß wirkende Einsatz von Celluloid die Abscheulichkeit des täglichen Lebens erträglich werden läßt. Aber natürlich gibt es auch den direkteren Gebrauch mittelalterlicher Themen in modernen Filmen. John Boormans »Excalibur« (1981) beispielsweise ist die Neufassung des gesamten Artus-Zyklus, von Artus' Geburt über die Sage von der Tafelrunde bis zur Suche nach dem Heiligen Gral, die im finsteren Zeitalter damit beginnt, daß Uther Pendragon sein feierliches Versprechen gegenüber dem Nekromantiker Merlin bricht. Der Prolog besitzt eine punk-artige Qualität, der Boorman zufolge von dem Künstler Frank Frazetta beeinflußt wurde, »der weiß, wie man ein elementares, primitives Gefühl hervorruft«. In den Szenen mit dem jungen Artus herrscht dann »ein mehr bukolisches, vielleicht auch ›konventionelleres‹ Bild des Mittelalters« vor. Für das eigentliche mystische Camelot »läuft die Phantasie Amok, mit einer ganz in Gold und Silber gehaltenen Burg, mit strahlenden Rüstungen, mit einem hohen Maß an Stilisierung bei Bühnenbild und Kostümen«, während der Film zu Artus Tod und dem Niedergang des Rittertums wieder zu der dunklen, punk-artigen Welt des Anfangs zurückkehrt. »Excalibur« pendelt mit anderen Worten vom barbarischen Mittelalter zum romantischen Mittelalter und wieder zurück. Der Romantizismus stammt dabei aus der Wiederbelebung des Mythos vom »Goldenen Zeitalter«. Wie Boorman 1985 sagte:

> Die historischen Fakten besitzen für mich ziemlich geringe Bedeutung. Was zählt, ist der Mythos . . . Ein Großteil der Legenden hat mit dem zwölften Jahrhundert zu tun, mit Rittern in Rüstungen, in Turnierkämpfen und so weiter; die Dichter, die darüber geschrieben haben, haben dabei auch immer die Werte ihrer eigenen Zeit mit eingearbeitet. (Malorys) »Morte d'Arthur« war beispielsweise sehr stark von der normannischen Invasion und der Etablierung eines Rechtssystems beeinflußt. Ich glaube nicht, daß man dagegen etwas haben kann . . . Alles, was ich daher zu tun hatte, war, die Ikonographie aufzunehmen und gleichzeitig mit ihr zu spielen, indem ich eine »Mittelerde« im Sinn von Tolkiens »Herr der Ringe« erschuf. Das bedeutet: Es ist eine parallele Welt, die unserer eigenen zwar ähnlich, aber dennoch irgendwie anders ist und die viele Anspielungen auf das Mittelalter enthält. Wenn man eine Legende nacherzählt, findet man sich dabei wieder, mehr über die eigene Zeit zu reden, als man denkt . . . Ich weiß, daß Malory in »Morte d' Arthur« über das vierzehnte und fünfzehnte Jahrhundert sprach und T. H. White in »Der König auf Camelot« über die Ära Edwards. Wesentlich ist, nicht den Mythos zu widerlegen, sondern ihn neu zu beleben.

»The Lamentation of King Arthur«
von William Bell Scott (1811–1890).
Ein romantisches Gemälde aus der
Mitte des neunzehnten Jahrhunderts,
das zeigt, wie das Mittelalter
»im milden Schein des Mondes«
aussah.

Boorman fand die Inspiration für diese Wiederbelebung in der Vorstellung, daß »die Grals-
legende zu uns von einer Zeit spricht, als die Natur noch unberührt war und die Menschen in
Harmonie mit ihr lebten«. Diese Geschichte »handelt von Menschen, die versuchten, nicht sich
selbst zu entdecken, sondern, was einer sehr viel bescheideneren Geisteshaltung entspricht, ihren
Platz in der Welt . . . ihr Schicksal, das Universum, zu dem sie gehören, und die Beziehungen zu
ihren Mitmenschen«. Merlin spricht deshalb von Excalibur als von einem Schwert, das ge-
schmiedet wurde, als die Welt noch jung war, als Vögel, Tiere und Blumen eins mit den Menschen waren und der Tod nicht mehr war als ein Traum. Der Artus-Mythos ist von der Barbarei
Conans und vom Punk-Rock zu einem Goldenen Zeitalter weitergezogen, in dem der Wald noch
ein Buch war, das man studieren mußte — mit Bäumen als den Gedanken Gottes — und in dem
die menschlichen Wesen in Eintracht mit dem Ökosystem standen, das sie umgab. Boorman
faßte zusammen: »Das Mittelalter war nach Jung ein Zeitraum, den wir wie das Unbewußte studieren sollten, um zu einem besseren Verständnis unserer eigenen Person zu gelangen.« Das erklärt die erzählerische Bedeutung der Suche nach dem Gral.

Die einflußreichsten mittelalterlichen Geschichten über eine solche Suche, die in diesem Jahrhundert geschrieben worden sind, stammen von den in den dreißiger und vierziger Jahren akti-
ven Oxforder Akademikern, C. S. (oder Jack) Lewis und J. R. R. (oder Ronald) Tolkien. Sie sind
Grundlage einer kompletten Unterabteilung der populären Literatur, die fragwürdigerweise als
»Fantasy« bekannt ist, sowie einer multinationalen Spielindustrie, die auf dem Erfolg von »Dungeons and Dragons« basiert. Beide waren wissenschaftliche Spezialisten für mittelalterliche Literatur, der eine für Romanzen und ihren tiefgehenden Einfluß auf nachfolgende Epochen, der andere für Angelsächsisch und Mittelenglisch. Beide hatten eine höchst romantische Vorstellung
vom Mittelalter als »einer Welt, die uns verlorenzugehen droht«. Norman Cantor nennt sie in
seinem Buch »Inventing the Middle Ages« die »Phantasten aus Oxford« und kommt gegenüber
ihrem Vermächtnis zu dem Schluß:

> Von allen Mediävisten des zwanzigsten Jahrhunderts haben Lewis und Tolkien weitaus die
> größte Beachtung gefunden, obwohl 99,9 Prozent ihrer Leser sich nie mit ihrem wissenschaft-
> lichen Werk befaßt haben. Zu den Bestseller-Autoren der modernen Zeit zählen sie wegen ih-
> rer Arbeiten aus dem Bereich der Fantasy-Literatur, und zwar sowohl für Erwachsene wie für
> Kinder . . . Der Roman, aus dem Tolkien in den frühen vierziger Jahren mit geteiltem Erfolg
> den Inklings vorgelesen hatte (»Inklings« = Tintenlinge: eine kleine Gemeinschaft von Uni-
> versitätsdozenten und ihren Freunden aus Oxford, die sich regelmäßig im Magdalen College
> trafen, um sich Kapitel ihrer gerade in Arbeit befindlichen Werke vorzulesen), wurde mit zu-
> rückhaltenden Erwartungen erstmals 1954 und 1955 von Allen und Unwin in drei Bänden
> veröffentlicht. Inzwischen hat er sich in vielen Sprachen über achtmillionenmal verkauft,
> etwa die Hälfte davon in einer amerikanischen Taschenbuchausgabe. Der Name dieses Best-
> sellers: »Der Herr der Ringe«. . . . Im Bezug darauf, in der populären Kultur die Vorstellung
> vom Mittelalter zu prägen, hatten Tolkien und Lewis unermeßlichen Erfolg, und ein Ende
> dieser Geschichte ist nicht abzusehen.

Lewis' siebenbändige »Chroniken von Narnia«, die, beginnend mit dem Band »Die Abenteuer im Wandschrank oder: Der Löwe und die Hexe«, in den Jahren zwischen 1950 und 1956 veröffentlicht wurden, erzählen von einem magischen Land, das sich hinter dem Kleiderschrank im Schlafzimmer erstreckt. Es ist ein hintergründiges Land, in dem »jeder Fels, jede Blume und jeder Grashalm aussah, als habe er eine tiefere Bedeutung«, und wo das Schattenreich der Banalität weit zurückgelassen wird. Nachdem sie auf die immer und überall vorhandene Realität des Bösen in Gestalt von Hexen und Götzen gestoßen sind, gelingt es Lewis' fröhlichen Schulkindern, sich ihren starken christlichen Glauben an das Gute zu erhalten, indem sie daran denken, daß es gerade die *kleinen Dinge* sind, die nach wie vor viel zählen; sie erkennen auch, daß die Welt der mittelalterlichen Romanze »eine größere, hellere, bitterere und gefährlichere Welt als die unsere« war. Lewis' Chroniken scheinen gemeinsam mit seinen unglaublich erfolgreichen »Dienstanweisungen für einen Unterteufel« (1942) und »Die große Scheidung: Oder zwischen Himmel und Hölle« (1945) im New Age zur Geltung gekommen zu sein.

Tolkiens gewaltiges Epos hat noch größeren Einfluß gehabt, vielleicht, weil es weniger offensichtlich rückwärts gewandt und an den Besonderheiten des Edwardianischen Christentums orientiert ist. Er schuf die mystische Welt von Mittelerde nach seinen eigenen Worten aus einer Mischung alt-englischer, alt-norwegischer und keltischer Sprachen, die er in modernes Englisch überführte, als ob sie aus einem verlorengegangenen Original übersetzt wären. Er tat dies, wie er selbst sagte, »weil ich seit meinen frühen Tagen trauernd die Armut meines geliebten Landes gesehen habe: Es hatte keine eigenen Geschichten, zumindest nicht von der Qualität, wie ich sie in den Legenden anderer Länder suchte und fand. Es gab etwas in Griechisch und Keltisch, Romanisch, Germanisch, Skandinavisch und Finnisch, aber in Englisch nichts außer kümmerlicher Heftchenliteratur.«

Das Ergebnis war ein Korpus aus einer »mehr oder minder zusammenhängenden Legende, die von der gewaltigen, kosmologischen Saga bis zu romantischen Feen-Geschichten reichte«. In dieser Legende haben Hobbit Frodo Beutlin von Beutelsend im Auenland und dessen Kameraden die ritterliche Aufgabe, den Großen Ring den Feuern des Schicksalsberges zu übergeben und damit zu verhindern, daß er in die Hände der Mächte der Finsternis fällt. Die Landschaft auf dieser Reise – verfallene Städte, ruhige Dörfer, trostlose Schlachtfelder, abgelegene Berge – ist bevölkert von Zwergen, Elben, Giganten, Halblingen, Orks und Drachen (den Monstern von Mittelerde), und sie macht ein detailliertes Ortsverzeichnis nötig, um die Leser über die Besonderheiten der Höhlen von Aglarond bis zum Berg von Zirak-Zigil zu informieren.

»Der Herr der Ringe« gleicht einer Sage, doch handelt es sich dabei um die alltägliche Geschichte von Vorstadt-Hobbits, die dazu auch noch eine sehr unmittelalterliche Pointe besitzt: »Ohne das Einfache und Gewöhnliche ist das Noble und Heroische bedeutungslos.« Der Hauptberührungspunkt mit »Legenden anderer Länder« – von den Feinheiten der Sprache einmal abgesehen – liegt in der Annahme, daß die Beseitigung einer großen Gefahr in der Regel viel Ehre, Ritterlichkeit, Pflichterfüllung und Selbstaufopferung (als Teil der Kameradschaft) voraussetzt, und in der darauf aufbauenden Behauptung, daß es von keiner dieser vorzüglichen Eigenschaften heute noch genug gibt.

Ein »durchschnittlicher Held« erreicht die Drachenhöhle.
Illustration von J. R. R. Tolkien
für »Der kleine Hobbit«, 1937.

Tolkien hat die Hoffnung ausgedrückt, daß in der Zukunft andere die Aufgabe übernehmen würden, sein Epos nachzuerzählen und auszuschmücken, um ihm damit eine lebendige Existenz innerhalb der Kultur zu verschaffen. Die Mittsechziger mit ihren psychedelischen Drogen, ihrem vielfältig geschwungenen Jugendstil-Revival und — vor allem in Amerika — ihren Hippie-Kommunen stellten sich der Herausforderung und verwandelten den »Herrn der Ringe« in einen Bestseller — mit mittelalterlicher Graphik auf dem Umschlag. Diese Ära war Ausgangspunkt für die Schwert-und-Zauberei-Untergattung in den Comics und der populären Literatur. (Tolkien ist gerechterweise der »eigentliche Erfinder des epischen Fantasy-Romans« genannt worden, eine Ehrung, die er wohl von sich gewiesen hätte.) Eine weitere Liste, zusammengestellt aus den Regalen eines Zeitungskiosks — und nicht etwa einer Buchhandlung —, sieht folgendermaßen aus:

The Books of Merlin; Die vergessenen Reiche; Thomas Covenant the Unbeliever; Sternenhüter-Zyklus; Die Shannara-Saga; The War of Powers Cycle; Die Rose des Propheten; Der Weg nach Merilon: Die Saga vom Dunklen Schwert; Die Belgariad-Saga; König der Murgos: Die Malloreon-Saga; Die Midkemia-Saga; The Westlands Cycle; Die Elenium-Saga; The Incarnation of Immorality Series; The Apprentice Adept Series; Die Chronik der Drachenlanze; Ewigkeit; Die Nebel von Avalon; Die Saga vom magischen Land Xauth; The Saga of the Forgotten Realms. Und dies sind nur einige Serien, die wiederum aus zahllosen Einzelbänden bestehen. Die meisten von ihnen gehören eindeutig in die romantische Schublade: Sehnsucht nach einer Zeit, in der es noch Drachen gab, die bekämpft werden mußten, und in der man sie noch an der Farbe erkennen konnte. Einige von ihnen nehmen für sich in Anspruch, das (um Ecos Ausdruck aufzunehmen) traditionelle Mittelalter wiederzugeben; sie sind in okkulten Buchhandlungen ebenso erhältlich wie an Zeitungsständen und in Autobahnraststätten.

Aus der Literatur wurde das Spiel von den »Dungeons and Dragons« entwickelt, und Tolkien bekam zahllose Nachahmer. Schulkinder werfen jetzt die Würfel, ziehen ihre Drachen-Karten und finden in der Regel ihren Weg (durch eine Mischung aus Statistik und Phantasie) aus dem Gittermuster von Zanzer Tems dunklem Verlies. Inzwischen hat die Ausschmückung der Legende, auf die Tolkien sich freute, einen neuen und prosaischeren Namen angenommen — Fantasy-Rollenspiele.

»Du betrittst gerade«, heißt es in der Gebrauchsanweisung, »ein phantastisches Land, wo Drachen frei herumlaufen, wo Zauberei wirkt, und wo Dein Können mit einem scharfen Schwert alles ist, was zwischen Dir und einem schnellen Tod steht. Du und Deine Freunde, Ihr seid dabei, zu unerschrockenen Kämpfern zu werden, die auf der Suche nach Schätzen und Abenteuern durch unerforschte Labyrinthe ihren Weg finden. Deine Fahrten werden Dich in das geheimnisvollste Reich von allen führen, in das Reich Deiner eigenen Phantasie.«

Die Rollen, die im Spiel angeboten werden, sind beispielsweise der Meister (teils Schiedsrichter, teils Geschichtenerzähler), der Kämpfer (»für den Kampf ausgebildet«), der Geistliche (der »sein Leben einem großen und würdigen Anliegen gewidmet hat«), der Magier (ein Erforscher des »Arkanen« und deswegen »normalerweise schwächlich«), der Dieb (»nützlich für gewagte Kommandounternehmen«), der Zwerg (»ein Halbmensch ... mit Respekt für feine Handwerksarbeit«), der Elb (»in der Mitte zwischen Kämpfern und Magiern«) und der Halbling (»sie erinnern an menschliche Kinder mit etwas spitzen Ohren«). Die Nebenrollen schließen Schreckgespenster, Gnolle, Goblins, Hobgoblins, Oger und Orks ein.

Während die Bilderwelt von »Dungeons and Dragons« auf Tolkien zurückgeht und zur Sicherheit allenfalls noch um ein paar Bestandteile aus dem Repertoire von Horrorfilmen ergänzt wurde, kommt die Ikonographie des Spiels »Fantasy Battle« der Firma »Warhammer« über einen gewundenen Pfad aus der Ecke der mittelalterlichen Rüstung und Bewaffnung. »Das Reich« stellt eine parallele Welt zum Heiligen Römischen Reich dar, während die »Streitkräfte von Bretonnia« Phantasie-Normannen darstellen. Die Armeen gehen zum Teil auf die Truppen des Kaisers Friedrich II. und vor allem auf die Deutschordensritter zurück, die vom Jahr 1226 an die widerspenstigen und heidnischen Preußen zur Räson brachten. Friedrich war zu seinen Lebzeiten bekannt als »der Hammer der Welt«, ein Titel, der vorher keinem Geringeren als Attila dem Hunnen verliehen worden war. Dieses Mal sind die Schlachtszenen des »Herrn der Ringe« durch Wissenschafts-Fantasy und Heavy-Metal-Bewaffnung ergänzt: Armeen ziehen ins Feld, angeführt von Figuren wie dem Hauptmann der Ritter des Reichskorps, denen Hellblaster-Sturmgewehre, Dampfpanzer oder eine wahnsinnige Einheit von Flagellanten zur Verfügung stehen, die »mit außergewöhnlicher Wut und Entschlossenheit kämpfen«. Nun, dazu haben sie wohl auch allen Grund, oder?

Warhammers »Fantasy Battle« verbindet das High-Tech-Mittelalter mit Bildern, die sich sehr bemühen, nach Dürer auszusehen, die aber dennoch nur an viktorianische Buchillustrationen erinnern, die jemand mit Airbrush überarbeitet hat. Der Zugang zum Rollenspiel führt über eine parallele Welt, in der das Chaos regiert und in der nur eine Mischung von Muskeln, Magie, Industrie und Handwerk den Spieler am Leben erhält. Auf halber Strecke zwischen Nazi-Nostalgie und Okkultismus? Ein verführerischer Gedanke, aber die Betonung der Sammelleidenschaft und der feineren Seiten fantastischer Insignien und Uniformen (eine Art mittelalterliches »Train-Spotting«, bei dem Kettenhemden die Rolle von Anoraks übernommen haben) sowie die Tatsache, daß der Feind eher die »dunkle, korrumpierende Welt des Chaos« als eine spezifische Gruppe ist, läßt das Spiel mehr wie eine moderne Supermarkt-Version der romantischen Mode im frühen neunzehnten Jahrhundert erscheinen, die darin bestand, Wohnräume mit ritterlichem Gerät wie Rüstungen und Wappen aus einer früheren Ära, in der man von Spielen und Wettbewerben besessen war, vollzustopfen.

Nach den Regeln ist das wichtigste, überhaupt mitzumachen, Team-Geist zu spüren – ein entferntes, diffuses Echo viktorianischer Schulkinder, die alles über das Rittertum lernten, um sich damit auf ein Empire vorzubereiten, in dem die Sonne niemals unterging.

Im Jahr 1949, genau zur selben Zeit, als Tolkien den letzten Schliff an seinem »Herrn der Ringe« vornahm, veröffentlichte in Amerika der Anthropologe Joseph Campbell seine klassische Studie »Der Heros in tausend Gestalten«. Indem er Beispiele von »mythologischen Heldenerzählungen« und von »Fahrten-Erzählungen« aus der ganzen Welt heranzog, versuchte Campbell etwas zusammenzusetzen, was er, James Joyce in »Finnegan's Wake« folgend, einen »Monomythos« nannte. Der Monomythos beginnt stets mit »dem mythologischen Helden, der (aus seiner Hütte oder seiner Burg aufbrechend) die Alltagswelt verläßt und dann fortgelockt oder mitgerissen wird oder sonstwie aus freien Stücken zur Schwelle des Abenteuers fortschreitet«. Nach verschiedenen Prüfungen und Versuchungen endet der Monomythos damit, daß »der Held aus dem Königreich der Schrecken zurückkommt (Rückkehr, Wiederauferstehung); der Segen, den er bringt, rettet die Welt«. Keineswegs überraschenderweise stammen viele von Joseph Campbells Beispielen aus dem Mittelalter − »vor langer, langer Zeit, als das Wünschen noch geholfen hat« −, es sind dies hauptsächlich König Artus, die Heiligenlegenden und Dantes »Göttliche Komödie«. Campbell setzte die Schlüsselmotive und Symbole der »Fahrtenerzählungen« in Beziehung zu jenen, die die zeitgenössische Psychoanalyse in Träumen entdeckt hat.

Campbells Arbeit ist offensichtlich auch Grundlage für jüngere Fantasy-Stories. Die Geschichte für George Lucas' »Star Wars« (Krieg der Sterne) entwickelte sich aus einem genauen Studium von Campbells Buch, was gleichermaßen auch für George Millers »Mad Max 2 − Der Vollstrecker« gilt. Im »Krieg der Sterne« geht es um eine zweifache Aufgabe: Luke Skywalkers Anstrengung, »die Macht« unter Anleitung seines Ersatzvaters Obi Wan Kenobi vom Orden der Jedi Ritter zu verstehen und zu meistern, und die Aufgabe der Rebellenallianz bzw. der Republik, die unter Nazihelmen und mit englischem Akzent auftretenden Armeen des Imperiums zu vernichten. Luke ist eine Mischung aus Artus und Parzival, Obi stellt einen orientalisierten Merlin dar, und die Lichtschwerter, die sie führen, sind Laserversionen des Excalibur. Wie in den Conan-Comics scheint auch hier der Mystizismus Teil der Initiation des Helden zu sein (»möge die Macht mit Dir sein«), bis er zur Lösung der zweiten Aufgabe überflüssig wird und nun die mehr erdverbundenen Werte des Westerns an die erste Stelle treten. Es war George Lucas, der George Miller den Hinweis auf Campbells Buch gab. In »Mad Max 2« handelt daher die Story davon, wie Max im neuen finsteren Zeitalter, das auf einen nuklearen Holocaust gefolgt ist, die Benzinfestung gegen die Punks und Barbaren der großen Australischen Wüste verteidigt − eine aktualisierte Fassung der Schlüsselszenen »mythologischer Heldenerzählungen«.

Auf der einen Ebene passen Umberto Ecos vier Kategorien des Mittelalters als eine philologische Rekonstruktion, eine ewige Philosophie, als barbarisch und romantisch auf diese Tage. Sie liegen uns fern und doch so nah. Umberto Eco fragt:

> Gibt es irgendwelche Verbindungen zwischen der Helden-Fantasy eines Frank Frazetta, dem neuen Satanismus, »Excalibur«, den Sagen von Avalon und (dem Historiker) Jacques Le Goff? Wenn sie sich an Bord eines UFOs in der Nähe von Montaillou träfen, würden Darth Vader . . . und Parzival dann die gleiche Sprache sprechen? Wenn ja: Wäre es eine Art galaktisches Pidgin-Englisch oder das Latein des Evangeliums nach dem heiligen Luke Skywalker? Es sieht wirklich so aus, als würden die Leute das Mittelalter *mögen*.

Auf einer anderen Ebene stellen diese Kategorien alternative Modelle zur Verfügung, um unsere Gegenwart zu verstehen. Wenn man negativ eingestellt ist, bevorzugt man das Modell des »finsteren« Zeitalters, wenn man positiv eingestellt ist, bevorzugt man die Abenteuer-Erzählung. Die erste Gruppe schwärmt normalerweise, aber nicht immer, für das frühe Mittelalter, die letztere für das Hochmittelalter. Derselbe Stoff kann auf völlig unterschiedliche Art interpretiert werden.

Heavy Metal und Ernüchterung — oder New-Age-Kult und Wiederverzauberung. Oder beides zugleich. Die geheimnisvolle Welt des Mittelalters, die Welt, in der Umberto Eco seinen Roman »Der Name der Rose« spielen läßt, ist heute von besonderem Interesse, teilweise, weil sie so fremd und geheimnisvoll ist, teilweise aber auch, weil sie es bei näherem Hinsehen *nicht* ist.

Das Mittelalter hat das Bewußtsein der achtziger und neunziger Jahre auf hochdramatische Weise beeinflußt. In Terry Gilliams »Time Bandits« (1981) bricht ein Ritter in voller Rüstung auf einem weißen Schlachtroß aus einem Schrank mitten hinein ins Schlafzimmer eines am Stadtrand lebenden Kindes. Das Kind namens Kevin hat gerade das Licht ausgeschaltet und »Das große Buch der griechischen Heldensagen« beiseite gelegt: vielleicht eine moderne Fassung von C. S. Lewis. In Rob Reiners Film »Die Braut des Prinzen« (»The Princess Bride«, 1987) wird ein kleines Kind, das nur an schnelle Videospiele gewöhnt ist, dadurch nach und nach für die sanftere Welt mittelalterlicher Romanzen gewonnen, daß sein Großvater ihm eine liebenswert-altmodische Gute-Nacht-Geschichte vorliest: »Kommt irgendein Sport 'drin vor? Machst du Witze? . . . Fechten, Kämpfen, Folter, Rache, Giganten, Monster, Jagden, wahre Liebe, Wunder . . . Klingt nicht so schlecht. Ich werde versuchen, wach zu bleiben.« Eine moderne Fassung von Joseph Campbell.

In Vincent Wards Film »Der Navigator« (»The Navigator — a medieval odyssey«, 1988) taucht eine Gruppe von Flüchtlingen aus dem monochronen Cumbrien der Zeit des Schwarzen Todes in der farbigen, hell erleuchteten Welt einer neuseeländischen Stadt des zwanzigsten Jahrhunderts auf, nachdem sie sich ihren Weg genau durch das Zentrum der Erde gegraben hat. In Neuseeland treffen die Flüchtlinge auf einige Metallarbeiter, denen gekündigt werden soll. Die beiden Gruppen entdecken, daß sie viel gemeinsam haben. Eine moderne Fassung von William Morris. Und in Sam Raimis »Army of Darkness« (1992) wird der amerikanische Held Ash — natürlich mit seiner Kettensäge — durch einen Zeittunnel ins England des Jahres 1300 geschleudert, nachdem er die Kühnheit besessen hatte, einen Zauberspruch aus dem schreckenerregenden Totenbuch »Necronomicon« zu lesen. Er versucht mit Gewalt, die Situation unter Kontrolle zu bekommen: »Okay, ihr primitiven Schraubenköpfe. Hört zu. Dies ist *mein* Besenstiel, eine zwölfschüssige, doppelläufige Remington. Dieses süße Baby wurde in Grand Rapids, Michigan, geboren. Habt ihr verstanden? Der nächste von euch Primaten, der mich auch nur berührt . . . Boom!« Eine moderne Fassung von Mark Twain.

Aber der vielleicht wirkungsvollste Auftritt, den das Mittelalter in jüngster Zeit gehabt hat, erfolgte in Raymond Carvers schmutziger und magischer Kurzgeschichte »Kathedrale« (1983). Mit leerem Blick und nur, um sich die Zeit zu vertreiben, sieht ein nicht sonderlich intelligenter und nicht sehr netter Erzähler gemeinsam mit einem Blinden, einem Freund seiner Frau, fern.

Irgendwas über die Kirche und das Mittelalter lief im Fernsehen. Nicht mein Bier. Ich wollte 'was anderes sehen. Ich wechselte auf die anderen Kanäle, aber da lief auch nichts. So kam ich zum ersten Kanal zurück und entschuldigte mich. . . . Der Fernseher zeigte diese Kathedrale. Dann gab es einen langen, langsamen Blick auf eine andere. Schließlich wechselte die Einstellung auf die berühmte in Paris mit ihren Strebepfeilern und ihren Turmspitzen, die bis

In George Lucas' »Das Imperium schlägt zurück« (1980)
kämpft Luke Skywalker (Mark Hamill)
gegen den üblen Darth Vader (David Prowse) mit einer
Laser-Version des Schwertes Excalibur.

in die Wolken reichen. Die Kamera fuhr zurück, um die ganze Kathedrale zu zeigen, wie sie sich über die Skyline erhob. Es gab Momente, in denen der Engländer, der die Sache erzählte, die Klappe hielt und die Kamera einfach durch die Kathedralen wandern ließ. Oder die Kamera zog über Land, Männer auf dem Feld, die hinter Ochsen hertrotteten. Ich wartete so lange, wie ich konnte. Dann fühlte ich, daß ich etwas sagen mußte. Ich sagte ».. . Jetzt sind sie — glaub' ich — in Italien. Jawoll, sie sind in Italien. Da sind Bilder auf den Wänden dieser Kirche.«

»Sind das Fresken, Kleiner?« fragte er und nippte an seinem Drink. Ich faßte nach meinem Glas. Aber es war leer. Ich versuchte, mich an das zu erinnern, was ich mir merken konnte. »Du fragst mich, ob das Fresken sind?« sagte ich. »Das ist eine gute Frage. Ich weiß nicht.«

Schließlich bittet der Blinde den Erzähler um den Gefallen, ihm eine Kathedrale zu beschreiben. Nach ein paar Versuchen — »sie sind sehr hoch«, »sie sind wirklich groß« — gehen ihm rasch die Worte aus. Deshalb schlägt der blinde Mann vor, etwas Papier und einen Federhalter zu besorgen und das Gebäude gemeinsam zu zeichnen. Und es gelingt dem Erzähler, eine Kathedrale zu Papier zu bringen – mit geschlossenen Augen und von den Fingern eines Blinden geführt.

Die Erfahrung, die der Erzähler macht, als »seine Finger meine Finger ritten und meine Hand über das Papier glitt«, scheint der Erfahrung William Goldings zu gleichen, die in »Der Turm der Kathedrale« (1964) beschrieben wird, einem Roman über die Besessenheit eines mittelalterlichen Dekans, allen Hindernissen zum Trotz den Turm einer großen Kathedrale zu bauen:

> Sonne war schon vorher in die Kirche gefallen, aber nicht so leuchtend. Das scheinbar festeste, greifbarste Ding im Kirchenschiff war nicht die Barrikade aus Holz und Leinwand, welche die Kathedrale zweiteilte vorn bei den Altarstufen, waren nicht die beiden Säulenreihen vor den Seitenschiffen, nicht die Kapellen noch die bemalten Grabplatten dazwischen. Das solideste, greifbarste Ding war das Licht. Es durchstieß schmetternd die Fensterreihen im südlichen Seitenschiff, so daß sie vor Farben barsten, es schrägte vor ihm von rechts nach links in gerader Formation herein, um vor den Säulen an der Nordseite des Mittelschiffes auf den Boden aufzuschlagen. Überall verlieh Staub diesen Stäben und Balken aus Licht das Gewicht des Dimensionalen. Wiederum schaute er sie blinzelnd an, sah, ganz in seiner Nähe, wie die einzelnen Staubteilchen umeinander tanzten oder alle zusammen aufhüpften gleich Eintagsfliegen in einem Windhauch.

Carvers Erzähler fehlen einfach die Worte. Der Blinde aber wird zu seinem Führer und hilft ihm, zumindest ein wenig von der geheimnisvollen Welt des Mittelalters zu erleben . . .

Teil II:

DIE
REISE

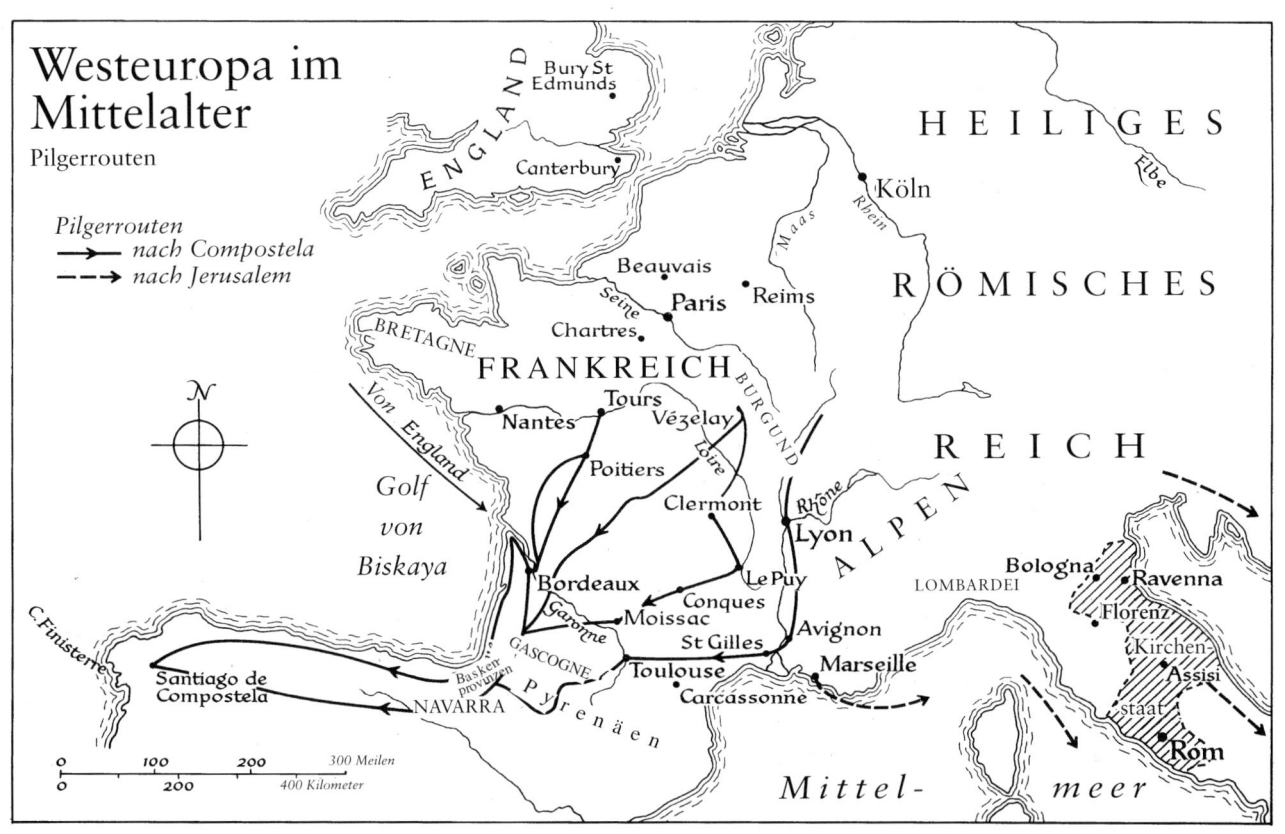

Westeuropa im Mittelalter

Pilgerrouten

Pilgerrouten
→ nach Compostela
--→ nach Jerusalem

ENGLAND

Bury St Edmunds

Canterbury

HEILIGES

Köln

Elbe

Maas

Rhein

Beauvais

Seine

Paris

Reims

RÖMISCHES

Chartres

BRETAGNE

FRANKREICH

Tours

Von England

Nantes

Vézelay

Loire

BURGUND

REICH

Poitiers

Clermont

Golf

Rhône

von

Lyon

ALPEN

Biskaya

Le Puy

Bordeaux

Conques

Bologna

Ravenna

LOMBARDEI

Garonne

Moissac

St Gilles

Avignon

Florenz

C. Finisterre

GASCOGNE

Toulouse

Marseille

Kirchen-

Santiago de
Compostela

Basken-
provinzen

Carcassonne

staat

Assisi

NAVARRA

Pyrenäen

Rom

0   100   200   300 Meilen

0   200   400 Kilometer

Mittel-   meer

Iv

1
Die diamantene Stadt

In der geheimnisvollen Welt des europäischen Mittelalters stand jede Sache für etwas anderes, und dieses andere war Gott. »Wir verstehen eine Sache erst«, schrieb ein mittelalterlicher Denker, »wenn wir in ihr den göttlichen Plan erkennen.« Das Sichtbare deutete immer auf das Unsichtbare.

Der Weg durch diese geheimnisvolle Welt, der Weg, der ihr Sinn gab, verlangte, dem Licht zu folgen — einem Licht, das, wie es das Johannesevangelium ausgedrückt hatte, »die Finsternis erhellt, aus dem alles entstanden ist und von dem jeder Mensch erleuchtet wird«. Wenn, wie man allgemein glaubte, die Welt ein Kunstwerk Gottes darstellte, ein Kunstwerk, das nach Maß, Anzahl und Gewicht geordnet war, dann verschaffte das Licht die Möglichkeit, es zu verstehen.

Auch *menschliche* Kunstwerke erlangten nur in dem Maß Bedeutung, wie es ihnen gelang, den *splendor veritatis*, das Licht der Wahrheit, zu enthüllen, indem sie zu schattenhaften Abbildern des Werks des Schöpfers wurden. Die großen mittelalterlichen Kathedralen des zwölften und dreizehnten Jahrhunderts waren vor allem anderen eine Architektur des Lichts, ein Weg zu Gott. Sie waren Enzyklopädien des neuesten Denkens, der neuesten Kunst und der neuesten Technik, Experimentallabors, in denen die Verbindung von Geometrie und Handwerk erprobt werden konnte, Faksimiles der Himmlischen Stadt selbst, die, wie man glaubte, am Ende der Welt zur Erde herabkommen würde — eine geweihte Stadt, geschmückt mit Edelsteinen. Im wahrsten Sinne des Wortes: nicht von dieser Welt.

Der Historiker Jean Gimpel hat geschrieben, daß »man in drei Jahrhunderten — von 1050 bis 1350 — in Frankreich einige Millionen Tonnen Stein zum Bau von 80 Kathedralen, 500 großen Kirchen und mehreren zehntausend Pfarrkirchen aus den Bergen schlug. Damit wurden in diesen drei Jahrhunderten in Frankreich mehr Steine behauen als während irgendeiner Zeit im alten Ägypten.« Und jedes Bauwerk sollte ein Abbild oder eine Reflexion des göttlichen Künstlers und *Seiner* Schöpfung darstellen. Dem mittelalterlichen Pilger, der nur an kleine, einstöckige Häuser

Gottvater als Architekt des Universums, der ein Kunstwerk erschafft,
das »geordnet ist nach Maß, Zahl und Gewicht«;
Miniatur aus einer französischen Bibel Mitte des dreizehnten Jahrhunderts.

aus Holz, Lehm oder Stroh gewöhnt war, müssen sie wie Blicke ins Paradies erschienen sein. Kein Wunder also, daß man Hunderte von Meilen über ungepflasterte Wege oder zu Staub zertretene Römerstraßen zog, nur um sie zu sehen.

Wo rührte die Energie für diesen Bauboom her? Und wie, um alles in der Welt, verwirklichten die Baumeister ihre Pläne? Vor allem aber: Welche Bedeutung hatte in dieser Zeit überhaupt die diamantene Stadt, das heilige Jerusalem, das in der biblischen Offenbarung vorhergesagt worden war?

Im zwölften Jahrhundert und damit zu einer Zeit, als kaum etwas anderes diese Aufgabe erfüllte, verbanden die Hauptwallfahrtsrouten durch Europa den Kontinent. Sie überschnitten sich mit Handelsrouten − Schiffe, die französischen Wein nach Irland schafften, kehrten beispielsweise mit keltischen Pilgern zurück − und sie wurden von einer erstaunlichen Vielzahl von Menschen benutzt. Der Historiker Morris Bishop schrieb kürzlich dazu:

> Auf den Hauptstraßen war der Verkehr sehr dicht. Einige Historiker behaupten, daß im Mittelalter unter der Bevölkerung mehr Mobilität herrschte als in der seßhaften Dorfgesellschaft des neunzehnten Jahrhunderts. Buchstäblich jeder war auf der Straße: Mönche und Nonnen, die für ihre Gemeinschaften Aufträge erledigten, Bischöfe auf dem Weg nach Rom oder zu Gemeindevisitationen, wandernde Studenten, singende Pilger, die ihren Priestern und ihren Fahnen folgten . . . entlassene Soldaten, Bettler und Wegelagerer sowie Schafe und Vieh auf dem Weg zum Markt, die die ohnehin schon besudelte Straße noch mehr besudelten.

Wohlhabende Pilger reisten zu Pferd; alle anderen gingen, einen Weg durch den Kuh- und Pferdemist suchend, zu Fuß. Die Pilgerschaft war als Mikrokosmos der Reise durch das Leben gedacht, sie war eine Buße, ein Abenteuer, ein Fest − und oft auch eine gefährliche Art des Reisens.

Man ging davon aus, daß Raum, Zeit und Entfernung − wie alles andere auch − durch ihre Bedeutung im göttlichen Plan bestimmt seien. Nach der »Mappa mundi« zu urteilen, einer kirchlichen Weltkarte aus dem dreizehnten Jahrhundert, die sich heute in der Kathedrale von Hereford befindet, war die Welt für den mittelalterlichen Pilger rund wie ein Teller, und in ihrem Zentrum lag die Heilige Stadt Jerusalem. Die Britischen Inseln befanden sich am Rand der Welt; die Wallfahrer zogen also quer durch Europa vom Tellerrand ins Zentrum. Ihre Ziele waren die Heilige Stadt Jerusalem, Rom oder der Schrein des Jakobus, des Bruders Christi, in Compostela in der entlegenen Nordwestecke Spaniens, am Kap Finisterre (im Wortsinn: das Ende der Welt). Europa lag nicht im Zentrum der Dinge, es lag am Rand, gehörte zu den Entwicklungsländern. Ein Gelehrter an der großen Universität zu Bagdad hätte sich im zehnten oder elften Jahrhundert sehr abfällig über diese tiefe Dritte-Welt-Provinz geäußert.

Die Rastplätze der Wallfahrer auf ihrem Weg zum heiligen Jakobus, einem Weg, der leicht 500 Meilen lang sein konnte, wurden zu zentralen Punkten auf der Landkarte, die sich ökonomisch und politisch rasch entwickelten. Jede größere Zwischenstation selbst war ein heiliger Ort, an dem die menschlichen Überreste eines Heiligen − oder auch nur kleine Stückchen Stoff, die durch Kontakt mit seinem Körper selbst geheiligt worden waren − bestaunt und verehrt werden konnten und wo ihre Macht sich unmittelbar spüren ließ: Um diese menschlichen Überreste herum hatte man Altäre, Schreine, Kirchen und Kathedralen errichtet. Reisen mit einem Tempo von etwa 25 Meilen an einem Tag — an einem guten Tag — muß eine harte Angelegenheit gewesen sein, aber das Ende der Reise versprach den Pilgern Vergebung ihrer Sünden oder die Fürsprache ihres Lieblingsheiligen. Ob es allerdings auch den Horizont der Wallfahrer erweiterte, bleibt eine offene Frage: Ein »Pilgerführer« aus der Zeit um das Jahr 1140, der älteste erhaltene und vermutlich aus der Feder eines Priesters aus dem Poitou stammend, ist voller Lokalpatriotismus und gleichzeitiger Abneigung gegen die Einstellungen und das Verhalten so gut wie jeder anderen Person, die entlang des Weges nach Compostela zu finden war. Besonders scheint er es dabei auf die Menschen aus Navarro abgesehen zu haben:

> Ein Ort namens Lorca im Osten liegt an einem Fluß, der als der Salzfluß bekannt ist. Hüte dich davor, aus ihm zu trinken oder dein Pferd darin zu tränken, denn dieser Fluß bringt den Tod. Auf unserem Weg zum heiligen Jakobus fanden wir an seinen Ufern zwei Navarreser, die dort saßen und ihre Messer schärften; denn sie sind es gewohnt, den Pferden von Wallfahrern, die sterben, nachdem sie mit dem Wasser getränkt wurden, die Haut abzuziehen. Auf unsere Frage logen sie, indem sie behaupteten, das Wasser sei gut und trinkbar. Im Vertrauen darauf tränkten wir unsere Pferde im Fluß, und sofort starben zwei von ihnen, die von den beiden Männern unverzüglich enthäutet wurden . . .
>
> Ein Navarreser oder ein Baske wird einen Franzosen wegen eines Pfennigs töten, wenn er Gelegenheit dazu hat. Wenn die Navarreser erregt sind, zeigen in einigen Teilen der Gegend, an der Biskaya und in Alava, die Männer den Frauen ihre intimsten Teile und die Frauen zeigen sie den Männern. Die Navarreser treiben schamlos Unzucht mit ihren Tieren, und man sagt, daß ein Navarreser sein Maultier oder seine Stute mit einem Schloß verschließt, damit nur kein anderer Mann sie bekommt. Lüstern küßt er außerdem die Vulva einer Frau ebenso wie die einer Stute.

Im »Pilgerführer« gibt es darüber hinaus Beschwerden über Gasthäuser, in denen Wallfahrer gezwungen werden, für ein Nachtmahl genauso viel zu bezahlen wie für ihr Bett, in denen Becher zwar groß aussehen, in Wirklichkeit aber klein sind, und in denen das Essen sichtlich verdorben ist. Besonders hilfreich ist, daß der Autor noch etwas hinzufügt, was man als »erstes Taschenwörterbuch für Reisende« bezeichnet hat, so daß Pilger — wenn sie unbedingt müssen — ein Essen auf Baskisch (»das absolut barbarisch ist«) bestellen konnten. Das Buch gibt Tips zu den Straßen, den Gasthäusern, den Hauptreliquien und den Orten, die man auf dem Weg gesehen haben *mußte*. Einer davon war Vézelay in Burgund, südöstlich von Paris gelegen, wo »vor allen Dingen dem heiligsten Körper der gesegneten Maria Magdalena Ehre zu erweisen ist«:

> Dort wurden eine große und schöne Basilika sowie eine Abtei erbaut: Um der Heiligen willen werden dort von Gott den Sündern ihre Fehler vergeben, Blinde bekommen ihr Augenlicht wieder, die Zungen der Stummen werden gelockert, die Lahmen werden von ihrer Lahmheit geheilt, diejenigen, die von Teufeln besessen sind, werden erlöst und vielen Gläubigen werden unsagbare Wohltaten erwiesen.

Während sie darauf warteten, daß alle diese Dinge geschahen oder wenn sie einfach nur auf der Durchreise waren, konnten sich die Wallfahrer auf einer Art »Raum-Fahrt« durch die solide, mit Rundbögen versehene Abteikirche von Vézelay bewegen. Sie war zwischen 1096 und 1136 ähnlich vielen anderen romanischen Bauten wie eine Festung oder Fluchtburg errichtet worden, in diesem Fall auf einem Hügel, von dem aus man das burgundische Land überblicken konnte. Die Pilger konnten diesen Bau »lesen« wie ein dreidimensionales Buch: Die Wände waren der Einband, die Skulpturen, Reliefs und Details waren der Text. Denn der Hauptzweck von Kunst — jeder Kunst — war es, mit menschlichen Mitteln die Regeln und Strukturen zu reproduzieren, die hinter der Ordnung des Universums standen, einer Ordnung, in der jedes einzelne Bild jedes andere Bild reflektierte oder zu ihm in Beziehung stand wie in einem endlosen Spiegelkabinett mit Gott als Zentrum. Das große Epos, das auf diese Art erzählte, war natürlich die christliche Geschichte der Welt, von der Schöpfung im Garten Eden über die Menschwerdung Christi, als er zur Erde herabkam, bis zum Armageddon, in dem die Welt ihr Ende finden würde. Es war eine

GEGENÜBER: Eine Gruppe wohlhabender Pilger auf ihrem Weg in die Heilige Stadt Jerusalem;
eine Illustration aus einem französischen Manuskript des vierzehnten Jahrhunderts.
OBEN: Die Welt des mittelalterlichen Reisenden, der
»Mappa mundi« zufolge, die etwa aus dem Jahr 1290 stammt und jetzt in der Kathedrale von Hereford
aufbewahrt wird. Die Karte verzeichnete die Britischen Inseln an ihrem südwestlichen Rand und
Jerusalem im Zentrum. Das Rote Meer war rot gefärbt.
Als Hauptorientierungspunkte dienten kirchliche Bauten und Flüsse.

Fortsetzungsgeschichte, die nicht als Metapher oder Dichtung gesehen wurde, sondern als genaue Aufzeichnung dessen, was geschehen *war* und, aufregenderweise, *noch geschehen würde*.
Gleichgültig, ob sie des Lesens kundig waren oder nicht, die Wallfahrer, die Vézelay besuchten,
konnten den Bau »entziffern«; es konnte sein, daß sie dabei Hilfe in Form eines lebenden oder
geschriebenen Führers brauchten, es konnte aber auch sein, daß sie es so leicht deuten konnten
wie heute ein Autofahrer eine rote oder grüne Ampel. Ein deutscher Benediktiner aus dem zwölften Jahrhundert mit Namen Theophilus, Autor des Werks »Über die verschiedenen Künste«,
gibt uns einen Einblick, wie die Gläubigen auf die visuelle Sprache der Kirchen reagierten; er bezieht sich dabei offensichtlich besonders auf romanische Bauten:

> . . . das menschliche Auge kann sich nicht entscheiden, auf welche Arbeit es zuerst schauen
> soll; wenn es die Decken betrachtet, schimmern sie wie Brokat; wenn es die Wände betrach-
> tet, sind sie eine Art Paradies; wenn es die Überfülle des Lichts betrachtet, das durch die Fen-
> ster hereinströmt, bewundert es die unschätzbare Schönheit des Glases und die unendlich
> wertvolle und abwechslungsreiche Handwerksarbeit. Wenn aber vielleicht die gläubige Seele
> die in einem Kunstwerk dargestellte Passion des Herrn verfolgt, wird sie vom Mitgefühl ge-
> rührt. Wenn sie sieht, wie viele Qualen die Heiligen mit ihren Körpern ertragen mußten und
> wie sie mit dem ewigen Leben belohnt wurden, öffnet sie sich bereitwillig der Aussicht auf ein
> besseres Leben. Wenn sie vor Augen hat, wie groß die Freuden des Himmels und wie groß die
> Schmerzen der höllischen Flammen sind, wird sie im Angesicht ihrer guten Taten von Hoff-
> nung beflügelt und im Widerschein ihrer Sünden von Furcht geschüttelt.

Im Wartesaal oder Narthex von Vézelay, einem Raum, in dem Pilger, wenn sie es wollten, die
Nacht verbringen konnten und der gleichsam einen symbolischen Übergang von der profanen
Welt außen in die geheiligte Kirche innen darstellte, konnten Besucher oberhalb des zentralen
Kirchenportals ein halbmondförmiges Relief sehen, das in seinem Mittelpunkt eine Christusfigur
zeigte. Sie besitzt die doppelte Größe der Jünger, die rechts und links von ihr dargestellt sind, und
die achtfache Größe der anderen Figuren auf dem Torbogen. Christus richtet seine Botschaft an
»jede Nation unter dem Himmel« zuerst an die Jünger, die zu Missionaren in der bekannten und
später auch in der unbekannten Welt werden. Am äußeren Rand des Reliefs wechseln sich die
Tierkreiszeichen mit Darstellungen von Tätigkeiten ab, die mit den entsprechenden Zeiten im
Kalender in Verbindung stehen. Zwischen Skorpion und Schütze wird beispielsweise ein
Schwein für den November geschlachtet, während der Steinbock mit einem Mann in Verbindung
gebracht wird, der eine alte Frau über eine Schwelle trägt, was auf das Ende des einen Jahres und
den Beginn eines neuen hindeuten soll. Im nächsten inneren Kreis wird der bekannten Welt das
Evangelium verkündet. Ein Einsiedler mit einem Stock predigt einigen Byzantinern und Armeni-
ern, während sich Cynocephali (»Hundeköpfe«), deren natürlicher Lebensraum die Höhlen in
den Bergen Indiens sind, in unmittelbarer Nachbarschaft zu ein paar Arabern unterhalten. Die
Hundeköpfe kommunizieren durch Heulen, und sie sind schnelle Jäger (einer von ihnen trägt ein
Schwert, das er nonchalant auf seiner linken Schulter ruhen läßt).

Entlang des Türsturzes befinden sich Darstellungen der Bewohner der unbekannten Welt, die auf die griechischen Texte zurückgehen, die Plinius der Ältere in seiner »Naturgeschichte« kurz nach dem Tod Jesu zusammenstellte. Es gibt Giganten (»Großfüßler«) und winzige Pygmäen aus dem Inneren Afrikas, von denen einer gerade mittels einer Leiter ein Pferd besteigt: Es hieß, daß sie zwar Miniatur-Vieh, aber Pferde von normaler Größe besaßen. Außerdem finden sich dort die Panotii, die »Ganz-Ohren« aus den Bergen Indiens; ihre Ohren sollten bisweilen bis zu ihren Füßen reichen und als Ersatz für Decken dienen, und weil sie ein sehr scheues Volk waren, neigten sie dazu, ihre Ohren zum Davonfliegen zu benutzen, wenn es einmal etwas rauher zuging.

Die Heimatländer dieser Völker waren für den mittelalterlichen Pilger vage Niemandsländer mit sehr mysteriösen Namen, aber sie werden in keiner Hinsicht als »primitiv« oder von einer niedrigeren Entwicklungsstufe dargestellt. Sie waren nur völlig anders, vielleicht, weil sie aus irgendeinem Grund in Ungnade gefallen waren. Historiker haben verschiedentlich Versuche unternommen, zu erklären, warum die Völker der unbekannten Welt auf diese Art und Weise gesehen wurden: Vielleicht waren die »Ganz-Ohren« in Wirklichkeit Elefanten, und die »Großfüßler« Menschen, die unter Palmblättern meditierten, wobei sich die Geschichten über sie mit dem Erzählen weiterentwickelten. Für die Besucher jener Zeit waren sie gleichermaßen merkwürdig wie glaubwürdig. Für sie gab es mehr Dinge im Himmel und auf Erden, als sie sich erträumen konnten.

Auf dem Tympanon in Vézelay sah der Pilger folglich Christus in seiner Majestät, die Jünger, die bekannte Welt, die unbekannte Welt und den Himmel. Die bekannte Welt wird von der unbekannten durch gemeißelte Wellen getrennt, die auch auf den Faltenwurf von Christi Kleidung verweisen. Das Ganze stellt gleichermaßen eine Landkarte, eine Geschichte, eine Botschaft und eine Erbauung für die Pilger dar, die darauf warteten, *ihre* Reise fortzusetzen. Die war vielleicht weniger exotisch, aber es blieb doch eine Reise, bei der sie während des gesamten Weges auf *Unterschiede* treffen würden, und hier wie auf anderen kirchlichen Reliefs in ganz Europa bekamen sie eine Art Guide Michelin des frühen zwölften Jahrhunderts zur Interpretation des Kosmos.

Die nächste größere Zwischenstation wäre dem »Pilgerführer« zufolge Conques in Südwest-Frankreich, wo

> der hochverehrte Körper der seligen Foy, einer Jungfrau und Märtyrerin, im Tal ehrenvoll von Christen bestattet wurde . . . Viele Wohltaten werden sowohl denen gewährt, die krank, als auch denen, die von guter Gesundheit sind. Vor der stattlichen Basilika entspringt eine wunderbare Quelle, deren Heilkräfte zu groß sind, als daß man sie aufzählen könnte.

Dies war ein besonderer Ort, weil die Abteikirche, die auch schon als »Prototyp der ›Wallfahrtsrouten-Kirche‹« bezeichnet worden ist, die Reliquie der Sainte Foy (der heiligen Fides) beherbergte. Sie war ein kleines Mädchen gewesen, das im dritten Jahrhundert für seinen Glauben den Märtyrertod erlitten hatte. Den oberen Teil ihres Schädels hatte man ursprünglich im aquitanischen Agen ausgestellt, wo sie gestorben war, aber im neunten Jahrhundert hatte sich listigerweise ein Benediktinermönch aus Conques um Aufnahme in das Konkurrenzkloster beworben

RECHTS: Das halbmondförmige Tympanon über der zentralen inneren Tür der Wallfahrtskirche von Vézelay, das Christus zeigt, wie er — umrahmt von den Tierkreiszeichen — »jeder Nation unter dem Himmel« seine Botschaft verkündet. An der Basis finden sich die bizarren Bewohner der unbekannten Welt. Die visuelle Sprache des Innenraums konnte von einem Wallfahrer ebenfalls wie ein dreidimensionales Buch gelesen werden. Die aus dem frühen zwölften Jahrhundert stammenden gemeißelten Kapitelle von Vézelay zeigen dramatische Szenen aus der Bibel — in diesem Fall (OBEN) Samson und den Löwen.

und es »nach zehn geduldigen Jahren« geschafft, den Kopf eines Nachts in einem Sack Kartoffeln zu entführen. Der »Pilgerführer« benutzt das Wort »ehrenvoll«, um den heiligen Diebstahl zu beschreiben, weil man zu jener Zeit davon ausging, daß die Heilige, wenn die Reliquie tatsächlich einen Teil von ihr darstellte, das rituelle Kidnapping gewollt haben mußte, damit sie in eine neue Gemeinschaft umziehen konnte, in ihr neues Heim in Conques.

Es gibt viele erhaltene Berichte aus dem mittleren und hohen Mittelalter, *translationes* genannt, die sich mit solchen rituellen Kidnappings beschäftigen. Der vielleicht seltsamste unter ihnen beschäftigt sich mit Bischof Hugh von Lincoln, der in Fécamp dem Arm von Maria Magdalena seinen Respekt erwies und dabei vergeblich versuchte, ein Stück von diesem Arm abzubrechen. Dann machte er sich daran, mit seinen Zähnen Magdalenas Zeigefinger abzubeißen, »zunächst mit seinen Schneidezähnen, dann mit seinen Backenzähnen«. Schließlich gelang es ihm tatsächlich, zum »äußersten Entsetzen« der beobachtenden Mönche, zwei Stücke abzubrechen. Diese *translationes* machen deutlich, daß das hervorstechendste Motiv für Wallfahrten darin bestand, einem »lebenden Heiligen« seine Reverenz zu erweisen; daß der Umzug von Knochen

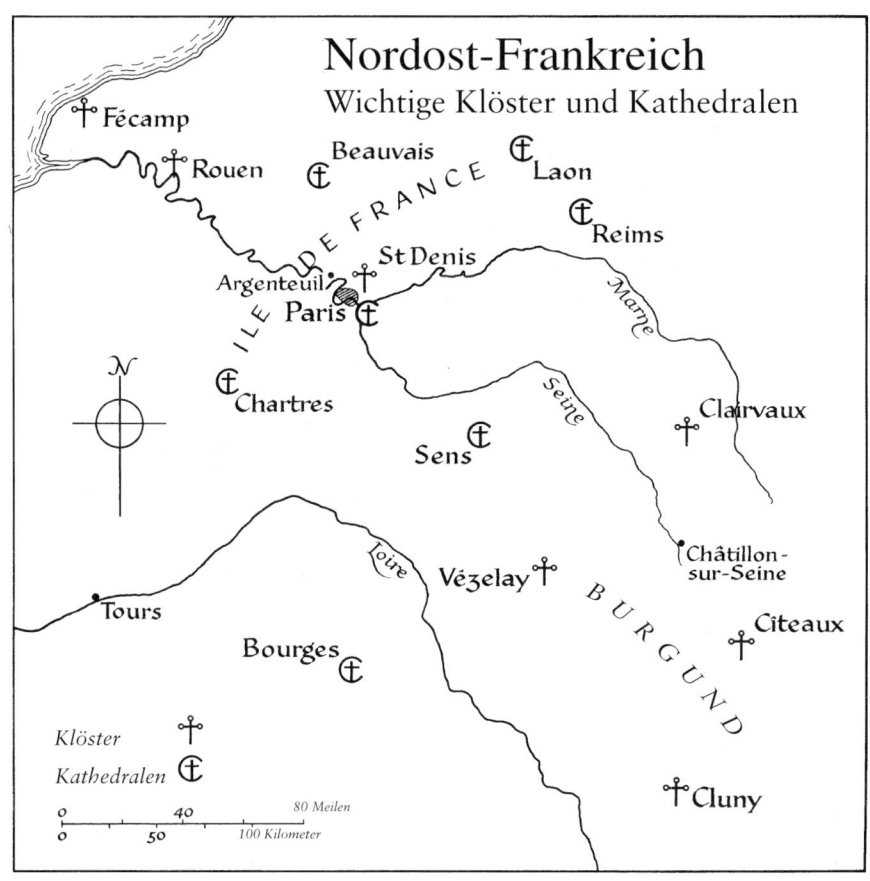

Abt Samson aus St. Edmundsbury »überführt« seinen Schutzpatron

*N*un war der Sarg mit dem heiligen Körper gefüllt, und . . . bei näherem Hinsehen fand der Abt danach ein Seidentuch, das den ganzen Körper bedeckte, dann ein Leinentuch von einem wunderbaren Weiß, und über dem Kopf ein kleines Leinentuch sowie ein weiteres kleines und kunstvoll gefertigtes Seidentuch, als ob es der Schleier einer heiligen Frau wäre. Und darauf fanden sie den Körper, eingehüllt in ein Leinentuch, das es schließlich erlaubte, alle Linien des heiligen Körpers deutlich auszumachen.*

Hier hielt der Abt ein und sagte, daß er nicht weiter fortfahren und den nackten Körper des Heiligen betrachten dürfe. Deshalb hielt er seinen Kopf zwischen seinen Händen und sagte unter Stöhnen: »Glorreicher Märtyrer, heiliger Edmund, gesegnet sei die Stunde, in der du geboren wurdest. Glorreicher Märtyrer, verwandle nicht meine Kühnheit in Schmerz, daß ich, der ich nur ein elender Sünder bin, dich berühre. Du kennst meine Hingabe und meine Absicht.« Er berührte darauf seine Augen und seine Nase, von denen letztere dick und sehr groß war, und faßte dann an Brust und Arme, erhob die linke Hand, berührte die Finger und legte seine Finger zwischen die des Heiligen. Und als er fortfuhr, fand er die Füße, die aufrecht standen, als ob sie einem Mann gehörten, der erst seit kurzem tot war, und er berührte die Zehen und zählte sie beim Berühren.

Aus der Chronik des Jocelin von Brakeland, Mönch aus St. Edmundsbury

---

manchmal Verwirrung stiftete — einige Pilger beteten weiter am ursprünglichen Ort der Bestattung, obwohl die Knochen ja an einen anderen Ort überführt worden waren; und daß der Reliquienkult in keiner Weise an eine bestimmte soziale Klasse gebunden war. Es ist vielleicht bequem, sich vorzustellen, daß nur »einfache, hart arbeitende Leute« an solche Dinge glaubten, aber Reliquien wurden auch von Menschen aufgesucht, die zum Ritter geschlagen werden sollten oder denen ein Kampf bevorstand, und sogar Könige knieten und weinten vor den Reliquien der Heiligen. Im dreizehnten Jahrhundert betete König Eduard I. von England vor dem Schrein des heiligen Edmund in Bury, bevor er in die Schlacht gegen die Schotten zog, und als er ging, wandte er sich nochmals um und verbeugte sich vor dem seligen Märtyrer. Einige Tage später sandte er seine Standarte an den Prior von Bury und bat ihn darum, eine Messe zu Ehren des heiligen Edmund darüber zu lesen und mit ihr alle dortigen Reliquien zu berühren.

In Conques war der obere Teil des Schädels der heiligen Fides in eine sitzende goldene Figur eingelassen worden. Sie besaß durchdringende Glasaugen, ein Gewand, das mit wertvollen Steinen übersät war, und einen Kopf, der offensichtlich ebenfalls von anderer Stelle stammte — man nimmt an, daß er aus der Zeit zwischen dem dritten und dem vierten Jahrhundert datiert und ursprünglich zu einem römischen Kaiser oder einer keltischen Gottheit gehört hat. Bei der sitzenden Figur, die aus Holz besteht und mit Gold und vergoldetem Silber überzogen ist, könnte es sich um das älteste erhaltene Exemplar einer größeren christlichen Plastik in Europa handeln.

Das kleine Mädchen, das gestorben war, weil es sich geweigert hatte, heidnische Gottheiten anzubeten, sah am Ende nun selbst wie eine von ihnen aus.

Die Definition eines Altars nach dem Römischen Kirchenrecht ist bis auf den heutigen Tag »eine Grabstätte, die die Reliquien eines Heiligen enthält«, und der Ausdruck »Schrein« bezeichnet in diesem Zusammenhang die Truhe oder das Reliquiar, das sie schützt. Keine Kirche — gleich welcher Größe — konnte so ohne eine Reliquie in ihrer Mitte erbaut werden. Der »Pilgerführer« ist voll von Verweisen auf die Köpfe, Körper und Glieder von Heiligen, die in örtlichen Kultzentren entlang des ganzen Weges nach Compostela besichtigt werden konnten. Er verweist auch auf die Wunder, die schon routinemäßig geschahen, wenn die Heiligen, wie sie es oft taten, in den Alltag eingriffen. Sie glichen den griechischen Göttern, die in alten Zeiten auf dem Olymp lebten, wobei sie sich hauptsächlich dadurch von ihnen unterschieden, daß sie wirklich gelebt und zum Beweis ihre Knochen zurückgelassen hatten: Damit *lebten sie immer noch*.

Eine der sieben großen Wallfahrtskirchen Roms war die Basilika Santa Croce in Gerusalemme. Nach der Wallfahrer-Folklore zu urteilen, war sie im vierten Jahrhundert von Kaiser Konstantin als ein aufwendiges Reliquiar für die Reliquien errichtet worden, die seine Mutter Helena im Heiligen Land ausgegraben hatte. In einem angemessen prunkvollen Rahmen zur Schau gestellt, fand sich hier mit Sicherheit die erlesenste Auswahl an Reliquien in ganz Rom. Es gab drei Stücke des Wahren Kreuzes — die größten Stücke, die überhaupt irgendwo zu sehen waren und die man angeblich in einer Grube in Jerusalem gefunden hatte —, zwei Dornen aus der Dornenkrone, ein kleines Stück Stein aus der Krippe zu Bethlehem, von der Kreuzigung das Täfelchen oben am Kreuz Jesu mit der in Griechisch, Latein und Hebräisch gehaltenen Inschrift »Jesus von Nazareth, König der Juden« — wobei oben an der Spitze der hebräische Teil abgebrochen war —, einer der originalen Nägel aus dem Kreuz und das *pièce de résistance*, der Zeigefinger des Zweiflers Thomas, des Jüngers, der von Jesus gesagt hatte: »Wenn ich nicht in seinen Händen die Spuren der Nägel sehe und wenn ich nicht meinen Finger in diese Spuren und nicht meine Hand an seine Seite lege, werde ich nicht glauben« — also, hier war der Finger, mit dem er es tat.

Was hätte nun ein Wallfahrer des zwölften Jahrhunderts wohl aus all dem gemacht? Dieser Wallfahrer hätte sich nach einer berühmten Redewendung dem Altar genähert mit dem Geruch von Blut und Rosen in der Nase, einer Mischung, die den kleinen Knochensplittern in ihren kunstvollen Gefäßen entsprach, die zu sehen er — oder sie — den ganzen langen Weg gemacht hatte. Diese Bruchstücke der Ewigkeit hätten den Pilger der physischen Realität des Neuen Testaments von Angesicht zu Angesicht gegenübergestellt, und sie hätten darüber hinaus an diesem Ort eine gewaltige Macht konzentriert. Sie wären viel leichter zu verstehen gewesen als die abstrusen Debatten der Theologen. Sie hätten zum Beispiel erklären geholfen, was beim Abend-

Das kunstvolle Reliqiuar der heiligen Fides in Conques in Form einer vergoldeten Figur
auf einem Thron. Es stammt aus dem zehnten Jahrhundert. Der Kopf, der einige Jahrhunderte älter ist,
enthält die eigentliche Reliquie: einen Teil des Schädels der Heiligen.

mahl geschah, als Brot und Wein zu Fleisch und Blut wurden. Und vielleicht würden hier sogar Wunder geschehen und Erscheinungen auftreten, einfach als Ergebnis dieser Reliquien. Ich sage »vielleicht«, aber für den Wallfahrer im zwölften Jahrhundert hätte es kein »vielleicht« gegeben: Wunder waren Bestandteil des Alltags — es war zum Beispiel wunderbar, wenn jemand sich von einer ernsten Krankheit erholte oder wenn man Glück hatte. In der Renaissance und der Reformation hat man über den Reliquienkult oft gespottet: Boccaccio schrieb höhnisch über eine hochverehrte Reliquie — eine Feder, die vom Erzengel Gabriel bei der Verkündigung Mariä zurückgelassen worden war —, und John Calvin schrieb den berühmten Satz, daß es vom wahren Kreuz genug Reliquien gäbe, um daraus ein Schiff zu bauen, und daß ausreichend Dornen aus der Dornenkrone existierten, um damit ein Feld einzuzäunen. Von der Frage der Authentizität einmal abgesehen, gibt es aber keinen Zweifel, daß dieser Kult uns wesentliche Einblicke in die Geisteshaltung mittelalterlicher Wallfahrer erlaubt. Der Reliquienkult gab einfache Antworten auf sehr schwierige Fragen.

Nur ein paar Kilometer nördlich von Paris, in der königlichen Abtei Saint-Denis, wurden die zu allen Zeiten populären Reliquien des Nationalheiligen Frankreichs und die Gebeine der Könige aufbewahrt, die jedes Jahr Tausende von enthusiastischen Wallfahrern anzogen. Hier wurde die erste Kirche »im französischen Stil«, auch *opus Francigenum* genannt, errichtet. Mit ihrem Bau wurde im Jahr 1136 begonnen, und sie brach einer brandneuen Architektur Bahn, der Architektur des Lichts.

Visionär und Auftraggeber dieses neuen Stils war Abt Suger von Saint-Denis (1085–1151). Suger stammte aus einer Bauernfamilie, besuchte gemeinsam mit dem späteren König Ludwig VI. eine Klosterschule und wurde schließlich Premierminister Frankreichs, während Ludwig VII. auf einem Kreuzzug war. Man hatte ihn bereits als Kind in die Abtei von Saint-Denis gegeben, und es ist daher kaum ein Wunder, daß er die Kirche als Ganzes und besonders die Abtei (zu deren Abt er 1122 gewählt wurde) als seine »Mutter« ansah. In einem bewegenden Absatz seiner Schriften erzählt er, wie nach seiner Wahl zum Abt seine erste Amtshandlung für die Kirche von Saint-Denis darin bestand, die Wände instandsetzen und »mit Gold und kostbaren Farben« bemalen zu lassen. »Ich führte dies um so lieber aus«, heißt es weiter, »weil ich seit meiner Schulzeit immer gewünscht hatte, dies zu tun, sobald ich nur die Gelegenheit dazu haben würde.« Er war sehr klein von Gestalt und nicht gerade von hoher Abstammung, aber er fühlte sich offensichtlich nie von seiner erlauchten Umgebung gehemmt. In der Tat stellte er sich über dem Eingang der von ihm umgebauten Abtei, einem Symbol des Himmelstores, selbst zu Christi Füßen dar — nicht ganz in wahrer Lebensgröße.

Aus Sugers Schriften wird deutlich, daß er Frankreichs Schutzpatron Saint-Denis und seiner Kirche absolut ergeben war. Die zentrale Autorität, die König Ludwig innehatte, und von daher auch die Einheit Frankreichs als solche, waren für ihn symbolisiert und sogar verankert in der Abtei von Saint-Denis. Er genoß die Tatsache, daß viele herausragende Menschen den Feierlichkeiten in seiner Kirche beiwohnten. Er war darüber hinaus ein Mann von grenzenloser Energie und von großen Ideen, was eine Anekdote belegt: Als ihm von seinen Zimmerleuten berichtet wurde, daß es in der ganzen Umgebung kein passendes Holz für Reparaturarbeiten gäbe, stürzte

Saint Denis hilft beim Bau seiner Abtei

An einem bestimmten Tag, als bei einem starken Regenguß dunkle Undurchsichtigkeit die Luft erfüllte, gingen wegen der Heftigkeit des Regens jene fort, die normalerweise bei der Arbeit halfen, wenn die Karren aus dem Steinbruch herabkamen. Die Ochsentreiber klagten und beschwerten sich, daß sie nichts zu tun hätten und daß die Arbeiter herumständen und Zeit verlören. Sie taten das so lautstark und beharrlich, daß einige schwache und versehrte Männer gemeinsam mit einigen Knaben – siebzehn an der Zahl und, wenn ich mich nicht täusche, unter Anwesenheit eines Priesters, zum Steinbruch eilten, eines der Seile ergriffen und es an einer Säule befestigten, wobei sie einen anderen Schaft, der am Boden lag, zurückließen. Denn es gab niemanden, der es unternehmen konnte, ihn zu ziehen. Beflügelt von frommem Eifer, betete die kleine Gruppe also: »O heiliger Denis, wenn es Dir gefällt, hilf uns, indem Du selbst Dich um den zurückgelassenen Schaft sorgst, denn Du kannst uns nicht die Schuld geben, wenn wir es nicht können.« Mit gewaltiger Anstrengung zogen sie dann hinaus, was normalerweise einhundertundvierzig oder zumindest einhundert Männer nur mit Schwierigkeit vom Boden der Kluft fortbewegten – nicht allein, denn das wäre unmöglich gewesen, aber durch den Willen Gottes und mit der Hilfe der Heiligen, die sie anriefen. Und sie beförderten dieses Baumaterial für die Kirche zum Karren. So wurde es in der gesamten Nachbarschaft bekannt, daß diese Arbeit dem allmächtigen Gott über alle Maßen gefiel, denn Er hatte zu Preis' und Ruhm Seines Namens entschieden, mit diesen und ähnlichen Zeichen Seine Hilfe denen zu geben, die sie ausführten.
Aus: »Über die Weihe der Kirche von Saint-Denis« (1144–1147) von Abt Suger

---

er, nachdem er eine ganze Nacht wachgelegen hatte, mit seinen Zimmerleuten am nächsten Morgen in den Wald und fand genau das, was er suchte. Nicht alle großen Bäume waren für militärische Zwecke verbraucht. Vor allem anderen aber war Suger besessen vom Thema »Licht«.

Seine Inschrift zum Andenken an die Weihe des umgebauten Ostteils der Abtei versuchte die Auswirkungen zu beschreiben, den es auf den Rest des Baues haben würde:

> Wenn einmal der neue rückwärtige Teil
> > mit dem Vorderteil verbunden ist,
> Leuchtet die Kirche
> > mit ihrer Mitte strahlender.
> Denn strahlend ist das, was leuchtend
> > mit dem Strahlen verbunden ist,
> Und strahlend ist der edle Bau,
> > der durchströmt ist von neuem Licht . . .

Das »neue Licht« konnte auf zwei verschiedenen Ebenen interpretiert werden, im Sinne der tatsächlichen Lichtverhältnisse, die durch die neue Architektur ermöglicht worden waren, und dar-

Oberhalb des zentralen Portals der Abtei Saint-Denis
ist Abt Suger (1085–1151) dargestellt,
wie er zu Füßen Christi betet.

über hinaus im Sinne des Lichtes des Neuen Testaments im Gegensatz zum Alten Testament, das (nach einer Formulierung des heiligen Augustinus) von einem Schleier bedeckt war. Das Wort, das er für »Licht« benutzte, war *claritas,* das das Leuchten oder den Glanz, der vom »Vater allen Lichtes« ausging, umschreibt.

Suger nahm an, daß er eine unübertreffliche theologische Rechtfertigung für seine Lichtbesessenheit – und gleichermaßen für seine damit verbundene Leidenschaft für Gold, Juwelen und alles Kostbare – aus den Schriften des großen Saint Denis, seines geliebten Schutzheiligen selbst, ableiten konnte. Aber in Wirklichkeit hatte er, gemeinsam mit allen anderen mittelalterlichen Gelehrten, die über dieses Thema schrieben, den französischen Saint Denis mit Denis oder Dionysius dem Areopagiten, einem Schüler des heiligen Paulus, ebenso verwechselt wie mit noch einem weiteren Denis oder Dionysius, einem Syrer aus dem fünften Jahrhundert. Aus dieser produktiven Verwirrung entstand dennoch die Bekräftigung der Idee, daß das Licht das erste große Prinzip des Lebens darstelle, die wichtigste Quelle von Ordnung und Werten, die es gab. Es war das Licht der griechischen Philosophen, das die Güte und das Wissen symbolisierte, nach denen alle menschlichen Wesen strebten, und das Licht des Johannesevangeliums, »bei dem alle Dinge erschaffen wurden«. Je mehr ein Gegenstand vom Licht beschienen wurde, desto mehr wurde er zu einem »Ebenbild« seines Schöpfers. Wie Suger schrieb, war es Licht, *durch* Glas oder *auf* kostbare Oberflächen strömend, das ihn auf eine Reise »in ein fremdartiges Gebiet des Universums zwischen dem Schmutz der Erde und der Reinheit des Himmels« sandte.

Mit einem ausgeprägten Sinn für theatralische und effektvolle Wirkungen setzte Suger deshalb farbige Glasfenster ein, die das Licht saphirblau, rubinrot und smaragdgrün färbten, wenn es auf die Reliquien fiel, die auf einem verschwenderischen goldenen Altar zur Schau gestellt waren, der außerdem ein großes Kreuz zeigte, das mit Juwelen besetzt und mit eingelegten Smaragden verziert war. Er war nicht der erste, der farbiges Glas benutzt hatte, aber er war der erste, der ihm eine zentrale Bedeutung für die Erfahrungen beim Betreten einer Kirche zuordnete. Das Glas und das großzügige, transparente Ambiente waren jedoch nicht nur das Resultat einer Philosophie. Es waren auch praktische Übungen in der Beherrschung von Menschenmassen. Sugers besonders hartnäckiges Bitten, mit dem er sich um finanzielle Mittel für den Umbau der alten Abteikirche bemühte, hatte einen handfesten Grund:

> An Festtagen, an denen sie bis auf den letzten Platz gefüllt war, spie die Abtei oft durch alle ihre Türen die überzähligen Menschenmassen aus, die sich in entgegengesetzte Richtungen bewegten, und der nach außen gerichtete Druck der Vordersten hinderte nicht nur diejenigen, die hinein wollten, am Hineinkommen, sondern drängte auch die nach draußen, die sich schon drinnen befanden. Manchmal war zu sehen und zu bestaunen, daß die Menge denen, die sich um Eintritt bemühten, um zu beten und die heiligen Reliquien, den Nagel und die Krone des Herrn, zu küssen, derart viel Widerstand entgegensetzte, daß keiner unter den Tausenden von Menschen wegen des großen Gedränges auch nur einen Fuß bewegen konnte und daß niemandem wegen der Verstopfung etwas anderes übrig blieb, als wie eine Marmorstatue zu erstarren, still stehenzubleiben oder, als letzte Zuflucht, zu schreien . . . Zudem hatten sich die Brüder, die die Zeichen des Leidens unseres Herrn zeigten, der Wut und dem Aufruhr zu stellen und, da sie keine andere Zuflucht besaßen, flohen sie vielmals mit den Reliquien durch die Fenster.

Um seine Philosophie des Lichtes zu realisieren und den Besucherfluß zu erleichtern, gestaltete Suger die Kirche neu, indem er den dunklen Säulenwald und die engen Wände niederreißen ließ, um so Platz für einen helleren, offeneren und großzügigeren Innenraum zu schaffen.

Aber einige Männer der Kirche — wie etwa der einflußreiche Bernhard von Clairvaux — blieben von Sugers Betonung der Rolle von Edelmetall und Glitter, die, wie Bernhard es ausdrückte, »heutzutage so üblich geworden ist«, gänzlich unbeeindruckt. In seiner »Apologie für Abt Wilhelm« ist zu lesen:

> Oh Eitelkeit der Eitelkeiten, aber mehr noch Torheit als Eitelkeit! Die Wände der Kirche erstrahlen in Licht und Farbe, aber die Armen der Kirche gehen hungrig aus. Die Kirche überzieht ihre Steine mit Gold und läßt ihre Kinder bloß und nackt. Das Geld zur Speisung der Armen wird benutzt, um die Augen der Reichen zu erfreuen. Die Neugierigen finden viel zu genießen, und die Hungernden finden nichts zu essen.

Seine Liebe für Glanz und Inszenierung verteidigend antwortete Suger: »Diejenigen, die uns kritisieren, behaupten, daß die heilige Feier nur einer heiligen Seele und eines reinen Geistes bedarf. Wir stimmen absolut zu, daß dies die Dinge sind, die vor allem anderen zählen, aber wir glauben auch, daß wir anbeten sollten durch den äußeren Schmuck geheiligter Gefäße ... und dies gleichermaßen in aller inneren Reinheit und mit allem äußeren Glanz.« Und auf den großen vergoldeten Türen des zentralen Westportals der Kirche, die er umbaute, hatte er, sichtbar für alle, die lesen konnten, eine Zusammenfassung seiner Theologie des Lichts eingemeißelt:

PORTARVM QVISQVIS ATTOLLERE QVERIS HONOREM
AVRVM NEC SVMPTVS OPERIS MIRARE LABOREM
NOBILE CLARET OPVS SED OPVS QVOD NOBILE CLARET
CLARIFICET MENTES VT EANT PER LVMINA VERA

AD VERVM LVMEN VBI CHRISTVS IANVA VERA
QVALE SIT INTVS IN HIS DETERMINAT AVREA PORTA
MENS HEBES AD VERVM PER MATERIALIA SVRGIT
ET DEMERSA PRIVS HAC VISA LVCE RESVRGIT

(Wer immer Du bist, wenn Du die Herrlichkeit dieser Türen zu rühmen suchst,
Bewundere nicht das Gold und den Aufwand, sondern die Kunstfertigkeit dieser Arbeit.
Strahlend ist das prachtvolle Werk; aber, indem es prachtvoll strahlt,
Sollte es den Geist erhellen, auf daß er sich erhebe durch das echte Licht

Zu dem Wahren Licht, zu dem Christus ist die wahre Tür.
Auf welche Weise sie zu dieser Welt gehöre, bestimmt die goldene Tür:
Der matte Geist erhebt zur Wahrheit sich durch das, was zur Materie gehört,
Und im Angesicht des Lichtes wird von seinem Fall er neu erhoben.)

Überzeugt durch Sugers Abhandlungen zum Thema — und da sie offensichtlich dem Kopf des heiligen Denis selbst entsprungen waren — akzeptierte Bernhard schließlich das Argument, daß die etwas schwerfälligeren Mitglieder des Laienstandes manchmal der Erleuchtung durch ein Kunstwerk oder ein kostbares Juwel bedurften, um ihre inneren Gedanken aufzupolieren. Er schrieb nie ein Wort der Kritik über die neue Abtei von Saint-Denis und stand sich bis zum Tode des Abtes mit Suger überraschend gut.

Es machte überhaupt nichts, daß die Glaubwürdigkeit von Sugers Ideen auf einer lang andauernden Verwechslung zwischen drei Männern basierte, die alle auf den Namen Dionysius oder Denis hörten: einem Anhänger des heiligen Paulus, den er nach der Apostelgeschichte, Kapitel 17, Vers 34 in Athen predigen hörte und ihm anschließend »anhing und gläubig wurde«; dem Schutzheiligen Frankreichs, der den Märtyrertod starb, als er Gallien in der Mitte des dritten Jahrhunderts bekehrte; und einem namenlosen syrischen Schriftsteller, der siebenhundert Jahre vor Sugers Zeit lebte und der aus Gründen, die ihm selbst am besten bekannt waren, behauptete, ein Anhänger des heiligen Paulus gewesen zu sein. Ohne diese Verwechslung wäre es nie zum neuen Saint-Denis und dem »Französischen Stil«, den er einleitete, gekommen, denn es hätte ihm die theologische Basis gefehlt. Heute ist von Sugers neuer Abtei bis auf die Westfassade mit ihrer innovativen Fensterrose, dem Ambulatorium und der Krypta wenig übriggeblieben; das gegenwärtige Kirchenschiff und die oberen Partien wurden später hinzugefügt. Und Saint-Denis liegt weit ab von den heutigen Wallfahrtsrouten. Aber was Suger begonnen hatte, sollte weiter südlich zur krönenden Lobpreisung der diamantenen Stadt werden.

In weniger als einer Generation gelang es zwischen 1194 und etwa 1220 einer kleinen Gemeinde von weniger als zehntausend Einwohnern, auf einer Hochfläche oberhalb ihrer Stadt die Kathedrale Unserer Lieben Frau von Chartres zu bauen, das größte und höchste Gebäude, das die westliche Christenheit bis dahin hervorgebracht hatte. Vom Bildhauer Rodin ist es die »Akropolis Frankreichs« genannt worden, aber anders als andere Höchstleistungen in der frühen Geschichte der Architektur – die große Pyramide, die athenische Zitadelle, das Colosseum in Rom – wurde es nicht als grandioses Symbol für Macht und Autorität errichtet. Es wurde von Menschen zum angenommenen Nutzen von Menschen gebaut, und es entstand aus dem französischsten aller Gründe: weil eine ganze Gemeinde Hals über Kopf einer Frau namens Maria verfallen war, die, wie es eine zeitgenössische Chronik schrieb, »Chartres zu ihrem besonderen Wohnsitz hier auf Erden erkoren hatte«.

In dem Maße, in dem sich die Verehrung der Jungfrau Maria in der westlichen Kirche entwickelt hatte und in dem sich das Bild Marias von einer entfernten, schemenhaften Figur zunächst zur Königin des Himmels und dann zur Mutter und Fürsprecherin aller gewandelt hatte, war durch die Verbindung der Stadt mit der Marienverehrung Chartres auf den Landkarten erschienen – nicht nur aus spirituellen, sondern auch aus ökonomischen Gründen, mit großen Textilmessen und Handelsausstellungen, die zufälligerweise im Kalender immer mit den vier großen Festen der Heiligen Jungfrau zusammenfielen. Tatsächlich war Chartres schon seit Mitte des neunten Jahrhunderts, als die ursprüngliche Kathedrale von den Wikingern zerstört worden war, das Zentrum der Marienverehrung gewesen. König Karl der Kahle hatte der Kirche zu jener Zeit eine Reliquie zum Geschenk gemacht, von der man allgemein glaubte, sie sei der echte Umhang, den Maria getragen habe, als sie Jesus auf die Welt gebracht hatte.

Chartres war außerdem berühmt für seine Gelehrten, die mit der Kathedrale verbunden waren und die sich in den zurückliegenden zweihundert Jahren als wichtigste Gelehrte der westlichen Welt für das Studium von Geometrie, Mathematik und Musik sowie der tiefen Verbindung zwischen diesen drei Disziplinen erwiesen hatten. Das eindrucksvolle Königsportal, das im Gefolge eines der nicht wenigen Brände auf der Westseite der ursprünglichen Kathedrale etwa um 1150 entstanden war, zeigt die Gründerväter dieser Disziplinen – unter ihnen Pythagoras, Euklid und Aristoteles – sowie allegorische Figuren, die die geisteswissenschaftlichen Fächer darstellen (Musik, Astronomie, Arithmetik, Geometrie und Dialektik), über denen die Mutter Gottes selbst thront. Das gesamte Portal basiert auf der Grundlage des Goldenen Schnittes, jenes Verhältnisses (ungefähr 5:8), das Plato als das angenehmste von allen bezeichnet hatte.

Das großartige Königsportal (LINKS) der Kathedrale von Chartres, erbaut zwischen 1145 und 1155. Es zeigt Szenen aus dem Stammbaum, dem Leben und den Werken Christi sowie, oberhalb der rechten Tür, Figuren, die die ehrwürdigen Disziplinen der Geometrie, der Arithmetik und der Musik darstellen. Das Portal überstand ebenso den Brand von 1194 wie die vielgepriesene Reliquie, der geheiligte Umhang der Jungfrau Maria, der sich heute in einem modernen Reliquiar befindet (UNTEN).

Links von den Wissenschaftlern sitzt auf dem zentralen Tympanon des Portals ein überlebensgroßer Christus in seiner himmlischen Herrlichkeit, flankiert von den geflügelten Figuren eines Menschen oder Engels, eines Adlers, eines Stieres und eines Löwen. Dieses Tableau hatte die Vision des heiligen Johannes zur Grundlage, und es bleibt ein herausragendes Beispiel für die Vielschichtigkeit, mit der das mittelalterliche symbolische Universum operierte. Denn die vier Figuren sind in Wirklichkeit die »Zeichen der Evangelisten«: Der Mensch ist der heilige Matthäus (weil sein Evangelium mit dem Stammbaum der Familie Jesu beginnt), der Adler ist der heilige Johannes (weil man vom Adler glaubte, er könne in die Sonne sehen, den tiefsten Kern aller Dinge), der Stier ist der heilige Lukas (weil sein Evangelium mit dem Opfer des Zacharias beginnt und der Stier das archetypische Opfertier war), und der Löwe ist schließlich der heilige Markus (die Stimme, die in der Wüste ruft oder brüllt). Diese Assoziationen oder Analogien repräsentieren die eine Bedeutungsebene: Mensch = Stammbaum, Adler = zum Herz der Schöpfung vorstoßend, Stier = Opfer, Löwe = Rufen — bezogen auf die Eröffnungszeilen der betreffenden Evangelien. Aber die vier Kreaturen stellen darüber hinaus auch vier große Augenblicke in der Schilderung des Universums dar: Inkarnation (Mensch), Himmelfahrt (Adler), Erlösung durch Opfer (Stier), der Erlöser lebt (der Löwe, von dem man glaubte, daß er mit offenen Augen schlafe). Auf der menschlichen Ebene repräsentieren sie darüber hinaus die Charakterzüge, die für das Heil am meisten benötigt wurden: Intelligenz, Vision, Opferbereitschaft und Mut.

Auf diese Weise sind die drei simultanen Ebenen — die Anfangszeilen der Evangelien, die heilige Geschichte, das menschliche Drama — alle in den Figuren verkörpert, die um Christus gruppiert sind, und um sie vollständig deuten zu können, mußte man die Bibel, die Interpretationen der frühen Kirchenväter sowie die illustrierten Texte über die mythischen und realen Tiere kennen, die als Bestiarien bekannt waren und auf vorchristlichem Denken basierten. Nehmen wir als Beispiel den Löwen: Der Wallfahrer mußte den Anfangsvers des Markusevangeliums kennen, die Schlafgewohnheiten des Tieres und die Tatsache, daß der Löwe nicht feige, sondern mutig war. Interpretationen dieser »Zeichen« waren zu einer der großen Errungenschaften der christlichen Kunst geworden und sollten es mehr noch werden, etwa im »Book of Kells«, das um das Jahr 800 illustriert worden war. Die Zeichen mögen in der Tat im frühen Mittelalter durch auf Pergament ausgeführte Ausschmückungen der Anfangsworte der Evangelien in den visuellen Blutkreislauf eingeflossen sein.

Das Königsportal, die Krypta und die Fundamente sind so ziemlich das einzige, was von der ursprünglichen Kathedrale übriggeblieben ist, denn im Jahr 1194 zerstörte ein weiteres Feuer den größten Teil des Stadtzentrums von Chartres und verschlang dabei auch sein charakteristischstes Gebäude. Es schien ein Zeichen des Himmels dafür zu sein, daß die Jungfrau Maria die Stadt verlassen hatte, die sich nun ihrem endgültigen Niedergang gegenübersah. Drei Tage nach dem Feuer, am 13. Juni 1194, rief ein visitierender Kardinal und päpstlicher Legat alle Einwohner von Chartres zu einer Versammlung zusammen — auf dem offenen Platz vor dem Königsportal, das immer noch von schwelender Glut umgeben war.

Der Kardinal hatte gerade mit seiner Rede begonnen, wie wichtig es für das spirituelle und ökonomische Überleben der Stadt sei, jetzt alle Kraft zusammenzunehmen und Geld für den

Ein Wunder rettet die Reliquie vor dem Brand in der Kathedrale von Chartres

Und es gab ein weiteres Wunder, das alle anderen überragte und das sich ereignete, als das heilige Reliquiar in die Krypta gebracht wurde, während die Kathedrale Feuer fing. Diejenigen, die sich der Aufgabe verschrieben hatten, die Reliquie zu retten, fanden es unmöglich, zurück in die Kirche zu gelangen. Sie eilten daher zurück in die Krypta und verschlossen die eiserne Tür hinter sich. So verblieben sie dort für zwei oder drei Tage ohne zu essen. Aber die Heilige Jungfrau stellte sich vor sie und sorgte dafür, daß ihnen Rauch, Feuer oder Hunger nichts anhaben konnten . . .

Als das Feuer schließlich gelöscht war, gelang es diesen großmütigen Söhnen unserer Lieben Frau, zum großen Erstaunen aller ihrer Mitbürger, die gedacht hatten, sie seien unter den rauchenden Trümmern der Kirche umgekommen, die Krypta strahlend und gesund wieder zu verlassen. Jeder umarmte sie, jeder weinte und dankte Gott und seiner Heiligen Mutter dafür, daß sie sie durch ein wirkliches Wunder vor allem Übel beschützt hatten.

Aus: »Chronik der Wunder der gesegneten Jungfrau Maria der Kirche von Chartres« (um 1210)

Wiederaufbau der Kathedrale aufzubringen, als plötzlich in einer feierlichen Prozession das heilige Gewand der Jungfrau Maria herangetragen wurde. Dies war nun ebenso ein großartiges Beispiel für gekonntes »Timing« wie auch ein Wunder, denn die Reliquie hatte schließlich doch noch das Feuer überstanden — man hatte sie aus der Krypta gerettet. Das wurde von allen Anwesenden als Zeichen dafür verstanden, daß die heilige Frau von Chartres selbst es zugelassen hatte, daß die alte Kirche niederbrannte, und zwar nicht etwa, weil sie die Stadt verlassen hatte, sondern weil sie wollte, daß man ihr zu Ehren eine neue und noch würdigere Kirche bauen sollte. Sie hatte ihrem Wunsch eben auf eine besonders dramatische Art und Weise Ausdruck verliehen.

Wenn man dem Autor der »Chronik der Wunder der gesegneten Jungfrau Maria der Kirche von Chartres« (um 1210) glauben darf (Chroniken tendieren immer zu schlagartigen Stimmungsumschwüngen), verwandelte sich die Verzweiflung der Gemeinde daraufhin sofort in einen Sturm von Begeisterung. In den Straßen waren Chöre, Gesang und Gebete zu hören. Es bestand überhaupt kein Zweifel mehr daran, daß die neue Kathedrale das schönste und beste Bauwerk der christlichen Welt werden mußte. Sie würde eine Enzyklopädie dieser Welt wie der nächsten darstellen, die auf das Ende aller Zeiten wartete, sie würde ein Erlebnis vermitteln, als beträte man die Stadt Gottes durch die Pforten des Himmels selbst. Die Welt könnte jeden Augenblick zu Ende gehen, und ihre Geschichte — vom Garten Eden bis zum Armageddon, von ihrem Anfang bis zu ihrem Ende — würde hier von jedem aus Kalkstein und Glas herausgelesen werden können. Und vor allem würde der neue Bau auch eine Verkörperung der Worte des heiligen Johannes darstellen, der im Kapitel 21 der Offenbarung sagt:

> Und ich sah die heilige Stadt, das neue Jerusalem, von Gott aus dem Himmel herabfahren, bereitet wie eine geschmückte Braut ihrem Mann . . . Und er führte mich hin im Geist auf einen

Der Bau des Turms zu Babel. Gezeigt werden mittelalterliche Aufzugmaschinen
wie das große hölzerne Rad und der Kran;
Illustration aus einem französischen Manuskript des dreizehnten Jahrhunderts.

großen und hohen Berg und zeigte mir die heilige Stadt Jerusalem herniederfahren aus dem Himmel von Gott, die hatte die Herrlichkeit Gottes. Und ihr Licht war gleich dem alleredelsten Stein, einem Jaspis, klar wie Kristall. Und sie hatte eine große und hohe Mauer und hatte zwölf Tore . . . Und ihre Mauer war aus Jaspis und die Stadt aus reinem Golde, gleich dem reinen Glase. Und die Grundsteine der Mauer um die Stadt waren geschmückt mit allerlei Edelgestein. Der erste Grundstein war ein Jaspis, der zweite ein Saphir, der dritte ein Chalcedon, der vierte ein Smaragd, der fünfte ein Sardonyx, der sechste ein Sarder, der siebente ein Chrysolith, der achte ein Beryll, der neunte ein Topas, der zehnte ein Chrysopras, der elfte ein Hyazinth, der zwölfte ein Amethyst. Und die Stadt bedarf keiner Sonne noch des Mondes, daß sie ihr scheinen; denn die Herrlichkeit Gottes erleuchtet sie, und ihre Leuchte ist das Lamm. Und die Völker werden wandeln in ihrem Licht.

Zu Beginn des großen Abenteuers versammelten sich die Menschen von Chartres zu Tausenden in den Steinbrüchen von Berchères acht Kilometer vor der Stadt. Obwohl mittlerweile alles überwachsen ist, zeigt sich der Kalkstein immer noch an den Stellen, an denen in die Felsen gehauen wurde, und die Spuren der Meißel sowie die Stücke, die man zurückließ, sind auch heute noch zu sehen. Die Steine wurden mit Ochsengespannen zum Bauplatz gezogen, eine Arbeit, die pro Wagenladung einen vollen Tag dauerte und die übrigens auch einen der kostspieligsten Aspekte des ganzen Unternehmens darstellte. Einige der Wagen wurden sogar von Adligen und Kaufleuten geschleppt, die sich schweigend abschufteten und höchstens Pausen machten, um Vergebung für ihre Sünden zu erflehen. Man glaubte zu jener Zeit, daß dieser merkwürdige »Kult der Karren« in Chartres beim Bau der vorigen Kathedrale in den Jahren 1144 bis 1150 entstanden sei (obwohl noch ein fast einhundert Jahre älterer Bericht über dieses Phänomen existiert), und er war von großer emotionaler Bedeutung für diese Region. Der Abt von Saint-Pierre-sur-Dives in der Normandie schrieb über diesen Kult:

> Wer sah oder hörte je in all den vergangenen Generationen davon, daß Könige, Fürsten, Mächtige dieser Welt, aufgeblasen von Ehren und Reichtümern, wie auch Männer und Frauen von edler Geburt ein Zaumzeug um ihre stolzen und erhobenen Nacken legten und sich vor Wagen spannten, die sie dann nach Art roher Tiere sogar zur Wohnstatt Christi zogen, voll mit ihren Ladungen von Wein, Korn, Öl, Kalk, Steinen, Balken und anderen Dingen, die für das Leben oder den Kirchenbau notwendig waren? Mehr noch: Während sie die Wagen ziehen, können wir das Wunder sehen, daß sie in solcher Stille voranschreiten, daß keine Stimme, nicht einmal ein Murmeln zu hören ist, obwohl doch manchmal tausend oder noch mehr Männer und Frauen in die Riemen gebunden sind (denn so gewaltig ist die Masse, so groß die Vorrichtung und so schwer die Last) . . .
>
> Wenn sie auf dem Wege ausruhen, dann ist nichts anderes zu vernehmen als Eingeständnisse der Schuld unter dem Flehen und dem reinen Gebet zu Gott, daß er ihnen Vergebung für ihre Sünden gewähren möge.

Die verkohlte Fläche rings um die Kathedrale wurde in eine riesige Baustelle verwandelt, als sich Baumeister, Steinmetze, Maurer, Freimaurer und Handwerker aller Art versammelten, um unter Anleitung des Domkapitels, das mit seinen Einkünften aus Grundbesitz, aus Ernten, Bergbau und Steuern zu den reichsten in Frankreich gehörte, ihr großartiges Vorhaben in Angriff zu nehmen. Zeitgenössische Quellen und Impressionen von Künstlern haben uns erstaunlich wenig über die Art und Weise des Kathedralenbaues mitzuteilen. Künstler stellten normalerweise Szenen der Evangelien oder solche aus dem »Leben« der Heiligen dar, doch obwohl sie keinen Versuch unternahmen, biblische Bauprojekte — Noahs Arche, den Turm zu Babel — in irgendeine Art von »historischen« Zusammenhang zu stellen, können ihre Bilder manchmal etwas über die Techniken und Details der Bauten ihrer eigenen Tage aussagen. Und in ganz seltenen Fällen vermittelt auch ein Dokument etwas von dem Gefühl, was es bedeutet haben muß, beim Bau eines dieser Giganten zugegen gewesen zu sein. Lambert, Pfarrer von Andres, beschreibt in seiner Chronik, wie etwa um das Jahr 1200 die Stadtmauern erneuert wurden:

> . . . viele kamen oftmals zusammen, um diese großen Schanzwerke zu sehen; denn solche armen Menschen, wenn es nicht gedungene Arbeiter waren, vergaßen ihre Armut über die Freude, dieses Werk zu betrachten, während die Reichen, sowohl Ritter als auch Bürger und oftmals Priester oder Mönche, nicht nur täglich einmal, sondern an jedem Tag wieder und wieder kamen, um ihre Körper zu erfrischen und einen so wunderbaren Anblick zu genießen. Denn wer, außer einem Mann, betäubt oder abgestumpft durch Alter oder Sorgen, würde nicht frohlockt haben beim Anblick jenes Meisters Simon, des Dammbauers, wie er, in geometrischer Arbeit so überaus erfahren, mit einem Stab in der Hand und mit aller Würde eines Meisters, ausschritt und sich, nicht so sehr mit seinem tatsächlichen Stab als mehr mit dem spirituellen Maßstab seines Geistes, vielerorts an das Werk machte, das er in seiner Vorstellung bereits entworfen hatte?

Unter der direkten Aufsicht von Auftraggebern oder Meistern arbeiteten die Maurer während des nächsten Vierteljahrhunderts in Chartres offensichtlich in locker organisierten Gruppen von jeweils vielleicht siebzig oder achtzig Gesellen. Es gibt keine Dokumente, die uns sagen, wer diese Menschen waren, aber das Material des Baues selbst liefert uns dazu einige Hinweise. Wenn man das Mauerwerk sehr genau betrachtet, beginnen unterschiedliche Stile und Techniken sichtbar zu werden. Die Qualität und der Behau der Steine, die verschiedenen Maßsysteme und sogar einige Grundzüge der Konstruktion enthüllen das unterschiedliche fachliche Können der verschiedenen Handwerkergruppen, und der Bau entpuppt sich keineswegs als die harmonische Einheit, als die er zunächst erscheint, sondern bei näherem Hinsehen als ein ziemliches Durcheinander.

Innenansicht der Kathedrale Unserer Lieben Frau von Chartres mit Blickrichtung nach Osten.
Zwischen 1194 und 1220 erbaut, sollte die Kathedrale
eine Enzyklopädie — in Kalkstein und Glas —
dieser ebenso wie der nächsten Welt darstellen.

Wilhelm von Sens, Baumeister des Chores der Kathedrale von Canterbury, hat einen schweren Unfall

Nachdem er das Spannen des großen Gewölbes vorbereitet hatte, brachen plötzlich die Balken unter seinen Füßen und er stürzte aus der Höhe der Kapitelle des oberen Gewölbes, das heißt, aus rund fünfzehn Metern Höhe, zu Boden, wobei Steine und Holz seinen Fall begleiteten. Schwer verletzt durch die Stöße der Balken und Steine, blieb er hilflos für sich und sein Werk liegen, aber niemand außer ihm wurde im mindesten verletzt. Allein gegen den Meister war diese Vergeltung Gottes oder diese Boshaftigkeit des Teufels gerichtet.

Derart verletzt, blieb der Meister in Erwartung der Genesung für einige Zeit unter ärztlicher Betreuung in seinem Bett. Aber seine Hoffnung trog ihn, denn seine Gesundheit nahm nicht zu. Als der Winter heraufzog und es nötig war, das obere Gewölbe zu vollenden, übergab er die Leitung der Arbeiten an einen bestimmten geschickten und fleißigen Mönch, welcher der Aufseher über die Maurer war. Dies war eine Verabredung, aus der viel Neid und Groll entsproß, denn sie ließ diesen jungen Mann fähiger erscheinen als Reichere und Mächtigere. Aber während er im Bett ruhte, bestimmte der Meister über alles, was geregelt werden mußte. Auf diese Weise wurde das Gewölbe zwischen den vier Hauptpfeilern vollendet.

Aus: Gervase von Canterbury, »Über das Abbrennen und Wiederaufbauen der Kirche von Canterbury« (ca. 1184)

Einige der Unterschiede in Stil und Technik sind offensichtlich, etwa das delikate Gewebe der Strebepfeiler, die das Mittelschiff stützen, im Vergleich zu den klobigeren, die den Altarraum im Ostteil tragen. Weniger offensichtlich zeigen sich dort, wo die Gänge der Bauleute sich in Dachhöhe um die gesamte Kathedrale ziehen, die Bögen über den Gängen, die Türstürze und Fensteröffnungen in allen Formen und Größen. Und einige seltene schriftliche Hinweise – mittelalterliche Signaturen in Stein, für die es heute der Detektivarbeit bedarf, um sie zu finden und zu entziffern – sind darüber hinaus in den Dachkammern und Vorratsräumen der Erbauer versteckt, die Besucher selten zu sehen bekommen. Sie haben die Form einer Reihe von Steinmetzzeichen – Dreiecke, Kreuze, Kreise, Buchstaben des Alphabets, Bogenformen –, die vermutlich von den Steinschneidern im Steinbruch von Berchères in den Fels geritzt worden sind, um Buch darüber zu führen, wie viele Steine sie schon herausgebrochen hatten. Zeichen wie diese sind die einzigen Signaturen irgendeiner Art in der ganzen Kathedrale; näher können wir den einzelnen menschlichen Wesen nicht kommen, die diesen Bau errichteten.

Aus den Steinmetzzeichen und aus den Anhaltspunkten im Mauerwerk können wir im Detail – wenn auch spekulativ – die wahrscheinliche Arbeitsorganisation und die Art und Weise, in der die Kathedrale errichtet wurde, rekonstruieren. Obwohl Gelehrte über Jahrhunderte hinweg gestritten haben, ob der Bau von West nach Ost oder umgekehrt erfolgte, erscheint es heute wahrscheinlich, daß er von den bestehenden Fundamenten aus horizontal schichtweise und in ungefähr fünfundzwanzig bis dreißig Arbeitsgängen emporwuchs, ein Grund, warum er bis zur

Fertigstellung nur fünfundzwanzig Jahre benötigte. Jeder waagerechte Teil könnte das Werk von mehreren Arbeitsgruppen gewesen sein, denn sie ließen ihre unterschiedlichen Signaturen im Stein zurück, bevor sie weiterzogen. Die Bauleute dürften allerdings kaum nach maßstabsgerechten Zeichnungen gearbeitet haben, die Konstruktion beruhte eher auf Prinzipien der Proportion als auf solchen der Statik. Aber mit den Ratschlägen des Domkapitels zum Entwurf und unter Verwendung hölzerner oder metallener Schablonen und Spannvorrichtungen, die von den Baumeistern geliefert wurden, konnten sie jeden Abschnitt der Reihe nach fertigstellen. Es gab zwar ein gewisses Maß an Autonomie (daher auch die Signaturen), aber sie hatte ihre Grenzen.

Separate Arbeitsgänge waren unbedingt erforderlich, nicht nur weil der Kalkmörtel Zeit brauchte, um zu trocknen, zu schrumpfen und sich zu setzen (ein Prozeß, der sechs Monate oder mehr in Anspruch nehmen konnte), sondern auch, weil die Finanzierung des Projektes danach verlangte. Mit Hilfe der Reliquie wurde Geld gesammelt, und nachdem es ausgegeben worden war, mußte die Schatulle der Kathedrale zunächst erneut gefüllt werden. Im Winter, in Zeiten von Stürmen und Regengüssen, war die Arbeit besonders schwierig zu verrichten. Während jeder Bauphase wurde vermutlich ein provisorisches Holzdach eingezogen, um vor Ort die üblichen Gottesdienste zu ermöglichen:

Mit zunehmender Höhe des Baus benutzten die Handwerkergruppen stabile Gerüste und Lastenaufzüge, die durch riesige, mit Seilen verbundene hölzerne Räder angetrieben wurden, einige von ihnen groß genug, daß fünf Männer in ihnen laufen konnten. Man brauchte ungefähr dreihundert Schritt, um einen zentnerschweren Stein zum ersten Stock hinaufzuziehen – vom Hauptdach gar nicht zu reden –, und wenn einer der Männer unglücklicherweise einen Fehltritt machte, stürzte der Stein zu Boden und das große Rad drehte sich mit doppelter Geschwindigkeit rückwärts und brach allen die Beine – wenn sie Glück hatten. Zu den seinerzeit verwendeten Werkzeugen gehörten wasserbetriebene Sägen und Hämmer, Flaschenzüge, Winden, Bohrer und Drehbänke, als Grundwerkzeuge dienten Spannvorrichtungen, Dechsel und Äxte sowie für die Meister Zirkel, Lineale, Winkel und Seile. Und sie hatten – natürlich – den Glauben, »den spirituellen Maßstab des Geistes«.

Das riesige Holzrad war eine besonders große Hilfe, als die Maurer die Gewölbe unterhalb des Daches einzogen, nachdem die Säulen und Wände sowie ein äußeres, dreieckiges Dach fertiggestellt waren. Als erstes wurde ein hölzernes Gerüst gebaut. Dann hievte man riesige Holzbögen nach oben, die man daran befestigte. Als nächstes wurde Lehm über die Bögen verteilt und in die Form des Gewölbes gebracht. Abschnittweise zog man dann Steinrippen an Seilen hinauf, die in den Lehm eingepaßt, an den Bögen verankert und mit einem Schlußstein fixiert wurden. Schließlich, im gefährlichsten Arbeitsgang, wurde das steinerne Gemäuer vorsichtig eingepaßt. Dann entfernte man den Lehm und die hölzernen Bögen und bedeckte das fertige Gewölbe von oben mit einer zehn Zentimeter dicken Schicht Mörtel, um Risse zwischen den Steinen zu schließen. Nun konnte man nur noch warten, daß alles trocknete.

Die grundsätzliche »Design-Entscheidung« bestand darin, daß die Ausmaße der neuen Kathedrale denen der vorangegangenen entsprechen sollten. Die einzige Ausdehnungsmöglichkeit lag daher in der Höhe, die sich auf überwältigende sechsunddreißig Meter erstreckte, was den größ-

Das rechtwinklige Gewölbe über dem Kirchenschiff von Chartres (LINKS). Es wird durch Diagonalrippen in Viertel geteilt, die sich (durch dünne Pfeiler zwischen den Hauptbögen) 36 Meter tief bis auf den Boden fortsetzen. Um dem nach außen gerichteten Druck entgegenzuwirken, den diese Konstruktion verursachte, wurden parallel dazu steinerne Türme errichtet und mit den Wänden des Hauptgebäudes durch sogenannte »Strebebögen« — wie diese auf der südlichen Seite des Chores — verbunden (RECHTS).

ten bis dato umbauten Raum schuf. Die Geometrie stimmte, und das Mauerwerk war fest, nachdem es sich erst einmal gesetzt hatte. Aber proportionales Denken hatte im Unterschied zu strukturellem Konstruieren seine praktischen Grenzen. War der Bau stabil genug?

Um den Mittelteil — sechzehn Meter breit, sechsunddreißig Meter hoch — zusammenzuhalten, setzte der Baumeister oder Maurer in Chartres einen neuen Gewölbetyp ein, bei dem sich die stützenden Rippen, die von schlanken Bündelsäulen umgeben waren, ganz bis zum Boden hinunterzogen, so daß sich eine ununterbrochene visuelle Linie vom Mittelpunkt der Decke bis zum Boden ergab. So wurde die *Energie* des Baues sichtbar gemacht. Es war dies ein revolutionärer Bruch sowohl mit dem traditionellen Baustil Ägyptens, Griechenlands und Roms, bei dem die Wände das Dach trugen, als auch mit dem Baustil des frühen Mittelalters, bei dem schwere Säulen die Gewölbedecken abstützten.

Die Gewölberippen mit einem Schlußstein in der Mitte des Gewölbes vermittelten den Eindruck, als habe man einen steinernen Regenschirm aufgespannt, ihn arretiert und dann den Griff entfernt. Zeitgenössische Chronisten wollten ihren Augen nicht trauen: Weil die Säulen statt der Wände den gesamten Druck aufzunehmen schienen, konnten die Wände geöffnet werden. Einer der Chronisten drückte ziemlich besorgt seine Hoffnung aus, daß die Konstruktion »bis zum Ende aller Tage« halten möge, was in Anbetracht der zeitgenössischen Vorstellungen von der Apokalypse nicht unbedingt ein sehr optimistischer Gedanke gewesen sein mag.

Das Gewicht der Gewölbe auf die Bündelpfeiler bedingte, daß die gesamte Konstruktion von oben kontinuierlich nach außen drückte. Von innen konnte dies nicht festgestellt werden. Außen, auf der Ebene der Umgänge der Bauleute auf dem Dach, war das Problem von Druck und Gegendruck weit offensichtlicher. Weil die steinernen Gewölbe die sie tragenden Pfeiler nach außen drückten, wurden parallel zum Hauptbau Strebepfeiler hochgezogen und über Bögen mit den Wänden verbunden, auf die sie genau oberhalb der Spitzen der inneren Pfeiler trafen. Die nach außen wirkende Kraft wurde so entlang der Bögen und über die Strebepfeiler abgeleitet. Diese Bögen sollten als Strebebögen bekannt werden, und dies war das erste Mal, daß sie als integraler Bestandteil eines Entwurfs für einen Bau eingesetzt wurden. Wenn die Wände wie der Umschlag eines Buches waren — ein Bild, das im zwölften und dreizehnten Jahrhundert oft benutzt wurde — und die Fenster dem Text glichen, dann waren die Strebebögen die Buchstützen, die verhinderten, daß das Buch umfiel. Obwohl sie keine Möglichkeit hatten, die Konstruktion zu testen, schien das System im großen und ganzen zu funktionieren.

Jetzt fehlte nur noch das farbige Glas, das der Philosophie von Abt Suger in Saint-Denis zufolge der Hauptzweck des Gebäudes war: Wände aus juwelenähnlichen Bruchstücken farbigen Glases, die das Innere in Lichterglanz wie aus einer anderen Welt tauchten. Nachdem man die Fenster sicher verankert hatte — und man machte mit Erleichterung die Entdeckung, daß die Fensterrosetten hohem Winddruck standhielten, wahrscheinlich weil sie dem Vorbild des robusten Karrenrades nachempfunden waren —, war der Bau praktisch fertiggestellt. Eigentlich hätte er von neun Türmen gekrönt werden sollen, aber nach einem der vielen Sinneswandel während der Bauzeit wurde ihre Anzahl auf zwei reduziert. Das riesige Dach bestand aus Holz, das mit grauem Blei verkleidet wurde. Das heutige, grün angelaufene Kupferdach installierte man erst nach einem Brand in den dreißiger Jahren des neunzehnten Jahrhunderts.

Von allen mittelalterlichen Kathedralen weist Chartres heute den am vollständigsten erhalten gebliebenen Satz von Buntglasfenstern auf. Insgesamt sind es 176. Davon wurden 43 von den Kaufleuten und Handwerkerzünften der Stadt gestiftet, von Zimmerleuten, Weinhändlern, Tuchhändlern, Kürschnern, Bäckern, Geldwechslern, Fuhrleuten und so weiter. Wie die Filme oder Comicstrips des zwanzigsten Jahrhunderts sind sie als »Bücher, die sogar Analphabeten lesen können«, bezeichnet worden, wobei allerdings der grundlegende Unterschied darin besteht, daß die Fenster aus einer Zeit datieren, die rund 250 Jahre vor Erfindung des Buchdruckes liegt. Kein Geringerer als der heilige Gregor schrieb, daß »für den, der nicht gelehrt ist und nur schauen kann, ein Bild das gibt, was für den, der lesen kann, die Schrift erreicht«.

Doch die Geschichten, die die Fenster erzählen, sind manchmal komplexer, als es den Anschein hat. Der durchschnittliche mittelalterliche Wallfahrer mochte deshalb durchaus einen Führer in Gestalt etwa eines Kirchendieners gebraucht haben, der ihm oder ihr alles zeigte und erklärte. Um nur ein Beispiel zu nennen: Das Fenster zum Thema des »guten Samariters« im südlichen Seitenschiff, in dem alle Einzelheiten deutlich sichtbar sind, erzählt drei ineinander verwobene Geschichten gleichzeitig, vorausgesetzt, das Licht von draußen ist hell genug. Es muß von unten nach oben und von links nach rechts gelesen werden.

Die Grundlinie beinhaltet — symbolisch genug — einen Hinweis auf den Sponsor: die Schuhmacher. Die ersten beiden Bilder zeigen die Schuhmacher bei der Arbeit, und auf dem rechten Bild übergibt eine Gruppe von Schuhmachern das Fenster an die Kathedrale. Schuhmacher hatten schließlich so etwas wie ein persönliches Interesse am Wallfahrtsgeschäft: Es war immerhin eine gute Art, Schuhe aufzutragen, und darüber hinaus gewannen sie wohl auch Pluspunkte für die Erlösung wegen ihrer Großzügigkeit.

Dann kommt die erste der vierblättrigen Formen, die an eine Blume erinnern. Auf dem unteren Blatt spricht Christus mit erhobener rechter Hand zu zwei Zuhörern, die ihn gefragt haben: »Meister, was müssen wir tun, um das ewige Leben zu erlangen?« Als Antwort erzählt er ihnen das Gleichnis vom guten Samariter. Im linken, mittleren und rechten Blatt verläßt ein Mann die mauerumgebene Stadt Jerusalem durch eine rote Tür, um nach Jericho zu gehen; auf der Straße nach Jericho wird er von Räubern überfallen, vor einem roten Hintergrund erhebt einer von ihnen sein Schwert gegen ihn, dann schlägt die Räuberbande ihn gründlich zusammen. Im oberen Blatt liegt das Opfer da, während ein Priester und ein Levit an ihm vorübergehen, ohne ihm Hilfe anzubieten — sie sehen nur zu.

In den nächsten drei Feldern entdeckt ein Mann aus Samaria das Opfer und verbindet ihm die Wunden; er setzt ihn auf einen weißen Esel und bringt ihn in einem Gasthaus unter. Im unteren Teil der nächsten Blumenform versorgt der Samariter das Opfer und verspricht, später zurückzukommen und seine Schulden zu begleichen. An diesem Punkt beginnt dann eine andere Geschichte aus dem Buch Genesis im Alten Testament.

Auf dem linken Blatt haucht Gottvater, der genau wie Christus aussieht, die gleiche Kleidung trägt und denselben Gesichtsausdruck besitzt, Adam, dem ersten Menschen, das Leben ein. Von Bäumen umgeben sitzt Adam dann im Garten Eden, wiederum vor einem roten Hintergrund;

rechts erschafft Gott aus der Rippe des schlafenden Adam Eva. Oben zeigt Gott Adam und Eva die verbotene Frucht am Baum des Wissens, mit roter Schlange, die sich um den Baum ringelt. Die nächsten drei Formen stellen Eva dar, wie sie Adam zu überreden versucht, die Frucht vom Baum des Wissens zu essen, was er auch tut – in Rot – und sich dabei an der Frucht verschluckt. Adam greift an seinen Hals nach dem »Adamsapfel«. Adam und Eva sind sich nun ihrer Nacktheit bewußt und tragen deshalb Feigenblätter, um sich zu bedecken. In der oberen Blume vertreibt ein Engel sie durch eine rote Tür aus dem Paradies.

Adam und Eva werden nun gezeigt, wie sie gezwungen sind, zum ersten Mal zu arbeiten – Adam gräbt und Eva spinnt –, während auf dem rechten Blatt die Konsequenzen ihrer Erbsünde dargestellt sind: Kain schlägt Abel auf den Kopf, der erste Mord, der uns alle mit dem Kainsmal zeichnet. An der Spitze sitzt Christus, flankiert von zwei Engeln auf einem Regenbogen. Er hält einen Reichsapfel oder eine Weltkugel in der einen Hand und hat die andere Hand zum Segen erhoben, eine exakte bildliche Parallele zur ersten Geste in der ersten Geschichte.

So hört das Fenster dort auf, wo es begann, indem es die drei Geschichten verbindet: die vom guten Samariter, von Adam und Eva sowie von Christus in der himmlischen Stadt am Ende aller Tage. Diese Verbindungen waren in der Bibel nicht gezogen worden, sondern fanden sich in gelehrten Kommentaren, die die frühen Kirchenväter geschrieben hatten, unter ihnen vor allem der heilige Augustinus und Beda der Ehrwürdige. Darüber hinaus handelte es sich um Verbindungen auf einer symbolischen bzw. analogen Ebene.

Der Mann, der Jerusalem verläßt, ist zugleich Adam, der aus dem Paradies vertrieben wird. Die Räuber auf der Straße nach Jericho stellen auch die menschliche Versuchung dar, die Erbsünde. Der Priester und der Levit, die vorüberziehen, stehen für die Religion des Alten Testamentes, die unsere Wunden nicht länger heilen kann. Das Gasthaus ist die Kirche selbst, wohin der Samariter verspricht, eines Tages zurückzukehren, und der Samariter ist gleichzeitig Christus, der die beiden Geschichten an der Spitze zusammenführt, wo er im Paradies sitzt, um das Jüngste Gericht abzuhalten. Diese Verbindungen entsprechen einem anderen farbigen Glasbild in der südlichen Fensterrosette in Chartres: Vier Propheten des Alten Testaments tragen auf ihren Schultern die vier Evangelisten des Neuen Testaments. Die Evangelisten sind zwar kleiner, aber sie können dennoch weiter sehen; zwischen ihnen steht Maria, die ihren kleinen Sohn hält und damit sowohl die Prophezeiungen des Alten Testaments als auch die Botschaft des Neuen vervollständigt.

Aber zusätzlich zu diesen parallelen Geschichten im Fenster des »guten Samariters« gibt es dort noch andere Dinge zu sehen. Da ist der Farbcode: Üble Geschichten scheinen sich immer in

Das farbige Glasfenster des »Guten Samariters« (um 1210) im südlichen Seitenschiff
von Chartres. Wie viele der anderen 175 Fenster des Gebäudes erzählt es mehrere Geschichten
gleichzeitig – in diesem Fall von unten nach oben und im Uhrzeigersinn:
das Gleichnis vom guten Samariter, die Geschichte des Gartens Eden und ein
abschließendes Bildnis Christi am Ende aller Tage.

Rot abzuspielen, der Farbe der verbotenen Frucht. Dann die Geometrie des Fensters, die auf Variationen des Kreises basiert und gleichzeitig in Beziehung zur Geometrie der Kathedrale steht und zu der des größten dekorativen Einzelelements des Gebäudes, des 305-Meter-Labyrinths auf dem Fußboden – die Kathedral-Schule von Chartres war berühmt für ihre Forschungen auf dem Gebiet der Geometrie. Aber vor allem vermittelt das Fenster die Symbolik des Lichtes: Licht als ein Widerschein der Vollkommenheit seines Schöpfers, der sich die menschlichen Wesen im Schatten nicht direkt stellen können, sonst würden sie geblendet; Licht, das durch ein Medium gesandt oder gefiltert werden muß – durch ein farbiges Glasfenster.

Dieses Fenster ist nur eines von insgesamt 176 in der Kathedrale von Chartres, und ein darauf spezialisierter Historiker wie Malcolm Miller könnte für jedes von ihnen eine entsprechende Deutung vornehmen. Andere im damaligen Bauboom entstandene Kathedralen mögen ursprünglich ebensoviele Fenster besessen haben, aber das einzigartige an Chartres ist, daß die Sammlung dank Restauration, Neubemalung, Neuverbleiung und Auslagerung während der zwei Weltkriege des zwanzigsten Jahrhunderts wie durch ein Wunder immer noch fast vollständig ist. Jedes Fenster ist ein Buch mit mehreren Geschichten, ein Kommentar, eine Erziehungshilfe, eine Übung in angewandter Geometrie, ein Sponsorenhinweis und – für einen Moment nur – ein Erlebnis dessen, was es bedeuten könnte, in der Himmlischen Stadt zu leben, einer Stadt »von purem Gold, hell wie klares Glas«, einer Stadt, die erfüllt ist von den Farben kostbarer Steine. Es gibt nicht viele Filme oder Comicstrips, die das alles gleichzeitig vermitteln können.

Wieviel davon für den mittelalterlichen Wallfahrer erfaßbar gewesen sein mag, ist immer noch eine vieldiskutierte Frage. Das gleiche gilt übrigens für die Einbeziehung der Laien in die religiösen Übungen in den Kathedralen des Mittelalters überhaupt. Die Vorstellung eines Gottesdienstes, die das Sitzen in Kirchenbänken ebenso einschließt wie das Hören einer Predigt und die volle Beteiligung der Gemeinde am Gottesdienst, scheint nicht zur Erfahrungswelt des Mittelalters zu passen. Normalerweise stand oder kniete die Gemeinde, und es gab eine kurze Predigt (vor dem Auftreten der Mönche des dreizehnten Jahrhunderts war Predigen nicht weit verbreitet). Das Latein der Messe blieb für die meisten Menschen unverständlich. Der Gottesdienst ähnelte mehr einem Dialog zwischen dem Priester und Gott, bei dem der Priester die Messe mit dem Rücken zur Gemeinde zelebrierte. Die Anwesenheit bei der wöchentlichen Meßfeier wurde erwartet, aber ein päpstlicher Erlaß aus dem Jahr 1215, der die Kommunion einmal jährlich zur Pflicht machte, legt den Gedanken nahe, daß diese Erwartung eher mißachtet als erfüllt wurde. Vielleicht zeigte die Laienschaft eher ihre Verehrung der Eucharistie, wenn das Brot in der Wandlung erhoben wurde, als daß sie tatsächlich die Kommunion empfing.

Was die Nutzung der Kathedrale durch die örtliche Stadtbevölkerung angeht, so ist klar, daß das Gebäude einen integralen Teil ihres täglichen Lebens darstellte – und daß viele der heutigen Aufteilungen zwischen religiösen und weltlichen Aktivitäten noch nicht erfunden worden waren. In der Kathedrale von Chartres pflegten die Leute zu tratschen, ihre Hunde, Sittiche und Falken zu trainieren, Ball zu spielen, einander den Hof zu machen, sich vor dem Regen unterzustellen sowie Wein und Lebensmittel von Händlern zu kaufen, die ihre Stände an den besten Plätzen im ganzen Hauptschiff aufgebaut hatten. Die Händler waren nur bereit zum Umzug, als das Kapitel ihnen einen gleichwertigen Standplatz anbot, diesmal in der Krypta. Einige dieser Aktivitäten wurden mit Mißfallen betrachtet − wir wissen nur von ihnen, weil per Dekret versucht wurde, sie zu verhindern −, andere dagegen nicht, vorausgesetzt sie fanden in den ihnen zugeteilten »Zonen« im Gebäude statt. Die Kathedrale stellte ein soziales und ökonomisches ebenso wie ein religiöses Zentrum dar. Ihr Boden hat eine leichte Neigung, vermutlich um das Ausfegen und Auswischen zu erleichtern, wenn Wallfahrer die Kathedrale in ein Massenlager inklusive Frühstückstisch verwandelt hatten.

In diesem Jahrhundert haben Historiker dazu geneigt, die Kathedrale von Chartres auf ein Podest zu stellen, sie zu behandeln, als wäre sie eine riesige Skulptur in einer exklusiven Kunstgalerie, Zivilisation genannt. Tatsächlich war dieser außergewöhnliche Bau tief eingebettet in die alltäglichen Gedanken und Taten der Menschen des zwölften und dreizehnten Jahrhunderts, die ihn planten, errichteten und benutzten, wie auch in die fortgeschrittene Philosophie und Theologie jenes Zeitalters. Auch damals neigten die Chronisten dazu, den Erfolg und die Geschlossenheit des Baues hervorzuheben. »Keiner läßt sich auf der ganzen Welt finden«, schrieb einer von ihnen, »der so hell strahlt.« Und das tut er noch immer. Die Kathedrale von Chartres animierte Kirchenbehörden und ihre Baumeister, sich in eine Art von Bauwettkampf zu stürzen, der dem »Kampf ums All« im zwanzigsten Jahrhundert ähnelt. Das große Ziel war, höher und lichter zu bauen, vorwärts und aufwärts, so weit zu gehen wie noch niemand zuvor. So entstand ungefähr 160 Kilometer nördlich von Chartres in Beauvais die ehrgeizigste Kathedrale von allen.

Mit dem Bau der Kathedrale von Beauvais wurde begonnen, als im Jahr 1225 Chartres gerade fertiggestellt worden war. Die Idee war, das kolossalste und größte Bauwerk zu errichten, das man sich vorstellen konnte; und tatsächlich − gemauerte Gebäude sollten nie wieder solche Höhen erreichen. Es sollte die ultimative Widerspiegelung des Kunstwerks Gottes darstellen, etwas, das die Wallfahrer mit größter Bewunderung erfahren und »lesen« können sollten.

Großzügige Stiftungen ermöglichten den Beginn des Projektes, doch um die Mitte des dreizehnten Jahrhunderts wurde das Geld knapp. Zu jenem Zeitpunkt waren erst die Chorgewölbe fertiggestellt, und sie waren mit einer Höhe von 45 Metern so gewagt ausgefallen, daß sie im Jahr 1284 zusammenbrachen. Nur der östliche Teil der Kathedrale blieb stehen. (Man hat geschätzt, daß ein vierzehnstöckiges Gebäude nach Art eines modernen Wolkenkratzers im Chor von Beauvais errichtet werden könne, ohne auch nur die Deckengewölbe zu erreichen.)

Die geometrischen Proportionen hatten gestimmt, aber die ihnen zugrundeliegende Konstruktion nicht. Dieses Mal war das praktische Wissen über Bautechniken einfach nicht vorhanden. Chartres war ebenfalls ohne baustatische Kenntnis, ohne einen detaillierten, maßstabgerechten Entwurf und sogar ohne festgesetzte und präzise Maßeinheiten gebaut worden. Der Bau bewies, daß es möglich war, Stabilität durch proportionale und weniger durch statische Analyse zu erreichen, dadurch, daß man die rechte Form fand und nicht so sehr dadurch, daß man die Belastungen ausrechnete, denen er ausgesetzt war. Beauvais jedoch war einfach nicht stabil genug. Paare von zusätzlichen Strebepfeilern und neue Strebebögen wurden eingezogen, um das schwankende Bauwerk abzustützen, und der Chor wurde mit zusätzlichen Säulen wiederaufgebaut, die die ursprünglichen Bögen teilten.

Der Bau der Kathedrale von Beauvais (OBEN) begann im Jahr 1225, aber
er wurde nie beendet: Der Entwurf sah die dreifache Größe des Gebäudes
von heute vor. Die Deckengewölbe des Chores (RECHTS) waren mit
45 Metern Höhe so gewagt ausgefallen, daß einige von ihnen 1284
zusammenbrachen — ein erstes Anzeichen dafür, daß die Bauleute über das
Konstruktionswissen der Zeit hinausgegangen waren.

Die Arbeit am Rest des Gebäudes schritt langsam voran, bis sich im sechzehnten Jahrhundert ein neuer Einsturz ereignete. Beauvais, das eigentlich das letzte Wort im »Französischen Stil« hatte sprechen sollen, wurde daher nie vollendet. Der Bau war einfach zu groß und zu licht. Und es war eine Kathedrale, die mehr aus Kreide als aus Kalkstein wie Chartres bestand; der weiche Stein war für diese Konstruktion einfach nicht geeignet. Über all der Geometrie und der Philosophie des Lichts hatte man diese grundlegende Tatsache schlicht übersehen. Am Ende gelang es Beauvais daher nicht, wie die Chronik hoffte, »die Sterne herauszufordern« oder Gott zu erreichen.

Wenn man sie fertiggestellt hätte, wäre die Kathedrale von Beauvais dreimal so groß ausgefallen, wie sie heute ist, und sie hätte sich bis ins Stadtzentrum erstreckt. Ursprünglich war geplant, eine gedrungene und dunkle kleine Kirche aus dem zehnten Jahrhundert, die auf demselben Platz stand und durch einen Brand beschädigt worden war, zu ersetzen. Wie sich herausgestellt hat, konnte die Kirche Basse Œuvre, die immer noch direkt neben der Kathedrale steht, die außergewöhnliche Kalkkonstruktion bei weitem überleben, die sie eigentlich hatte ersetzen sollen.

Einer der letzten Abschnitte von Beauvais, der erst im sechzehnten Jahrhundert fertiggestellt wurde, war die Südfassade. Sie wurde in einer späteren, sehr viel aufwendigeren Version des ursprünglichen Stils gebaut, den man zu diesem Zeitpunkt gemeinhin Gotik nannte. Mit dem Schicksal von Beauvais schien sich der lebhafte religiöse und intellektuelle Enthusiasmus, der die reine gotische Architektur durchzogen hatte, erschöpft zu haben − von den Stiftungen einmal ganz zu schweigen. Kirchen, die früher in ein oder zwei Generationen gebaut worden waren, benötigten nun Jahrhunderte zur Fertigstellung. Technische Innovationen der Art, wie sie durch den Bauboom der Kathedralen initiiert worden waren, blieben aus. Die Gotik wurde in den Stilkriegen, die auf das Mittelalter folgten, wie irgendein beliebiger Stil behandelt. Und doch war gotische Architektur nicht ausschließlich und nicht einmal hauptsächlich eine Frage von Strebepfeilern, Spitzbögen, Kreuzgewölben oder schwindelerregenden Höhen. Das alles waren nur Mittel und keine Ziele.

Die Ziele waren eine Reihe von Glaubenssätzen, die sich durch einen neuen Gebrauch des Lichtes und eine neue Betonung der Struktur und der Geometrie ausdrückten, kurz: eine Form von transparenter Architektur, die einen Gebrauchsgegenstand darstellte, in dem man Gottesdienste abhalten konnte. Es ging dabei nicht so sehr um die Frage, daß die Form der Funktion zu folgen hatte, obwohl dies auch eine Rolle spielte, als vielmehr darum, daß die Form dem Glauben folgte, der selbst eine Art Funktion darstellte.

Während der Renaissance nannten Kommentatoren dies alles »die Gotik« − was als Schmähung gedacht war (abgeleitet vom Wort Gote oder Barbar), ungefähr so wie heute der Begriff Modernismus. Barbarische Architektur. Barbarisch, weil es ihr an Schmuck fehlte, weil etwas leicht Anrüchiges die Reliquien umgab und weil der Architekt nicht seinen Namen und sein Ego in Großbuchstaben über das ganze Gebäude geschrieben hatte. Man kann darauf nur antworten, daß die Beurteilung von »Barbarei« und »Zivilisation« ausschließlich im Auge des Betrachters liegt.

Vom »Lesen« einer Kirche

Die Kirche bestehet aus vier Wänden, das bedeutet, sie ist gebaut auf der Lehre der Vier Evangelisten; und sie besitzet Länge, Breite und Höhe: Die Höhe repräsentieret den Mut, die Länge Stärke, die ruhig erduldet, bis sie ihr himmlisches Heim erhält; die Breite stehet für Barmherzigkeit, die unter langem Leid ihre Freunde in Gott und ihre Feinde für Gott liebt. Und nochmals ist ihre Höhe die Hoffnung auf zukünftige Vergeltung, die den Reichtum wie die Not verachtet in der Hoffnung, im Lande der Lebenden die Güte des Herrn zu schauen.*

Wiederum ist im Tempel Gottes das Fundament der Glaube, der vertraut ist mit dem Unsichtbaren, das Dach die Barmherzigkeit, die eine Vielzahl von Sünden zudeckt. *Die Türen sind der Gehorsam, von dem der Herr sagt:* Wenn Du ins Leben eingehen willst, so halte die Gebote. *Der Boden ist die Demut, von der der Psalmist sagt:* Meine Seele verharret auf dem Boden . . .*

Die Glasfenster in einer Kirche sind die Heiligen Schriften, die den Wind und den Regen abhalten, das bedeutet: alle Dinge, die Schmerz bereiten, die aber das Licht der wahren Sonne, welche Gott ist, in die Herzen der Gläubigen schicken. Sie sind innen weiter als außen, denn der mystische Sinn ist der tiefere, und er gehet über die Bedeutung des Wortes hinaus. Auch lassen die Fenster die Sinne des Körpers erkennen, die geschlossen sein sollten gegen die Eitelkeiten der Welt und geöffnet, um mit aller Freiheit die Gaben des Geistes zu empfangen . . .

Aus: Wilhelm Durand, »Der Symbolismus von Kirchen« (1286)

»Ketzer« werden auf einem Scheiterhaufen verbrannt, nachdem
sie von der Inquisition verurteilt wurden.
Die Ausbreitung der Häresie und die Reaktion des
kirchlichen Establishments darauf waren die Schlüsselthemen für
die Christenheit des zwölften und dreizehnten Jahrhunderts.

2

Die Feuer des Glaubens

Laut drei von vier Evangelien hatte Christus gesagt: »Leichter kommt ein Kamel durch ein Nadelöhr als ein Reicher ins Himmelreich.« Und dennoch wurde im zwölften und dreizehnten Jahrhundert mit der Entwicklung des Handels, des Geschäftslebens, der am Gewinn orientierten Wirtschaft sowie der Entwicklung von blühenden Städten und Dörfern Europas erstes kommerzielles Zeitalter geboren. Eine der großen Fragen der Zeit war, wie man die Religion mit diesen sich schnell verändernden Umständen des täglichen Lebens in Einklang bringen konnte.

Ein »heiliges Leben« in Einfachheit und Armut wurde immer häufiger bewundert, wenn auch die meisten Menschen davon absahen, diese Existenzform tatsächlich für sich zu übernehmen. Bis dahin war ein derartiges »heiliges Leben« meist in Klöstern geführt worden, die von der breiteren Gesellschaft isoliert waren. Doch nun etablierte sich auch in normalen Gemeinden immer mehr eine inspirierende spirituelle Kraft, nachdenkliche Menschen predigten auf Marktplätzen und an Wegkreuzungen und ließen die Religion nicht mehr so welt- und menschenfern erscheinen.

Sollten die Worte Christi wörtlich genommen werden? Beschrieben sie eine Geisteshaltung oder bezogen sie sich nur auf die rücksichtslose Jagd nach Reichtum und auf die Verschwendungssucht? Wo war die Linie der Rechtgläubigkeit zu ziehen? Bedeutete das Aufkommen einer Gesellschaft, die sich am Profit orientierte, daß das Ende der Welt, die Apokalypse, unmittelbar bevorstand? Schließlich war die biblische Offenbarung voll von furchtbaren Prophezeiungen, die im zwölften und dreizehnten Jahrhundert wahr zu werden schienen:

> Und die Könige der Erde und die Großen und die Obersten und die Reichen und die Gewaltigen und alle Knechte und alle Freien verbargen sich in den Klüften und Felsen an den Bergen und sprachen zu den Bergen und Felsen: Fallet über uns und verberget uns vor dem Angesichte des, der auf dem Thron sitzt, und vor dem Zorn des Lammes! Denn es ist gekommen der große Tag seines Zorns, und wer kann bestehen?

Es gab ein wachsendes Gefühl der Eile, eine Notwendigkeit, das irdische Haus in Ordnung zu bringen, sich auf den Tag des Jüngsten Gerichtes vorzubereiten. Die Zeit lief buchstäblich davon. Denn am letzten Tag würde der Weizen von der Spreu getrennt werden, die Gottesfürchtigen von den Gottlosen, heiliges Leben vom unheiligen.

Nach den Angaben der Bibel, die eine hilfreiche und detaillierte Beschreibung davon lieferte, würde das Ende des großen Epos namens Universum einer Serie von Schlachten, Desastern und

Plagen folgen: Gottes Wille wird dann erfüllt sein und das neue Jerusalem steigt aus dem Himmel herab. Es gab kein genaues Datum dafür, aber einige Gelehrte, die die Offenbarung studierten, versuchten ein solches Datum zu berechnen. Die größten Erwartungen setzte man auf die Jahrtausendwende im Jahr 1000, aber die war zur großen Erleichterung aller gekommen und auch wieder gegangen.

Ein Cluniazenser Mönch schrieb drei Jahre nach dem großen Nicht-Ereignis: »Es war, als ob die ganze Welt, nachdem sie ihr Alter abgeworfen hatte, indem sie sich schüttelte, sich nun überall in das weiße Gewand der Kirche kleidete.« Das zweite aussichtsreiche Datum war dank der Visionen des Süditalieners Joachim, Abt von Fiore (1132−1202), das Jahr 1260, das nicht mehr *so* weit in der Zukunft lag. Joachim nahm an, daß das dritte große Zeitalter der menschlichen Geschichte, die Epoche der »neuen spirituellen Ordnung«, wie sie in der Offenbarung vorhergesagt worden war, genau in diesem Jahr beginnen würde, und die Bestimmtheit seiner Vorhersage zog viel ängstliche Aufmerksamkeit auf sich.

Gleichgültig, welches Datum nun galt: Große Teile der europäischen Gesellschaft im elften und zwölften Jahrhundert lebten unter der ständigen Drohung der Apokalypse, ähnlich der Bedrohung durch die Atombombe in der zweiten Hälfte dieses Jahrhunderts. Gleichzeitig wurde die Kirche in Rom, die ernsthaft bemüht war, ihre Machtbasis zu festigen, ihr eigenes Haus in Ordnung zu bringen, sich zu erneuern und zu reformieren sowie einige annehmbare Grundregeln festzulegen, mehr und mehr durch Zeichen des Zerfalls und der Unordnung alarmiert. Sie war immer noch eine Organisation im Entwicklungsstadium, und wenn die Dinge wirklich auseinanderfielen: Das Zentrum war noch nicht stark genug, um zu halten. Und mancherorts sah es in der Tat so aus, als ob die Dinge auseinanderfielen.

Mit der zunehmenden Möglichkeit, Reisen in die Ferne zu unternehmen, die zur Berührung mit anderen Standpunkten und Denkweisen führten, wuchs ungefähr seit dem elften Jahrhundert überall auf dem europäischen Kontinent eine Reihe neuer Bewegungen, die von selbsternannten Propheten und merkwürdigen Heiligen geführt wurden. Sie verbreiteten ihre Botschaft bis in die abgelegensten Ortschaften; sie wanderten über Land, predigten das Evangelium und zogen die Menschen aus den Institutionen einer Kirche heraus, die, wie sie argumentierten, alt und fremd geworden war.

Die Vorwürfe waren schon bekannt: schlecht ausgebildete Priester, faule Mönche, auffälliger Konsum. Und in der Tat waren sie auch schon in der Kirche selbst laut geworden. Aber in vielen Städten und Dörfern Frankreichs, Nord- und Mittelitaliens sowie des deutschen Rheinlands begannen sich diese unorthodoxen Sekten auszubreiten, von denen einige ihren Ursprung weiter östlich, auf dem Balkan, in Bosnien, Serbien und Bulgarien, hatten. Unter ihnen gab es die Petrobrusianer, Anhänger des Peter von Bruis, die jede äußere Form des Gottesdienstes ablehnten; die Henricianer, Anhänger des Mönchs Heinrich, die die Lehre von der Erbsünde ablehnten; und die Arnoldisten, Anhänger des Arnold von Brescia, die apostolische Armut zur Pflicht für alle Männer der Kirche machen wollten.

In der Lombardei versuchten die Humiliaten (die Demütigen), wie die ursprünglichen Jünger zu leben und zu arbeiten. Aus Lyon stammten die Waldenser, Anhänger des Waldo, später auch als Peter Waldes bekannt, eines wohlhabenden Tuchhändlers, der den größten Teil seines Reichtums an die Armen verteilte und ein Wanderprediger wurde. Aber es waren die Katharer (die Reinen) aus Südwestfrankreich, die mehr als jede andere Gruppe die Autorität und die schiere Existenz der römisch-katholischen Kirche herausforderten.

Das Languedoc war die Region, wo Okzitanisch gesprochen wurde. Es war das Stammland der Katharer oder Albigenser, wie man sie nach der Stadt Albi nannte, die ein Zentrum des Glaubens für die Katharer geworden war. Ihren Feinden in Nordfrankreich waren sie auch bekannt als Bulgaren, Bougres oder Buggers, wobei dies den ersten dokumentierten Gebrauch dieses Wortes als Schimpfwort darstellt. Dieser Teil des französischen Südens, in dem die feudalen Bande nur lose waren, wo das Land blühte und neue Ideen auf fruchtbaren Boden fielen, bewahrte sich eine grimmig verteidigte Unabhängigkeit gegenüber dem Rest des Landes.

Als Bernhard von Clairvaux 1145 eine Predigtreise dorthin unternahm, notierte er:

> Den Kirchen fehlen ihre Gemeinden von Gläubigen; den Gläubigen fehlen Priester und den Priestern fehlt jegliche Ehre. Alles, was bleibt, sind ein paar Christen ohne Christus. Die Sakramente werden mißbraucht, und die Kirchenfeste werden nicht länger gefeiert. Die Menschen sterben unter Sünden. Indem sie den Kindern die Gnade der Taufe versagen, berauben diese Leute sie ihres Lebens in Christus.

Der römische Katholizismus, wie er ihn kannte, hatte aufgehört zu existieren.

Die Katharer glaubten an zwei gegensätzliche Prinzipien: an den Vater des Geistes und des Lichtes, der gut und ein Erlöser war, und an den Fürsten der Finsternis, der die reale Welt, die Materie und die Zeit geschaffen hatte. Die Seelen gehörten daher zu dem einen Gott, alles Irdische zu dem anderen. Und als Christus auf die Erde kam, konnte er das unmöglich als von Gott gemachter Mensch getan haben: Er muß ein Engel gewesen sein, der den Weg zur Erlösung zeigen sollte. Die Katharer lehnten die Sakramente und das Kreuz ab, das sie als eine »Mordwaffe« bezeichneten. Eine der größten Attraktionen ihrer Religion bestand darin, daß sie erklärte, warum überall böse Teufel zu sein schienen. Sie ernannten sich selbst zu den »wahren Christen«; die Katholiken waren die Verräter.

Die Geistlichen dieser alternativen, gut organisierten Kirche, die männlich oder weiblich sein konnten und als *perfecti* oder *perfectae* bekannt waren, lehnten alle weltlichen Versuchungen und das Essen von Fleisch ab: Nur Brot, Gemüse und Fisch waren ihnen erlaubt. Angeleitet vom Neuen Testament, das in die okzitanische Volkssprache übersetzt worden war, widmeten sie ihr Leben dem Vater des Lichtes. Als menschliche Wesen mochten sie in ihren Körpern gefangen sein, aber sie konnten dennoch zum Geist streben. Die *perfecti* wurden in einer Zeremonie, die *consolamentum* (Tröstung) genannt wurde, durch Buch und Wort – und nicht mit Wasser – getauft. Gewöhnliche *credentes* (Gläubige) wurden erst kurz vor ihrem Tod getröstet. Nachdem sie getauft waren, hatten sie ein vollkommenes Leben zu führen. Daß sie sich jeder sexuellen Aktivität enthielten, erklärt vielleicht die vielen Mythen über ihr Privatleben. Sie schliefen nicht mit ihren Frauen: Sie mußten »Bougres« sein.

Ein Mönch auf dem Kreuzzug beschreibt die Katharer

Und hier ist eine andere Absurdität: Ein bestimmter Gläubiger unter den Ketzern vermachte ihnen bei seinem Tode dreihundert Sous und wies seinen Sohn an, den Ketzern diese Summe zu überlassen. Aber als die Ketzer nach dem Tod des Vaters den Sohn nach diesem Vermächtnis fragten, sagte er zu ihnen: »Sagt mir bitte zuerst, wie es jetzt um meinen Vater steht.« Sie antworteten: »Du kannst sicher sein, daß er erlöst wurde und sich schon bei den Geistern droben befindet.« Worauf der Sohn lächelnd erwiderte: »Dank an Gott und an Euch! Da mein Vater sich schon in der Herrlichkeit befindet, bedarf seine Seele mit Sicherheit keiner Almosen mehr; und ich weiß von Euch, daß Ihr zu freundlich seid, um meinen Vater aus der Herrlichkeit zurückzurufen. Seid deshalb versichert, daß Ihr von mir kein Geld erhalten werdet . . .«

Ich denke auch nicht, daß die Bemerkung bestimmter Ketzer, daß niemand von der Hüfte abwärts sündigen könne, mit Schweigen übergangen werden sollte. Sie nannten das Anbringen von Bildern in Kirchen Götzendienst, bestanden darauf, daß Kirchenglocken Trompeten des Satans seien, beteuerten, daß es keine schwerere Sünde sei, mit der Mutter oder Schwester zu schlafen als mit irgend jemand anders und versicherten als eine ihrer größten ketzerischen Torheiten, daß, wenn einer der Vollkommenen eine Todsünde begehen sollte (beispielsweise durch das Essen des kleinsten Stückchens Fleisch, Käse, Ei oder einer anderen, ihnen verbotenen Nahrung), alle von ihm Getrösteten den Heiligen Geist verlören und neu getröstet werden müßten. Und sie sagten sogar, daß wegen der Sünde desjenigen, der sie getröstet hatte, die bereits Erlösten aus dem Himmel herabstürzen.

Aus: Peter von Vaux-de-Cernay, »Hystoria albigensis« (1213)

In den Augen der Kirche in Rom waren die Katharer Ketzer, deren »vollkommene« Elite sich entschlossen hatte, Feinde des ordnungsgemäß geweihten Klerus zu sein, und deren Netzwerk von Gläubigen die etablierte Bürokratie herausforderte. Aber es ging nicht nur darum, wer die Kontrolle behalten sollte. Der Glaube der Katharer ging auf einen Lehrer im Persien des dritten Jahrhunderts mit dem Namen Mani zurück, der das Böse nicht als eine Perversion des Guten gedeutet hatte (den Teufel als einen gefallenen Engel), sondern der es als eine Form von Anti-Materie betrachtete, die im kosmischen Maßstab mit ihrem Gegenpart kämpfte. Der Manichäismus, wie man die Religion nannte, hatte über das Byzantinische Reich den Balkan erreicht, von wo aus er entlang der Handels- und Kreuzfahrerrouten bis ins südliche Frankreich vordrang. Dieses Glaubenssystem verneinte die Schöpfung, die Inkarnation *und* die Auferstehung. Die römische Kirche hatte daher Angst vor den unsterblichen Seelen der Katharer. Die Katharer waren eine tödliche Krankheit, die ausgelöscht werden mußte.

In diesem turbulenten und verwirrenden Europa trat in Italien ein Mann in Erscheinung, den man als den größten christlichen Reformer bezeichnet hat, den der Westen je hervorbrachte, und

Eine Seite des Alten Testaments in der mittelalterlichen
Sprache Okzitaniens (des Oc), die in Südfrankreich
gesprochen wurde, wo man »oc« statt »oui« sagte;
dieser Foliant stammt aus einer schriftlich fixierten
Sammlung von Ritualen der Katharer.

— in seiner Bedeutung nur von Jesus übertroffen, nach dessen Vorbild er sein Leben organisierte — als den berühmtesten christlichen Superhelden der Geschichte. »Niemand in der Welt«, schrieb ein Freund, »war so gierig nach Gold, wie er es nach Armut war, die er in unendlicher Liebe umarmte.« Er wurde auf den Namen Giovanni Bernardone getauft, aber sein Vater, ein reicher Geschäftsmann im Tuchhandel, zog es vor, ihn Francesco zu nennen, was sich entsprechend der Mode französischer anhörte. Das ist der Grund, warum er heute als Franziskus von Assisi bekannt ist.

Er hatte viel gemeinsam mit anderen Visionären seiner Zeit. Wie die Katharer wollte er zur Reinheit und Einfachheit der Urkirche zurückkehren, als sie noch nicht müde und klassenbewußt geworden war. Wie die Waldenser wollte er hinausgehen und das Evangelium eher in den Straßen predigen, als sich in einem Kloster zu verschließen. Aber es gab einen großen Unterschied. Franziskus wankte nicht ein einziges Mal in seiner Loyalität zur römischen Kirche, die er von innnen heraus reformieren wollte. »Wir sind als eine *Hilfe* für den Klerus gesandt worden«, schrieb er, »nicht um die Menschen durch den *Skandal* des Klerus zu gewinnen.«

Franziskus war nach dem Land benannt worden, in dem sein Vater sein meistes Geld verdiente, und der Junge wurde in einem privilegierten Haushalt erzogen, in dem sozialer Aufstieg über alles zählte. Im Alter von vierzehn Jahren trat er in das Geschäft der Familie ein und wurde bald zu einer Art mittelalterlichem Playboy: Er liebte Marzipan, genoß die Lieder der französischen Troubadoure und einer frühen Biographie zufolge lagen seine Hauptinteressen im Singen, Trinken, Tanzen und Flirten. Wenn dies alles zu sehr nach Klischees klingt, nun, die Chroniken neigen etwas dazu, seine Lebensgeschichte in Form einer Serie überlebensgroßer, symbolischer Gesten zu dramatisieren.

Als das benachbarte Perugia gegen die Stadt Assisi in den Krieg zog, wurde der einundzwanzigjährige Franziskus mit großem Aufwand als Kavallerie-Offizier ausgerüstet. Der einzige Erfolg war, daß er gefangengenommen und eingekerkert wurde, bis sein Vater ihn auslöste. Er sprach davon, an einem Kreuzzug teilzunehmen, aber er schien mit seinem Herzen nicht mehr bei der Sache zu sein. »Alles, was ihm einst lieb gewesen war«, wurde er in den frühesten Biographien zitiert, »erschien ihm nun bitter, und seine Existenz war leer.« Seinem eigenen Testament zufolge sollten zwei Ereignisse die Richtung seines Lebens vollständig verändern und ihm helfen, seinen Stolz zu überwinden.

Das erste Ereignis spielte sich etwa um das Jahr 1205 ab, als er sich von Angesicht zu Angesicht seinem schlimmsten Alptraum gegenübersah – einem Mann, der vom Aussatz zerfressen war. Franziskus hatte in seiner Jugend, seiner modebewußten Phase, extreme Furcht davor gehabt, jemandem mit dieser entstellenden Krankheit nahezukommen, aber diesmal ging er nicht nur auf den Mann zu, von dessen Fingern Blut tropfte, er gab ihm sogar etwas Geld und küßte in der Art Christi seine verfaulende Hand.

Das zweite schicksalhafte Ereignis fand in San Damiano in der Nähe von Assisi statt. Die Kapelle befand sich damals in einem schrecklichen Zustand, und als er gerade vor dem im byzantinischen Stil gehaltenen Kruzifix über dem Altar betete, schien es zu ihm zu sprechen: »Franziskus, gehe hin und erneuere mein Haus, das in Ruinen zerfällt.« Er nahm die Botschaft wörtlich und begann damit, das Gebäude mit seinen eigenen bloßen Händen zu reparieren. Er verkaufte sogar einen Teil des Tuchlagers seines Vaters, um für die Materialkosten aufzukommen. Später jedoch kam er zu der Erkenntnis, daß die Stimme vom Kruzifix ihm ein weit höheres Ziel gesetzt hatte: Er sollte nicht Kirchen wiederaufbauen, sondern *die Kirche* wiederherstellen.

Diese Geschichte ist typisch für die Art von oft höchst sentimentalen Legenden oder Gleichnissen, die frühe Biographen – den Maler Giotto di Bondone nicht zu vergessen – über Franziskus wiedergaben. Doch es würde bedeuten, Art und Stärke seines Einflusses mißzuverstehen, wollte man versuchen, die Legenden von der Realität abzukoppeln.

Der nächste Schritt, nachdem ihn sein Vater öffentlich enterbt hatte, bestand darin, jeden materiellen Besitz zurückzuweisen und »die edle Frau Armut«, wie er sie nannte, so leidenschaftlich zu umarmen wie die Troubadoure ihren Damen den Hof machten. Er wollte wie die ärmsten Leute der Gegend sein, deren Leben so auffällig mit dem Wohlstand seiner eigenen Familie kontrastierte. »Seit ich die heilige Armut als meine Gemahlin, meine Freude und als meinen geistigen und körperlichen Schatz gewählt habe«, schrieb er, »fühle ich die größte Scham, wenn ich jemanden finde, der noch ärmer ist als ich.« Er begann, wie ein Wilder in Höhlen oder Einsiedeleien zu wohnen; er hungerte, bettelte um sein tägliches Brot, betete lieber als zu lesen und kleidete sich in weggeworfene Lumpen. Er hatte, wie er sagte, »keinen anderen Vater mehr als *Ihn*, der im Himmel wohnt«. Die frühen Biographen ließen seinen Rückzug von der Welt einfach aussehen. Aber das kann er nicht gewesen sein, vor allem auch für seine Eltern nicht.

Wenn er in die Stadt kam, wandten sich die Menschen von ihm ab − weil er wie ein Räuber aussah −, oder sie bewarfen ihn mit Unrat, drückten ihm Würfel in die Hand und fragten, ob er nicht ein Spiel machen wolle, um sein Los zu verbessern. Dennoch blieb Franziskus nicht lange allein. Einige Männer aus Assisi und Umgebung verschenkten oder verkauften alles, was sie besaßen, und kamen, um seine Armut mit ihm zu teilen und so zu leben, wie ihrer Meinung nach die ursprünglichen Jünger gelebt haben mußten. Franziskus nannte sie »Mindere Brüder« oder Mönche. Die Städter von Assisi allerdings hielten diese Männer aus den Wäldern, wie ein Zeitgenosse schrieb, »für Gauner oder Verrückte, und sie behandelten sie schlecht«. Andere dagegen, neugierig geworden durch ihre Art zu predigen, begannen sich für ihr hartnäckig verfolgtes Ziel, den Geist der Kirche zu erneuern, zu erwärmen und traten der Gemeinschaft von San Damiano bei.

Die erste Frau, die der Bruderschaft damals beitrat, war Clara Offreduccio, die im Alter von sechzehn Jahren aus einem reichen Elternhaus und vor einer arrangierten Heirat davongelaufen war. Sie mag Franziskus im Jahre 1210 in der Kathedrale von San Rufino predigen gehört haben, denn ihre Familie lebte direkt gegenüber der Kirche. Franziskus mußte in Fragen des Kirchenrechts improvisieren, um sie und ihre zwei Schwestern aufnehmen zu können. Er riet ihnen, sich vom Wohlstand abzuwenden und ein Leben in »Keuschheit, Buße und Gebet« anzunehmen. Unfähig, sich vorzustellen, daß Frauen an seiner reisenden Existenz teilhaben könnten, die auf dem kurzen Weg von der Hand in den Mund beruhte, brachte Franziskus Clara zunächst bei einigen Benediktinerinnen unter, aber schließlich setzte er sie als Haupt einer Gemeinschaft von Nonnen in einem Haus neben San Damiano ein, wo sie als »Damianiten« bekannt wurden, als weiblicher Zweig der »Fratricelli«, der Minderen Brüder. Sie blieb dort vierzig Jahre, fastete und kasteite ihren Körper. Sie lebte nach den Evangelien und versuchte eine Reihe aufeinanderfolgender Päpste zu überzeugen, ihr und ihrer Schwesternschaft das heraushebende Privileg der absoluten Armut und des totalen Gehorsams zu gewähren, die beide in der ersten Ordensregel enthalten waren, die je von einer Frau geschrieben wurde. Zwei Tage bevor sie im August des Jahres 1253 starb, hatte sie endlich Erfolg. Die »Damianiten« wurden später die »Clarissinnen« von Assisi genannt.

Die neuen Bewegungen des zwölften und dreizehnten Jahrhunderts zogen generell einen hohen Anteil von Frauen in ihren Bann, Adlige und Gattinnen von Kaufleuten quer durch alle sozialen Schichten. Es wurde verschiedentlich angedeutet, daß ihnen dieser Schritt einen Status und eine Individualität verliehen haben könnte, die auf andere Weise nicht zu erreichen waren; andere Interpretationen gehen dahin, daß die Selbstkasteiung eine Antwort auf den durchgängigen

Porträt des heiligen Franziskus (OBEN), Fresko von Cimabue aus den Jahren um 1280 als Teil einer
größeren Arbeit in der Basilika San Francesco in Assisi. Das Porträt stimmt mit den Beschreibungen früher
Biographen nahezu überein und zeigt die Stigmata an den Händen und an der Seite des Heiligen.
In der nahegelegenen Basilika Santa Chiara gibt es ein Tafelbild von der »Schwester« und
Schülerin von Franziskus, der heiligen Clara (RECHTS), umgeben von acht Szenen aus ihrem Leben, das
aus derselben Zeit stammt.

Mangel an Entwicklungs- und Aufstiegsmöglichkeiten darstellte. Beides mögen nicht zeitgemäße Urteile sein, aber es besteht kein Zweifel, daß Clara ihren Körper einem außergewöhnlich strengen Regiment aussetzte. Sie war krank und fast während ihres gesamten Lebens ans Bett gefesselt. Als Papst Gregor IX. die Schwestern in San Damiano besuchte und »ihre höchste Armut« mit eigenen Augen sah, war er zu Tränen gerührt.

Viele Frauen aus Claras Schicht sind während des Mittelalters in religiöse Häuser eingetreten, um einer ungewollten Heirat zu entfliehen. Aber es war eine Sache, Nonne zu werden, und eine andere, zu einer Damianitin zu werden. Der Text von vier aus Claras Hand stammenden Briefen an eine andere Frau, die ihre Herkunft ablehnte und irdischem Reichtum entsagte, Agnes von Prag, sind erhalten geblieben. Agnes war keine Geringere als die Tochter des Königs von Böhmen, die nach einer zeitgenössischen Chronik »in Prag in den Orden der Armen Frauen nach der Regel des Seligen Franziskus eintrat und die um Christi willen den Kaiser Friedrich II. zurückwies, der zuvor um ihre Hand angehalten hatte«. Clara ließ Agnes viel geistigen Zuspruch zuteil werden und bat sie in ihrem dritten Brief, »klug und weise von einer gefühllosen und unmöglichen Strenge im Fasten abzulassen, das Du, wie ich weiß, auf Dich genommen hast«. Um Clara zu veranlassen, etwas Derartiges zu schreiben, muß Agnes schon zu einer Art Hungerstreik übergegangen sein.

Wie bei Franziskus, so wurde auch Claras Leben in der damaligen Zeit überaus gefühlvoll dargestellt, wobei der Eindruck hervorgerufen wurde, daß alles, was mit ihr zusammenhing, in liebliches Licht getaucht war. Eine der frühen offiziellen Biographien aus der Feder des heiligen Bonaventura bezeichnete sie als »die erste Blume im Garten des Franziskus, die strahlte wie ein glänzender Stern und duftete wie eine Blume, die im Frühling weiß und rein erblüht«, und eines der Lieblingsthemen der populären Kunst des späten Mittelalters war Clara von Assisi, wie sie auf die Mauern der Stadt getragen wurde, um mit dem Sakrament in der Hand die kaiserlichen Macho-Armeen in Schach zu halten.

Auch Franziskus brauchte – wie viele Jahre später Clara – die Unterstützung des Papstes, als er die Legalität seines Predigens außer Frage gestellt wissen wollte. Andernfalls riskierte er, aus der Verwirrung und Feindschaft seiner Heimat heraus als Ketzer verurteilt zu werden. Er hatte die Unterstützung des Bischofs von Assisi, der ihm vermutlich klargemacht hatte, daß er eher im Zentrum der Dinge als vor Ort mit Verständnis rechnen konnte: Die Unterstützung des Papstes würde dafür sorgen, daß die Gegner des Franziskus selber zu Häretikern würden, wenn sie fortfuhren, ihn anzugreifen. Er mußte nur ins Zentrum gehen, zu Innozenz III. nach Rom.

In der Zwischenzeit beobachtete Papst Innozenz selbst, wie ganz Südfrankreich dem Christentum zu entgleiten schien. Eine Missionierungskampagne hatte nur begrenzte Wirkung gezeigt. Sogar die Drohung mit Gewalt hatte nicht den Effekt gehabt, den sie hätte haben sollen, weil mit der Unterstützung durch örtliche Politiker und Adlige keinesfalls mit Sicherheit zu rechnen gewesen war. Rom war wie der Rest Frankreichs eben ein ganz anderes Land.

Es war die brutale Erdolchung des päpstlichen Gesandten Peter von Castelnau im Januar des Jahres 1208, die das Faß zum Überlaufen brachte. Die Zeit für Predigten war vorbei. Innozenz III. rief auf zu einem Kreuzzug – einem heiligen Krieg – gegen die Katharer und wandte sich an die adligen Herren Nordfrankreichs, die in seinem Namen eine Armee ausheben sollten. Französische Truppen mit einer Stärke von 25 000 Mann versammelten sich als Antwort auf diesen Ruf zu den Waffen im Juni 1209 unter dem Kommando von Arnold Aimery, Abt von Cîteaux und päpstlicher Legat. Ihnen war für vierzig Tage Waffendienst die geistliche Belohnung eines Generalablasses und die etwas weniger geistliche Belohnung eines Stückes Land und eines Schuldenaufschubs versprochen worden, Vorteile, die ihnen — gleichgültig, ob sie nun überlebten oder fielen — gegenüber der ganzen Angelegenheit ein besseres Gefühl vermittelt haben müssen. Normalerweise hätten sie bis nach Palästina reisen müssen, um sie sich zu verdienen.

Arnold Aimery schrieb stolz, daß dies die größte Armee war, die das Christentum je unter seinen Fahnen versammelt hatte. Innozenz III. drückte seine Hoffnung aus, daß diese »Sache von Frieden und Glauben« — Frieden durch das Schwert — einen erfolgreichen Ausgang nehmen würde. Der Albigenser-Kreuzzug war eine der gewalttätigsten und schrecklichsten Episoden der frühen europäischen Geschichte.

Am 22. Juli 1209 erreichte die Armee der Kreuzfahrer Béziers und versammelte sich mit Blick über den Fluß Orb auf die Hochburg der Katharer. Die christlichen Krieger waren Bischöfe, Barone und Ritter — mit ihrem Gefolge — sowie Fußsoldaten, Offiziere und Söldner aus dem Ausland, die als »les routiers«, Männer der Straße, bekannt waren. Sie forderten die Bürger von Béziers auf, alle Katharer auszuliefern, die sich in der Stadt aufhielten. Es herrschte eine Pattsituation, und es sah nach einer langen Belagerung aus. Aber der schweren Kavallerie der Kreuzfahrer — Ritter in Kettenhemden und eisernen Helmen, die breite Schwerter und Kampfäxte schwangen — gelang ein Überraschungsangriff über die Brücke, in dessen Verlauf sie jeden niedermähten, der ihnen in den Weg kam. »Wie werden wir erkennen, wen wir töten sollen?« soll ein Ritter Aimery gefragt haben. Die zynische Antwort lautete: »Erschlagt sie alle, Gott wird die Seinen erkennen!« Schließlich drängten sich etwa dreitausend der Einwohner in der Kirche Maria Magdalena zusammen. Die Kirche wurde mit ihnen zusammen niedergebrannt. Einige ihrer Skelette befinden sich noch immer unter dem Fußboden. Das unterschiedslose Abschlachten, das folgte — es ist geschätzt worden, daß über neuntausend Menschen starben —, war als deutliche Warnung an die umliegenden Landstriche zu verstehen, daß die Kreuzfahrer es ernst meinten, ungefähr so, wie es heute bei Terroristen der Fall ist, die in einem Stadtzentrum eine Bombe explodieren lassen, nur daß es die Ketzer gewesen waren, die man bis dahin für die Terroristen gehalten hatte. Dieses Verhalten gab den Ton an für den Krieg, der folgte.

Die Nachrichten vom Fall Béziers und den sich daran anschließenden Grausamkeiten verbreiteten sich im Languedoc wie ein Lauffeuer und veranlaßten zunächst andere Städte, sich schnell zu ergeben: Carcassonne, Montréal, Mirepoix, Castres und Albi selbst. Südfrankreich wurde durch das Massaker förmlich niedergeworfen: Ungefähr einhundert Burgen ergaben sich den Kreuzfahrern ohne Kampf, und die weite Verbreitung von Geschichten wie der mit dem »Erschlagt sie alle!« zeigt, wie entsetzt die Zeitgenossen waren. Dann wandten sich die Kreuzfahrer den stärker befestigten Albigenser-Hochburgen von Minerve und Termes zu und legten sie ebenfalls in Staub und Asche. Jeder gefangengenommene Ketzer hatte zu erwarten, auf einem Massenscheiterhaufen verbrannt zu werden, zwischen zwei- und dreihundert von ihnen nach der

Die Stadt Béziers, über die aus dem
dreizehnten Jahrhundert stammende
Pont Vieux gesehen. Diese Hochburg der
Katharer war im Jahr 1209 der Ort des
ersten und schrecklichsten Massakers des
Albigenser-Kreuzzuges. Die Kathedrale
Saint Nazaire wurde ein Jahrhundert
später auf einem die Überreste der Stadt
überragenden Hügel wiederaufgebaut.

Die Belagerung von Lavaur – aus dem Blickwinkel der Kreuzfahrer

Nun war die Burg sehr berühmt und sehr groß, sie stand oberhalb des Flusses Agout, ungefähr fünf Wegstunden von Toulouse entfernt ...

Als unsere Leute zu der Burg kamen, belagerten sie sie nur auf einer Seite, denn unser Heer war nicht groß genug, um sie einzuschließen. Nachdem ein paar Tage vergangen waren, in denen Maschinen gebaut worden waren, begannen wir deshalb, die Burg auf die übliche Weise anzugreifen, während der Feind sie verteidigte, so gut er konnte. Es gab innerhalb der Burg unzählige Männer, die mit den besten Waffen ausgerüstet waren, und in der Tat waren die Verteidiger fast so zahlreich wie die Angreifer. Wir sollten nicht versäumen zu bemerken, daß der Feind einen Ausfall aus der Burg machte, als wir uns ihr näherten, und einen unserer Ritter gefangennahm, ihn ins Innere verschleppte und sofort tötete ...

Nun drangsalierte der Graf von Toulouse die Kirche Gottes und den Grafen (Simon von Montfort), so sehr er konnte. Er tat das allerdings nicht offen, denn es erreichte unser Heer immer noch Proviant aus Toulouse. Im Verlauf der Ereignisse begab sich der Graf von Toulouse zum Heer. Der Graf von Auxerre und Robert von Courtenay, die seine Blutsverwandten waren, unternahmen es, dem Grafen zu raten, wieder zu Verstand zu kommen und den Befehlen der Kirche zu gehorchen, aber, da sie keinen Erfolg hatten, trennte sich der Graf von Toulouse vom Grafen von Montfort im Zorn. Die Männer aus Toulouse, die an der Belagerung von Lavaur teilnahmen, verließen ebenfalls das Heer ...

Aus: Peter von Vaux-de-Cernay, »Hystoria albigensis« (1213)

Belagerung von Lavaur, etwa einhundertvierzig in Minerve. »Nachdem ein großes Feuer entfacht war«, schrieb ein Augenzeuge, »wurden diese ketzerischen *perfecti* hineingestoßen. Um die Wahrheit zu sagen, gab es für unsere Männer keine Notwendigkeit, sie dorthin zu schleppen, denn sie blieben in ihrer Bosheit verstockt und stürzten sich mit großer Freude des Herzens selbst ins Feuer.« Sie müssen sich in ihrer Ansicht bestätigt gefühlt haben, daß die Welt vom Fürsten der Finsternis regiert wurde, was sie veranlaßte, sie so schnell wie möglich zu verlassen.

Die Kreuzfahrer standen unter dem Kommando von Simon von Montfort, dem vierten Earl of Leicester. Ein Chronist, Wilhelm von Tudèle, nannte ihn »diesen zähen Krieger, voller Wissen und Erfahrung, ein großer und sanftmütiger Ritter, galant, wohlgestaltet, von deutlicher, aber dennoch sanfter Sprache«. Ein weniger freundlicher – und anonymer – Chronist, der von Wilhelm das Amt des Co-Autors des »Chanson de la Croisade Albigeoise« übernahm, schrieb nach Montforts Beisetzung in Carcassonne im Jahr 1218:

> Diejenigen, die lesen können, mögen von seinem Grabmal lernen, daß er ein Heiliger und Märtyrer war und daß er auferstehen wird, um sein Erbe in Empfang zu nehmen, aufzublühen im Zustand unvergleichlicher Glückseligkeit, eine Krone zu tragen und seinen Platz im himmlischen Königreich einzunehmen. Aber ich für meinen Teil habe sagen gehört, daß die Sache so stehen muß: Wenn man auf Erden Jesus Christus suchen kann, indem man Menschen

tötet und Blut vergießt, indem man menschliche Seelen zerstört, indem man die Fackel an große Feuer legt, indem man Länder durch Gewalt gewinnt . . . indem man Frauen abschlachtet und Kindern die Kehle aufschlitzt − nun, dann hat er das Recht, eine Krone zu tragen und im Himmel prächtig zu erstrahlen.

Montforts Heer, das durch ein großes Kontingent an Gesindel aus dem Norden verstärkt war, strebte danach, die vereinbarten vierzig Tage zu dienen und dann wieder nach Hause zurückzukehren. Doch zu diesem Zeitpunkt nahmen die Städte, die sich ergeben hatten, ihre Waffen von neuem wieder auf. Die vielen daraus folgenden Terrorakte festigten jedoch den Kampfgeist der Fremden im Süden eher, als daß sie ihn zerstörten, und sie machten die Lage nur schlimmer, indem sie die Agonie verlängerten. Beide Seiten verstümmelten und blendeten ihre Kriegsgefangenen, und man behauptete sogar von ihnen, sie würden sie als Zielscheibe für Schießübungen benutzen. Es gab ein anerkanntes Kriegsrecht, das sich durch ritterlichen Brauch und kirchliche Forschungen gebildet hatte, aber während dieses »internen« Kreuzzuges scheint es nicht beachtet worden zu sein.

Soldaten der Apokalypse, die vom Himmel herabkommen, belagern eine Stadt und
schlachten deren Einwohner ab, so, wie es die christlichen Soldaten mit den Katharern
während des Albigenser-Kreuzzuges taten.

Das Massaker von Marmande, Juni 1219,
aus der Sicht der Katharer

Die Tage der Belagerten von Marmande sind gezählt.
Sie können nicht standhalten. Sie wissen es. Und das um so mehr,
als Prinz Ludwig von Frankeich auf der Szene erscheint.
Er kommt, mit edlen Baronen an seiner Seite.
Auf ihren gut gestriegelten Pferden sind es 25 000 an der Zahl,
von denen 10 000, Männer wie Pferde, gekleidet sind in Rüstungen
aus blauem Metall und eisernen Satteldecken.
Was die Fußsoldaten betrifft, scheint ihre Menge
sich ins Endlose zu erstrecken.
*   Sie schieben ihre Wagenladungen an Waffen und Proviant und*
schlagen ihre Lager auf in Gärten und unter Obstbäumen . . .
Ludwig steht aufrecht vor seinem großen Zelt.
Stellt Euch den Schrecken der Leute in der Stadt vor, als sie aus der
Ferne den Sohn des Königs von Frankreich erkannten!
In jenem Moment der Wahrheit bereuten alle von ihnen, geboren
worden zu sein.
*   Im ersten Angriff nehmen die französischen Ritter die Gräben ein.*
Sie stoßen hinter die Umzäunung vor, zerstören die Brücken,
zerschlagen die Barrikaden . . .
*   . . . Aber plötzlich*
scheint ein ohrenbetäubender Sturm loszubrechen. Sie laufen, sie
brüllen, sie greifen zu den Waffen.
Das Schreckgespenst des Kreuzzuges dringt in die Stadt ein.
Das Massaker beginnt. Säuglinge auf dem Arm, junge Mädchen, edle
Damen, Barone, ihrer Kleider beraubt,
fallen dem Schwert zum Opfer, werden in Stücke gehackt.
Die Erde ist überall bedeckt mit Fleischfetzen,
mit Strömen von Blut, mit Brüsten und Hirnen,
Gliedern, Körpern, die von oben bis unten aufgeschlitzt sind,
Gedärm, Lebern, Herzen, Rümpfen.
Es sieht aus, als seien sie wie Regen vom Himmel gefallen. Blut fließt
in Strömen durch die Stadt,
die Felder und die Flüsse. Keine Frau, kein Mann,
kein Kind, keine Alten entkommen.
Niemand, außer vielleicht (wer weiß?) einem gutversteckten Kind.
Nun, da das Gemetzel vorüber ist, stecken sie Marmande in Brand.
Und Sire Ludwig, fromm wie allezeit, bricht das Lager ab und macht
sich auf den Weg nach Toulouse . . .

Aus: »La Chanson de la Croisade Albigeoise« von Wilhelm von Tudèle
und einem anonymen Dichter aus Toulouse (ca. 1230)

FOLGENDE DOPPELSEITE: Westansicht der mit einer hohen Mauer umgebenen Stadt Carcassonne.

Und so ging es erbarmungslos mehr als fünfzehn Jahre weiter. Die Ketzer wurden entweder in den Untergrund oder hoch hinauf in ihre Bergfestungen gezwungen. Die Kreuzfahrer hatten gehofft, alle Spuren der Kirche der Katharer vom Angesicht der Erde tilgen zu können: Bischöfe, *perfecti* und *perfectae*, Gläubige und Söldner gleichermaßen. Aber statt sie zu beseitigen, nagelte der Kreuzzug sie in kleinen Widerstandsnestern fest, wo sie ohne große Aussicht auf Erfolg versuchten, die Flamme ihres Glaubens am Leben zu erhalten. Die große Linie der päpstlichen Strategie scheint gewesen zu sein, die Landeigentümerschaft von den Albigensern auf die orthodoxen Mitglieder des Adels zu übertragen, schließlich war es im Verbund mit der Gleichgültigkeit des lokalen Klerus die Schwäche der weltlichen Autoritäten gewesen, die die Brutbedingungen für die Häresie geschaffen hatte. Es sah zunächst danach aus, als ob diese Übertragung von Macht schnell vonstatten gehen würde. Wenngleich dem nicht so war, befand sich das Languedoc im Jahr 1226 doch erstmals unter der Kontrolle der französischen Krone. Die Zügellosigkeit der Kreuzfahrer, die Massaker und die Brandschatzungen hoben die Moral der Katharer und förderten ihre gemeinsamen Sache. Hinzu kam die Vermengung weltlicher und religiöser Motive. Ein Bürger namens Jean Tisseyre rannte durch die Straßen von Toulouse und rief, so die »Chronik von Wilhelm Pelhisson«, mit lauter Stimme:

> Hört mich an, Mitbürger! Ich bin kein Ketzer: Ich habe eine Frau und schlafe mit ihr, und sie hat mir Söhne geboren. Ich esse Fleisch, ich lüge und fluche, und ich bin ein guter Christ. Glaubt es deshalb nicht, wenn sie sagen, ich sei ein Atheist, nicht ein Wort davon! Sehr wahrscheinlich werden sie euch ebenso anklagen, wie sie es mit mir getan haben: Diese verfluchten Gauner wollen die ehrenhaften Leute vernichten und die Stadt ihrem rechtmäßigen Herren entwinden.

Ungefähr zur selben Zeit, als der Albigenser-Kreuzzug begann, gelangten Franziskus und seine »Minderen Brüder« nach Rom und zum päpstlichen Palast bei der Basilika St. Johannes im Lateran, um die Erlaubnis und Befugnis zu erbitten, einen anerkannten Mönchsorden gründen zu dürfen. Sie kamen mit einer Empfehlung des Bischofs von Assisi.

Das Treffen zwischen Franziskus und Innozenz III. im Lateranpalast erwies sich als denkwürdig. Als Franziskus mit seinen zwölf »Jüngern« dort zum ersten Mal eintraf, wurde er von den Kardinälen im Außenamt fast wieder abgewiesen. Sie neigten dazu, einige seiner Bemerkungen über die Armut ein wenig persönlich zu nehmen. Als er dann Zugang zum Papst erhalten hatte – schon das eine bemerkenswerte Leistung, denn er hatte keinerlei religiöse Ausbildung und war zu jener Zeit auch nur in der Gegend rund um Assisi bekannt –, eröffnete Innozenz III. in seiner ganzen Pracht und Eleganz das Treffen, indem er den enthusiastischen jungen Mann, der einem Landstreicher ähnelte, musterte und ihn fragte, ob er kürzlich irgendwo in der Nähe eines Schweinestalls gewesen sei. Dann wies er ihm die Tür.

Aber als Franziskus am nächsten Tag zurückkehrte, in der Hand eine »Lebensregel«, die er aus verschiedenen Passagen des Neuen Testaments zusammengetragen hatte, begannen die beiden Männer, miteinander ins Gespräch zu kommen. Einer Legende zufolge, die auf frühe Biographen zurückgeht, hatte Innozenz nämlich einen Traum gehabt, in dem er einen hungernden Bettler

Franziskus und der Ketzer

A us einer Zeit, als er durch die Lombardei reiste, hörte ich einst die folgende Geschichte über den seligen Franziskus. Als er sich eines Tages in eine Kirche begeben hatte, um zu beten, bestürmte ihn ein Ketzer oder Manichäer, der den Ruf der Heiligkeit sah, den Franziskus bei den Menschen besaß. Er wünschte, durch ihn selbst das Vertrauen der Menschen zu gewinnen, um ihren Glauben zu erschüttern und das Amt eines Priesters verächtlich zu machen. Nun war aber der Pfarrer jenes Ortes zufällig ein Mann von schlechtem Ruf, der sich eine Konkubine hielt, deshalb sagte der Ketzer zu Franziskus: »Sieh! Sollen wir glauben, was dieser Mann sagt, und sollen wir ihm Respekt erweisen, während er sich eine Konkubine hält und seine Hände beschmutzt, indem er eine Hure berührt?« Der Heilige, der die Bosheit des Ketzers durchschaute, ging vor allen Leuten auf den Priester zu, kniete vor ihm nieder und sagte: »Ob die Hände dieses Mannes so sind, wie wir es gehört haben, weiß ich nicht, aber selbst wenn sie es sind, weiß ich, daß sie nicht das Wunder und die Wirksamkeit der Heiligen Sakramente entweihen können. Und weil deshalb von ebendiesen Händen große Gaben und Geschenke Gottes über Sein Volk ausgegossen werden, küsse ich sie in Verehrung der Dinge, die sie vollziehen, und desjenigen, durch dessen Macht sie gewährt werden.« Während er das sagte und vor dem Priester niederkniete, küßte er seine Hände und stürzte so die Ketzer und alle, die sie unterstützten, in tiefe Verwirrung.

Aus: Etienne de Bourbon, »Zeugnis« (1261)

---

sah, der die wankenden Mauern des Lateranpalastes stützte, und er erkannte in diesem Bettler Franziskus. Dennoch hätte das Treffen auch schlecht ausgehen und Franziskus zum Ketzer erklärt werden können. Aber der Papst war inzwischen überzeugt, daß Franziskus einfach um die Erlaubnis bat, so zu leben, wie nach seinen Vorstellungen die ursprünglichen Jünger gelebt hatten, und dazu konnte er nicht nein sagen. Deshalb gab er Franziskus die mündliche Zustimmung, einen neuen Mönchsorden zu gründen, der der absoluten Armut und der an alle gerichteten Predigt der Buße gewidmet war.

War dies nun ein wunderbarer Augenblick, oder war es ein durchtriebener politischer Schachzug? Es war vermutlich ein wenig von beidem. Innozenz III. war ein begabter Politiker — gleicher-

FOLGENDE DOPPELSEITE: Der Freskenzyklus »Das Leben des heiligen Franziskus« in der oberen Basilika San Francesco in Assisi wurde von Giotto di Bondone und seinen Helfern zwischen 1297 und 1299 gemalt und beruht auf der Biographie von Bonaventura. Er zeigt neben anderen Ereignissen den Traum Innozenz III. (LINKS), in dem der Papst den Bettler sah, der den Lateranpalast in Rom stützte, und (RECHTS) das Wunder der Quelle, bei dem Franziskus Wasser aus einem Felsen schlug, um den Durst eines sterbenden Mannes zu stillen.

maßen ein Anwalt des Kirchenrechts und Theologe –, und in gewisser Beziehung stellte Franziskus die Antwort auf seine Gebete dar. Auf lokaler Ebene hatte er das Potential für eine enorme Massenwirkung, und er zeigte, daß man keine neue Sekte außerhalb der etablierten Kirche gründen mußte, um nach den Idealen des Evangeliums zu leben und sie zu befolgen. Wenn Innozenz die Autorität der Kirche verkörperte, repräsentierte Franziskus gleichzeitig ihre Humanität und ihren Enthusiasmus, eine Humanität, die bereit war, jene Autorität anzuerkennen und ihr zu gehorchen. Eine glückliche Kombination. Franziskus war orthodox und radikal zugleich. Genau das, was das Papsttum forderte.

Die Legende legt nahe, daß die Traum-Geschichte der Schlüssel zur Entscheidung von Innozenz war. Er wußte, daß seine Gemeindepfarrer draußen vor Ort Schwierigkeiten hatten, mit den neuesten Entwicklungen theologischen Denkens Schritt zu halten und daß sie durch die Gründung neuer Städte unter beträchtlichem Druck standen. Sie waren oft pflichtbewußt, aber demoralisiert; andere waren weniger pflichtbewußt. Die Mönche, die gut ausgebildet waren, konnten in die Städte gehen, zu gegebener Zeit dort sogar Konvente einrichten, und sie konnten nicht nur dem Volk, sondern auch den weniger gut ausgebildeten Pfarrern predigen. Da der Orden des Franziskus darauf beruhte, in Gruppen und nicht allein zu leben, war er in einer günstigen Position, um Moral, Enthusiasmus und das religiöse Beispiel hochzuhalten. In dieser Hinsicht war der Traum vom hungernden Bettler, der den Lateranpalast stützte, vielleicht ein Traum von einer neuen Basisorganisation zur Unterstützung der seit langem leidenden Gemeindepfarrer, die ja das Fundament der Kirche bildeten. Franziskus kam mit der Empfehlung des Bischofs von Assisi, der das Problem aus erster Hand kannte. Hätte es nicht Innozenz umsichtige – und inspirierte – Entscheidung und die Unterstützung des Bischofs gegeben, hätten wir nie etwas von Franz von Assisi gehört.

Die päpstliche Inspiration setzte sich fort, als Innozenz einem anderen neuen Mönchsorden seine Unterstützung gewährte, der von einem wandernden, rothaarigen Prediger aus Spanien geleitet wurde – Dominikus Guzman, dem Gründer dieses Predigerordens, der bald, nach ihm benannt, als der Dominikanerorden bekannt werden sollte. Ihre Aufgabe war es, die Theologie zu studieren und zu predigen, und zwar vor allem in Gemeinden, in denen die Häresie begonnen hatte, Fuß zu fassen. Dominikus selbst, der daran beteiligt gewesen war, die Katharer in den Jahren vor dem Kreuzzug friedlich von ihren Irrtümern zu überzeugen, hatte ebenfalls aufgrund seiner Erfahrungen erkannt, daß der Reichtum, den einige Mitglieder des Klerus deutlich sichtbar zur Schau trugen, nur dazu führte, die Ketzerei noch attraktiver und das Bischofsamt schwieriger zu machen. Auch er hatte daher weltlichen Gütern entsagt, und sein Orden, der darin Franziskus folgte, weihte sich der persönlichen Armut. Mit Unterstützung der etablierten Institutionen konnte nun die Lehre der Kirche durch die Predigt und das Beispiel der umherwandernden Mönche in die Gemeinde getragen werden.

Die Amtszeit Innozenz III. gipfelte in einem großen ökumenischen Konzil, das im November 1215 in Rom abgehalten wurde und an dem drei Patriarchen, über vierhundert Bischöfe, achthundert Äbte und Priores sowie Abgesandte von Kaisern, Königen und Fürsten teilnahmen. Es war die größte Versammlung dieser Art, die je stattgefunden hatte. Der Zweck dieses Konzils war, innerhalb eines Systems, das universell sein wollte, durch Definitionen und Resolutionen die Stabilität, Kontinuität und Rechtgläubigkeit der reformierten Kirche zu festigen. An ihrer Spitze stand Papst Innozenz III. In Zukunft, so entschied das Konzil, würde die ganze Lateinische Christenheit – vierzig bis fünfzig Millionen Seelen – der Autorität des Papsttums Gefolgschaft zu leisten haben. Innozenz hatte im Verlauf der vorangegangenen siebzehn Jahre viele seiner Kommilitonen aus der Zeit seines Pariser Theologiestudiums (das bedeutet hatte, jeden Tag von morgens bis abends – und unterbrochen nur von Gebeten – die Schrift zu studieren und ihre praktische Bedeutung zu diskutieren), in Bistümern untergebracht. Stephen Langton, der als Erzbischof von Canterbury zur entscheidenden Figur beim Entwurf der Magna Charta werden sollte, war einer von ihnen. Das Konzil von 1215 versuchte, den Enthusiasmus und das praktische Denken solcher Bischöfe in kirchliche Gesetzgebung zu überführen, eine Initiative, die sich mit der Unterstützung der Predigerorden durch Innozenz verband. Der Schlüssel zu ihrem Erfolg lag allerdings darin, wie sie vor Ort umgesetzt werden würde.

Die Häresie im Süden Frankreichs hatte überlebt, und es wurde jetzt, teilweise als Ergebnis des Konzils von 1215, eine neue Einrichtung zu ihrer Bekämpfung gegründet: eine Art Detektivbüro mit angeschlossenem Gerichtshof, betrieben von der Kirche und »Inquisition« genannt. Diese Inquisition, hauptsächlich mit Dominikanermönchen besetzt, wurde nach der willkürlichen Gewalt, die vorausgegangen war, nach den Verbrennungen, Brandschatzungen und Folterungen, zunächst begrüßt. Ketzer, die bereuten, wurden eingesperrt oder zu Geldstrafen verurteilt, sie mußten auf Wallfahrten gehen oder – als üblichste Bestrafung – sie hatten große gelbe Kreuze auf ihrer Kleidung zu tragen. Während der Verhöre wurde unterschiedlicher Druck auf die Angeklagten ausgeübt, um ihn oder sie zu einem Geständnis zu bewegen. Manchmal, allerdings selten, schloß das die Folterung ein; üblicher war der »sehr strenge« Kerker, ein kleiner Raum, in dem die Angeklagten an die Wand gekettet wurden und nur Brot und Wasser erhielten.

Ein typischer Urteilsspruch der Inquisition wurde folgendermaßen in die Akten von Toulouse aufgenommen – er richtete sich in diesem Fall gegen einen schillernden Bürger von Toulouse, der viele Jahre hindurch ein Anhänger der Katharer gewesen war und nicht davon abgelassen hatte, trotz einiger Warnungen, einer Aufforderung, auf eine Wallfahrt zu gehen (die er ignorierte) und einem Versuch, ihn zu exkommunizieren (der fehlschlug, als die festnehmenden Beamten sich weigerten, den Urteilsspruch durchzusetzen):

> Alaman von Roaix, der wegen Ketzerei verurteilt wurde, weil er Ketzer, und zwar sowohl Männer wie Frauen, viele Male an vielen Orten sah und sie bewunderte, weil er ihnen Unterschlupf gewährte und sie viele Male versteckte, weil er mit ihnen aß und viele Male von dem Brote aß, das sie gesegnet hatten, weil er bei vielen *apparellamenta* (Bekenntnisgottesdienste der Katharer) und bei den Heretikationen (Tröstungen) vieler Personen anwesend war, weil er oft Ketzer anleitete und sich mit ihnen gemein machte, weil er ihnen oft Geld gab und von ihnen Geld erhielt, weil er sehr oft den Frieden von ihnen empfing (der Kuß, der am Ende der Gottesdienste der Katharer ausgetauscht wurde) und die Ketzer Irrtümer über die sichtbaren Dinge predigen hörte – daß Gott sie nicht erschuf, daß kein Heil in der Taufe und der Ehe liegt, daß die Körper der Toten nicht wieder auferstehen werden und daß es zwei Götter gibt,

einen guten und einen bösen –, glaubte die aufgeführten Irrtümer so, wie sie die Ketzer verbreiteten, und hielt dreißig Jahre lang die Ketzer für gute Menschen; und er ließ von diesem Glauben ab am Donnerstag nach dem jüngst vergangenen Fest des Seligen Hilarius; er gab darüber hinaus zu, daß alles der Wahrheit entsprach, was in Beziehung auf ketzerische Verworfenheit gegen ihn vorgebracht wurde . . . nach dem Ratschlag guter Männer befehlen wir ihm aufgrund seines heute geschworenen Eides, in das Gefängnis von St. Etienne zu gehen (das Gefängnis des Bischofs von Toulouse) und dort auf immer zu bleiben, um Buße zu tun für die erwähnten Taten.

Wenn sich der Angeklagte nach all dem immer noch weigerte, den Eid abzulegen, zu bereuen oder »den Anweisungen der Kirche vollen Gehorsam zu leisten«, kam es zur äußersten Strafe, die euphemistisch als »gegenüber weltlichen Absichten freigegeben« oder »dem weltlichen Urteil überlassen« bekannt war. Dies bedeutete, daß dem überführten Ketzer der Schutz der Kirche entzogen wurde und man den zivilen Behörden die Erlaubnis gewährte, ihn oder sie auf dem Scheiterhaufen zu verbrennen, ohne selbst eine Todsünde zu begehen. Die »Freigabe« erfolgte immer gemeinsam mit einem Gnadengesuch – »wir empfehlen ihnen so eindringlich, wie es uns nach den Bestimmungen des Kirchenrechtes möglich ist, dein Leben und deine Glieder vor Lebensgefahr zu bewahren« –, aber das war nicht das Papier wert, auf dem es geschrieben stand. Die zivilen Behörden hatten keine andere Wahl, als die Verbrennung vorzunehmen, wenn sie selbst eine Anklage wegen Unterstützung und Verteidigung von Ketzern vermeiden wollten. Augenzeugenberichte betonen oft die Tatsache, daß überzeugte Katharer froh waren, das Reich des Teufels zu verlassen und daß das Kruzifix, das ihnen in letzter Minute angeboten wurde, für sie keine Quelle des Trostes darstellte. Es galt ihnen immer noch als eine Mordwaffe.

Der Ruf des Franziskus hatte sich in der Zwischenzeit ausgebreitet, jetzt mit aktiver Unterstützung durch die Kirche. Ein Student in Bologna, Thomas von Spalato (Split) sah ihn zu dieser Zeit eine seiner improvisierten Predigten abhalten und erinnerte sich später in seiner »Geschichte«:

Fast die ganze Stadt hatte sich versammelt. Er trug ein abgerissenes Gewand; seine ganze Person erschien unbedeutend und klein; er besaß kein anziehendes Gesicht. Aber Gott verlieh seinen Worten soviel Macht, daß sie den Frieden in viele Familien zurückbrachten, die durch grausamen und wilden Haß auseinandergerissen worden waren. Die Menschen bezeugten ihm ebensoviel Hochachtung, wie sie ihm Liebe zeigten.

Anders als die Katharer, die in der materiellen Welt das Werk des Fürsten der Finsternis sahen, betonte Franziskus in seinen Predigten das Gleichgewicht und die Schönheit der Natur – und kritisierte diejenigen, die sie beherrschen und nicht achten wollten. Einige der Legenden um Franziskus – wie etwa seine berühmte Ansprache an die Vögel, denen er predigte und die ihm wunderbarerweise lauschten, die Zähmung von »Bruder Wolf« und die anschließende Freundschaft mit ihm in der Stadt Gubbio, sein Appell, großzügige Weihnachtsgeschenke an die Armen *und* an die Haustiere und Vögel (vermutlich einschließlich der Truthähne) zu geben –, die schon vor langer Zeit Postkartenkitsch geworden sind, verbergen in Wirklichkeit eine ernstzuneh-

Franziskus predigt in Bologna

*I*m Jahr 1222, als ich Student in Bologna war, sah ich am Fest Mariä Himmelfahrt den Heiligen *Franziskus auf der Piazza vor dem Palazzo Publico predigen, wo fast die gesamte Stadt versammelt war. Das Thema seiner Ansprache lautete: »Engel, Menschen, Teufel«. Und er sprach so gut und weise über diese drei vernunftbegabten Geister, daß vielen gelehrten Männern, die dabei waren, die Predigt dieses ungebildeten Mannes nicht geringer Bewunderung wert schien, und das trotz der Tatsache, daß er sich nicht so sehr an die Methode eines Kommentators hielt wie an die eines Erweckungspredigers. Die ganze Art seiner Rede war in der Tat darauf ausgerichtet, Feindschaften auszulöschen und Frieden zu schaffen. Sein Umhang war schmutzig, seine Person nicht sehr einnehmend und sein Gesicht alles andere als ansehnlich; dennoch gab Gott seinen Worten solche Kraft, daß viele Parteien des Adels, zwischen denen die wilde Wut alter Kämpfe unter großem Blutvergießen gelodert hatte, zur Versöhnung gebracht wurden. Ihm gegenüber war die Verehrung und Achtung der Menschen wirklich so groß, daß Männer und Frauen Hals über Kopf auf ihn zu stürzten, begierig, den Saum seines Gewandes zu berühren und kleine Stücke seiner Kleidung fortzutragen.*

Aus: Thomas von Spalato, »Geschichte« (ca. 1240)

---

mende Botschaft. Nach heutigen Maßstäben war Franziskus der Schutzpatron der Ökologie; offiziell wurde er dazu vom Papst im April 1980 ernannt. In seinen bekanntesten Gebeten und in den Tierlegenden betont er fortwährend, daß die Beziehung zwischen Mensch und Kreatur eine gleichgewichtige sein solle, eine Beziehung gegenseitigen Dienstes, und daß Menschen und Tiere füreinander »Brüder und Schwestern« sind, indem sie ihre Aufgaben in einem von Gott entworfenen Plan aller Dinge erfüllen. Er benutzt bewußt die Sprache der Ritterlichkeit und wendet sie auch auf Tiere oder natürliche Phänomene an. Für ihn — und das war eine ungewöhnliche Botschaft in einer Zeit, als das Aufkommen der am Profit orientierten Wirtschaft aktiv die Ausbeutung der Natur ermutigte (so wie die Römer dies in vorchristlicher Zeit getan hatten) — war also die physische Welt nicht böse, was immer die Katharer auch predigten, und sie stellte nicht immer eine Versuchung dar, was die Asketen auch behaupten mochten.

Seine berühmteste Darlegung darüber, was sie denn nun tatsächlich *war*, das gleichzeitig älteste erhaltene Stück Literatur in italienischer Sprache (dem umbrischen Dialekt), ist der »Gesang an Bruder Sonne«. »Ich möchte eine neue Hymne über die Kreaturen des Herrn komponieren«, sagte er über den »Gesang«, »Kreaturen, von denen wir täglich Gebrauch machen, ohne die wir nicht leben können und mit denen die menschliche Rasse ihren Schöpfer außerordentlich beleidigt.«

Franziskus und das Kaninchen

Als er einmal in der Stadt Greccio weilte, wurde ihm von einem Bruder ein lebendes kleines Kaninchen gebracht, das in einer Falle gefangen worden war. Als der seligste Mann es sah, wurde er von Mitleid erfüllt und sagte: »Bruder Kaninchen, komm zu mir. Warum ließest Du Dich so täuschen?« Und sobald der Bruder, der es hielt, das Kaninchen losgelassen hatte, floh es zu dem Heiligen und legte sich, ohne daß es jemand dazu zwang, ruhig an seine Brust als an den sichersten Platz. Nachdem es dort eine kleine Weile geruht hatte, ließ der Heilige Vater es los, damit es frei in die Wälder zurückkehren konnte, wobei er es mit mütterlicher Zuneigung liebkoste. Aber nachdem er es mehrmals auf den Boden gesetzt hatte und es mehrmals an die Brust des Heiligen zurückgekehrt war, befahl er, es durch die Brüder in die nahegelegenen Wälder tragen zu lassen.

Aus: Thomas von Celano, »Das erste Leben des heiligen Franziskus« (1228−1230)

> Alles Lob sei Dein, Du, mein Herr, durch alles, was Du erschaffen hast,
>   Zuvorderst, oh Herr, Bruder Sonne,
> Er bringt den Tag; das Licht schenkst Du uns durch ihn,
>   Wie schön er ist, wie strahlend in all seiner Pracht.
>   Dir, Allerhöchster, ähnelt er.
> Alles Lob sei Dein, Du, mein Herr, durch die Schwester Mond und die Sterne;
>   In den Himmel hast Du sie erschaffen, leuchtend
>   Und kostbar schön . . .
> Alles Lob sei Dein, Du, mein Herr, durch Schwester Erde, unsere Mutter,
>   Die uns ernährt in ihrer Hoheit und die hervorbringt
>   Verschiedene Früchte, auch bunte Blumen und Kräuter . . .
> Lobet und preiset meinen Herrn und saget ihm Dank,
>   Und dienet ihm in aller Demut.

Franziskus war nicht nur hart gegen sich selbst. Er sah die Fehler der Institutionen der Kirche vor allem auf der Ebene der Pfarreien nur zu deutlich. Aber er wollte lieber eine Reform durch das Beispiel als durch öffentliche Kritik. Er war deshalb auch hart gegen die Brüder (die er manchmal »meine Gefährten des Runden Tisches« nannte). Als einer von ihnen einmal etwas Geld annahm, zwang ihn Franziskus, es zwischen seine Zähne zu nehmen und persönlich in einen Haufen Eselsmist zu stecken. Andere wollten einen akademischeren oder gelehrteren Weg zum Gebet einschlagen, aber Franziskus trat ihnen strikt entgegen:

> Viele neigen dazu, ihre wahre Berufung aufzugeben, nämlich eine rein religiöse Einfachheit, das Gebet und die Innerlichkeit, gemeinsam mit unserer edlen Frau Armut. Indem sie das tun, glauben sie, durch ein tieferes Verständnis der Schrift zu größerer Frömmigkeit und Gottesliebe zu gelangen . . . In Wirklichkeit werden sie auf diesem Wege nur kalt und leer.

Franziskus und der Bettler

E inmal geschah es, daß ein Bruder ein Wort der Schmähung gegen einen armen Mann äußerte, der um Almosen gefragt hatte, indem er sagte: »Sieh, vielleicht bist du ein reicher Mann und gibst nur vor, arm zu sein.« Als er dies hörte, wurde der Vater der Armen, der heilige Franziskus, sehr betrübt. Er wies den Bruder, der solches gesagt hatte, zurecht und befahl ihm, sich vor dem armen Mann zu entkleiden und ihn, indem er seine Füße küßte, um Verzeihung zu bitten. Denn er pflegte zu sagen: »Wer einen Armen verflucht, verletzt Christus, dessen edles Abbild er ist, das Abbild dessen, der sich für uns in dieser Welt arm gemacht hat.« Wenn er daher einen Armen traf, der davon zu Boden gedrückt wurde, daß er Holz oder etwas anderes trug, bot er ihm oft, obwohl sie sehr schwach waren, seine eigenen Schultern zur Hilfe an.

Aus: Thomas von Celano, »Das erste Leben des heiligen Franziskus« (1228–1230)

Als die Franziskaner sich zu einer immer komplexeren Organisation entwickelten, erkannte Franziskus, daß es ihm von seinem Wesen her nicht lag, den Orden zu führen oder zu verwalten. Er überließ deshalb die Leitung einem Assistenten, der vom Papst ausgewählt wurde. In gewisser Weise reifte die Organisation nicht wegen, sondern trotz seiner Person. »Mein Gott, was wird nach meinem Tod mit der armen Familie geschehen, die Du mir in Deiner Güte anvertraut hast, obwohl ich ein Sünder bin?«

Franziskus zog sich mehr und mehr von seinen Gefährten und den administrativen Verantwortlichkeiten zurück und entfloh in die Hügel rund um den Monte La Verna in die Apenninberge, knapp einhundert Kilometer nördlich von Assisi. Als er dort um Erleuchtung betete, hatte er die Vision eines Engels, der sich in die Figur eines Gekreuzigten verwandelte. Plötzlich begannen Zeichen, die aussahen wie die Wunden von Nägeln, an seinen eigenen Händen und Füßen zu erscheinen und seine rechte Seite fing an zu bluten, als ob sie von einer Lanze durchbohrt worden wäre. Es war das allererste Mal, daß ein Christ Stigmata empfangen hatte, d. h. die Wunden Christi, denn dafür wurden sie von ihm und seinen Brüdern gehalten − Wunden, die interessanterweise an die bildliche Umsetzung der Kreuzigung in der Kunst des Hochmittelalters erinnerten. Nachdem er seit jener Stimme vom Kreuz in San Damiano den größten Teil seines Erwachsenenlebens damit verbracht hatte, Christus ähnlich zu werden, schien er nun, wie es der heilige Bonaventura, ein früher Biograph, ausdrückte, allein durch die reine Inbrunst seiner Gebete Seine Gestalt anzunehmen:

> Franziskus verstand, daß ihm die göttliche Vorsehung diese Erscheinung geschenkt hatte, damit er als Christi Liebender schon jetzt lernen möge, daß er vollkommen in die Gestalt des gekreuzigten Christus überführt werden würde, und zwar nicht durch das Martyrium des Fleisches, sondern durch das Feuer seiner Liebe. Als die Erscheinung verschwand, ließ sie eine wunderbare Leidenschaft in seinem Herzen und bleibende Zeichen auf seinem Körper zurück, die nicht weniger wunderbar waren.

RECHTS: Blick auf die riesige Doppelbasilika San Franceso, die die Gebeine des heiligen Franziskus beherbergt. Mit ihrem Bau wurde im Jahr 1228 am Tag nach seiner Heiligsprechung begonnen. Fünfundzwanzig Jahre später wurde sie geweiht. Das Bild der Basilika beherrscht die Stadt Assisi, die Franziskus als eine heilige Stadt beschrieben haben soll, »denn durch dich sind viele Seelen gerettet worden«. Rund eineinhalb Kilometer unterhalb von Assisi liegt die kleine Kapelle Porziuncola (OBEN), die Franziskus im Alter von zwanzig Jahren restaurierte und wo er im Jahr 1226 starb. Auch sie wurde im späten sechzehnten Jahrhundert von einer massiven Basilika — Santa Maria degli Angeli — umschlossen, die benötigt wurde, um die großen Pilgermassen aufnehmen zu können.

In seinen letzten Lebensjahren machten die Schmerzen der Stigmata gemeinsam mit den Folgen einer Malaria und ernsten Augeninfektionen Franziskus zu einem Invaliden. Ein Arzt verbrannte sein Gesicht von der Schläfe bis zur Augenbraue mit einem rotglühenden Eisen bei dem Versuch, die fortschreitende Erblindung zu kurieren. Franziskus beteuerte, keinen Schmerz zu fühlen: »Bruder Feuer, ich war immer gut zu dir und werde es immer sein aus Liebe zu dem, der dich geschaffen hat . . . Die Krankheit des Körpers heilt die Seele, wenn man sie mit Ergebenheit annimmt.«

Franziskus starb am 3. Oktober 1226. Wenige Tage zuvor hatte er ein letztes »Testament und Mahnung an die brüderlichen Mönche« vollendet.

> Als Gott mir einige Mönche gab, war niemand da, der mir sagte, was ich tun sollte; aber der Allerhöchste selbst forderte von mir, ein Leben nach dem Evangelium zu führen. Ich hatte dies kurz und einfach aufgeschrieben, und seine Heiligkeit, der Papst, hat es für mich bestätigt. Diejenigen, die dieses Leben willkommen hießen, verteilten alles, was sie besaßen, unter die Armen . . .
>
> Die Mönche müssen sehr darauf achten, nicht Kirchen, Hütten oder irgend etwas anderes, was für sie gebaut wurde, anzunehmen, solange sie nicht im Einklang stehen mit der Armut, die wir in unserer Regel versprochen haben; auch sollten sie solche Plätze nur beziehen wie Fremde oder Pilger . . .
>
> Dies ist eine Erinnerung, eine Ermahnung, eine Ermutigung und mein Testament, das ich, Bruder Franziskus, unwürdig wie ich bin, Euch überlasse, meine Brüder.

Als er starb — auf eigenen Wunsch nackt auf dem Boden ausgestreckt —, war Franziskus buchstäblich von Leibwächtern umgeben, damit sichergestellt war, daß sein Körper nach dem Tod auch wirklich intakt nach Assisi zurückkehrte, das damit zu einem wichtigen Wallfahrtszentrum gemacht wurde. Da sich die Nachricht von seinen gesundheitlichen Problemen herumgesprochen hatte, mußten Reliquienjäger in Schach gehalten werden. Er wurde — vollständig — in einem Steinsarg begraben. Um den Sarg aufzunehmen, baute man in den Jahren nach seinem Tod eine große Basilika, und dann noch eine riesige Basilika über die erste, wobei ein Bau in den anderen übergeht.

Etwa eineinhalb Kilometer unterhalb von Assisi sollte auch die kleine Porziuncola-Kapelle, die Franziskus in seinen frühen Tagen ebenso restauriert hatte wie San Damiano, mit einer weiteren massiven Basilika umgeben werden. Die Franziskaner waren zum größten Mönchsorden auf dem Planeten geworden, und das gewaltige Gebäude wurde gebraucht, um den Pilgermassen Schutz zu bieten, die damals schon kamen und heute immer noch kommen, um den Mann zu ehren, der sie gebeten hatte, »alles abzulegen, was von dieser Welt ist«. Was er gelehrt hatte und was er gewesen war, scheint weit entfernt von den sentimentalen Bildern des heiligen Franziskus (er wurde nur zwei Jahre nach seinem Tod heiliggesprochen) in goldenen Gewändern, auf einem Thron und umgeben von einem schwärmerischen Fan-Club von Engeln.

Gegen Ende seines Lebens war Franziskus offensichtlich selbst besorgt um das Erbe, das er zurückließ. Er hatte einen weiteren seiner vielen Träume — diesmal über den Versuch, seine hungernden Brüder mit Brot zu speisen, wobei er mitansehen mußte, wie die Krumen durch seine Finger auf den Boden fielen. Und tatsächlich erreichten nach seinem Tod die Spannungen innerhalb des Ordens − zwischen den Leuten der Organisation und den Jüngern, zwischen der Hierarchie und der Familie − den Siedepunkt. Einige wollten aus den Franziskanern an der Universität ausgebildete Prediger und Theologen machen. Andere wollten, daß sie Land besäßen und Diener hätten, die die Schmutzarbeit für sie erledigen sollten. Nur eine kleine Minderheit blieb den grundlegenden Ideen der Einfachheit und Armut treu, wie es Franziskus vermutlich von ihnen verlangt hätte. In weniger als hundert Jahren sollten diese sogenannten »Spiritualen« − der fundamentalistische Flügel − selbst zu Ketzern gestempelt werden und vier ihrer Führer sollte man auf dem Scheiterhaufen verbrennen. Der Orden der »Minderen Brüder« war zu einem zentralen Teil des Systems geworden, und die Grenzen der Toleranz hatten sich verschoben.

Um die Mitte des dreizehnten Jahrhunderts waren die Ketzer im Süden Frankreichs fast alle ausgerottet worden. Nur ein paar Gemeinschaften hatten oben in den Bergen überlebt und weigerten sich, die Hoffnung aufzugeben. Die Festung Montségur südöstlich von Foix, die sich mehr als dreihundert Meter über dem Tal an einen Felsen klammerte und nur einen Zugang besaß, war zu einer letzten Zuflucht für die Bischöfe der Katharer, für *perfecti* und *perfectae*, Flüchtlinge und Gläubige geworden, die unter ihren »Guten Menschen« oder ihren »Vollkommenen« sein wollten. Die Festung kontrollierte nichts, ihr einziger Wert bestand darin, daß sie sehr weit abgelegen war. Im Sommer des Jahres 1243 wurde vom Königlichen Seneschal von Carcassonne mit zusätzlichen Truppen des Erzbischofs von Narbonne und des Bischofs von Albi ein gutgeplanter Angriff gestartet; man zog eine Steinschleuder bis nahe unter den Gipfel, und es folgte eine lange Belagerung.

Der Moral in der Festung konnte der Winter nichts anhaben, aber nach acht Monaten fiel dann eine der äußeren Verteidigungspositionen während eines Nachtangriffs und man begann, Kapitulationsverhandlungen zu führen. Geiseln wurden übergeben, und den bewaffneten Verteidigern wurde ihr Leben und eine Amnestie für vergangene Kriegsverbrechen versprochen, vorausgesetzt, sie führten zunächst eine kleine Unterredung mit der Inquisition. Mit den Ketzern sollte es allerdings keine Geschäfte geben.

Einige der Frauen der Verteidiger, die Kinder und diejenigen, die nicht bereit waren, für ihren Glauben zu sterben, wurden evakuiert. Zweien der *perfecti* gelang die Flucht, wie man sagte, als Bewahrer des Geheimnisses darüber, wo die Schätze der Katharer versteckt lagen. Den Rest stellte man öffentlich vor die Wahl, entweder seinen Irrglauben zu widerrufen oder verbrannt zu werden. Am 16. März 1244 wurden Reisigbündel innerhalb eines Palisadenzauns auf einem offenen Feld unterhalb des Abhangs aufgeschichtet, dann warf man Fackeln auf den Reisig. Die mehr als zweihundert Ketzer wurden den Berg hinuntergedrängt, -geführt oder -getragen und in

FOLGENDE DOPPELSEITE:
Die Ruinen der Mauern der Bergfestung Montségur,
letzte Zuflucht der Katharer.

die Flammen getrieben. Nach Angaben der Chroniken stürzten einige von ihnen sich bereitwillig und sogar mit Ekstase ins Feuer. Keine Inquisition, kein Verfahren, nur brutale Gewalt. Der Ort dieses Holocausts wurde in der Gegend als »prat dels crematz« bekannt: der Ort derjenigen, die verbrannt wurden, das Feld des Feuers.

Einiges an dieser Geschichte gehört sicher in den Bereich der Legende: der Schatz, die »Tötet-sie-alle!«-Taktik, der Schrein. Es gibt Beweise, daß zumindest einige der Ketzer in eine nahegelegene Stadt gebracht und dort verbrannt wurden – nach Inquisition und Verurteilung. Aber der Grund, warum sich eine Legende bildete, ist offensichtlich: Dies war das letzte öffentliche Auftreten der Katharer. Montségur, der sichere Berg, der Sammelpunkt, war gefallen. Spuren des Glaubens sollten bleiben: Es brauchte lange Zeit, alle die Leute ausfindig zu machen und zu befragen, die im Verhör von den Evakuierten des Montségur erwähnt worden waren – im kleinen Dorf Montaillou war die Inquisition noch achtzig Jahre später mit Säuberungsarbeiten beschäftigt. Aber der Glaube der Katharer hatte seine Zugkraft verloren.

Und dennoch: Im Rückblick war diese endgültige Niederlage nicht der uneingeschränkte Triumph der Kirche, als der er gedacht war. Es ist wahr, Südfrankreich war wieder in den Schoß der Kirche zurückgeführt worden. Aber das Ergebnis war eine stärker auf das Zentrum ausgerichtete und autoritäre Kirche, die den Einsatz von Gewalt akzeptiert und gutgeheißen hatte und die radikale Reformen von innen oder außen nicht länger tolerieren würde. Es gab nun offizielle Einrichtungen, um ihre Macht legal gegen Häretiker einzusetzen – und die Definition von Häresie war stets flexibel. Als die Menschen sich aus ihren Großfamilien und Verwandtschaftsverbänden zur Arbeit in die Städte begaben, entstand ein steigender Bedarf an neuen, starken Identitäten, Gefühlen von »wir« und »sie«. Und in dem Maß, in dem die Ideen des Christentums sich zu einer Einheit entwickelten, taten dies auch die Vorstellungen davon, wer »sie« zu sein hatten.

Die Glieder der christlichen Kirche waren entweder orthodox oder sie waren gar nichts. Wenn jemandem in Zukunft bei der Marktwirtschaft nicht ganz wohl war oder wenn er sich Gedanken darüber machte, wie denn das Kamel durch das Nadelöhr passen sollte, hatte er seine Ansichten anderswo zu äußern. In einem Abschnitt des Lukas-Evangeliums, der von den Katharern besonders geschätzt wurde und der auch alle anderen weiterhin beschäftigen sollte, steht geschrieben:

> Es war aber ein reicher Mann, der kleidete sich mit Purpur und köstlicher Leinwand und lebte alle Tage herrlich und in Freuden. Es war aber ein Armer mit Namen Lazarus, der lag vor seiner Tür voller Schwären und begehrte, sich zu sättigen von dem, was von des Reichen Tische fiel; dazu kamen auch noch die Hunde und leckten ihm seine Schwären. Es begab sich aber, daß der Arme starb und ward getragen von den Engeln in Abrahams Schoß. Der Reiche aber starb auch und ward begraben. Als er nun bei den Toten war, hob er seine Augen auf in seiner Qual und sah Abraham von ferne und Lazarus in seinem Schoß. Und er rief und sprach: Vater Abraham, erbarme dich mein und sende Lazarus, daß er das Äußerste seines Fingers ins Wasser tauche und kühle meine Zunge; denn ich leide Pein in dieser Flamme.
>
> Abraham aber sprach: Gedenke, Sohn, daß du dein Gutes empfangen hast in deinem Leben, Lazarus dagegen hat Böses empfangen; nun wird er hier getröstet, und du wirst gepeinigt. Und über das alles ist zwischen uns und euch eine große Kluft befestigt.

Es war diese »große Kluft«, die die Häretiker des zwölften und dreizehnten Jahrhunderts in einer Epoche, in der sich die Marktwirtschaft schnell entwickelte, vergeblich zu überbrücken versucht hatten, indem sie unter anderem die einfachen Botschaften der Evangelien stärker betonten als die verschlüsselten Mitteilungen der Offenbarung. Es ist diese »große Kluft«, die auch weltliche Denker seither zu überbrücken versucht haben. Petrus Damiani, der reformerische italienische Geistliche, der den bekannten Satz geprägt hat »Habsucht ist die Quelle allen Übels«, faßte das Problem in seiner bekanntermaßen offenen Art bereits um die Mitte des elften Jahrhunderts so zusammen:

> Entledige dich zuerst des Geldes, denn Christus und Geld passen nicht gut zusammen. Wenn du aber beide zugleich wählen solltest, würdest du dich wiederfinden als Besitzer des einen ohne das andere, denn je reichlicher dein Vorrat an schnödem Mammon in dieser Welt ist, desto elender ist deine Armut, was wahren Reichtum anbetrifft!

Aber ganz so einfach war es dann doch nicht . . .

3
Das Duell der Denker

Eine der großen Konfrontationen im Europa des zwölften Jahrhunderts — von der, wie Historiker behauptet haben, die unmittelbare Ausrichtung des westlichen Denkens abhing — ergab sich nicht zwischen Königen, Rittern oder Heeren, sondern zwischen einem Heiligen und einem Gelehrten. Der Heilige, ein Mönch, glaubte, daß Religion eine Angelegenheit der persönlichen Verbindung zu Gott, der Gotteserfahrung sei. Der Gelehrte, ein Lehrer, glaubte, daß Religion eine Angelegenheit von Diskussion, Erklärung und harter Auseinandersetzung sei.

Auf der einen Seite stand Bernhard von Clairvaux (1090–1154), später der heilige Bernhard: ländlich, asketisch, spirituell. Theologisch hatte er keine Probleme mit der herrschenden Lehre. »Glaube mir, ich habe Erfahrung,« schrieb er in einem Brief, »Du findest größere Erfüllung bei der Arbeit im Wald als Du sie je in Büchern finden wirst. Die Bäume und die Steine werden Dich Dinge lehren, wie Du sie nie von irgendeinem Meister hören wirst.« Auf der anderen Seite stand Peter Abaelard (1079–1142) aus der Bretagne, der bekannteste Lehrer seiner Tage: urban, arrogant, rational und theologisch auf der Suche nach neuen Wahrheiten. »Worte sind sinnlos«, schrieb er im charakteristischen Stil eines studentischen Seminars, »wenn der Verstand ihnen nicht folgen kann; nichts kann geglaubt werden, wenn es nicht zunächst verstanden wurde . . . Der Herr selbst verurteilt solche ›blinden Führer blinder Menschen‹«.

In diesen beiden Männer spiegeln sich einige der Grundsatzentscheidungen, vor die sich ihr Zeitalter gestellt sah — ländliche Abgeschiedenheit oder städtische Gesellschaft, Klöster oder Schulen, Kontemplation oder Debatte, Glaube oder Vernunft. Wenn das prädeterminierte, unerschütterliche, fatalistische, metaphorische und statische Atom des westlichen Weltbildes des zwölften Jahrhunderts je gespalten werden sollte, würde es wegen dieser Entscheidungen ge-

Bernhards Vision der Jungfrau Maria, die ihm um
das Jahr 1110 erschien und dabei einige Tropfen ihrer Milch auf seine Lippen
fallen ließ. Diese Legende trug dazu bei, die Marienverehrung populärer zu machen.

schehen, denn die Einsteins des Mittelalters waren die Theologen. Bernhard und Abaelard waren so unterschiedlich in ihren Ansätzen, daß sie sich sehr wenig zu sagen hatten. Bernhard beschrieb Abaelard als »diesen Mann, der zufrieden ist, mit einem Fernglas *nichts* zu sehen, aber der alles von nahem betrachten muß«. Als die beiden sich beim Konzil von Sens im Jahr 1140 von Angesicht zu Angesicht gegenüberstanden, war ein größerer Konflikt in aller Öffentlichkeit unvermeidlich.

Peter Abaelard wurde etwa dreizehn Jahre, nachdem die benachbarten Normannen den Kanal überquert und England erobert hatten, in der Stadt Le Pallet in der Bretagne geboren, die an der Straße nach Poitiers einige Kilometer von Nantes entfernt lag. Sein Vater, ein niederer Landadliger, der das Leben mit dem Aufkommen der Geldwirtschaft als zunehmend schwieriger empfand, war der Überzeugung, daß seine vier Söhne den Vorteil einer guten Erziehung genießen sollten, bevor sie Soldaten wurden. Peter genoß diese Erziehung so sehr, daß er es vorzog, lieber als Lehrling und Student der Philosophie weiterzukämpfen, während seine drei Brüder in den Krieg zogen. Die provinzielle bretonische Gesellschaft langweilte ihn jedoch schnell, und so brach er nach Paris auf.

»Ich begann, in verschiedenen Provinzen herumzureisen«, so erinnerte er sich um 1132, »und debattierte wie ein wahrer peripatetischer Philosoph, wo immer ich davon hörte, daß ein starkes Interesse an der Kunst der Dialektik bestand.« Während dieser Zeit studierte er in Loches oder Tours Logik bei Roscelin von Compiègne. »Schließlich kam ich nach Paris«, fuhr er fort, »wo die Lehre der Dialektik seit langem besonders blühte.« Um 1100 hatte Paris allerdings kaum etwas von der Attraktivität einer Metropole zu bieten. Es war eine kleine Stadt, die eng geduckt auf der Île de la Cité lag mit nur wenigen Häusern und Märkten auf den Seine-Brücken und dem linken Ufer. Ihr Hauptanspruch auf Berühmtheit beruhte darauf, daß in der Nähe gute Jagdreviere lagen, so daß die Könige von Frankreich (Paris war zunächst nur Grafensitz) von Zeit zu Zeit gern vorbeischauten. Paris besaß noch nicht einmal einen eigenen Erzbischof: Die Stadt stand unter der Jurisdiktion des Erzbischofs von Sens. Erst Aktivitäten wie die von Peter Abaelard sollten die Stadt schließlich berühmt machen und dazu beitragen, daß sich das Quartier Latin mit Studenten und Lehrern aus ganz Europa bevölkerte, die wirklich lateinisch sprachen und schrieben und die dazu beitrugen, Paris über das Niveau rivalisierender französischer Schulen wie etwa in Chartres, Laon, Reims und Tours hinauszuheben.

Die große Attraktion um das Jahr 1100 war, daß die Schulen an der alten Kirche von Notre Dame zu Zentren für das Studium der Dialektik, der Kunst der Argumentation durch Diskussion und Debatte geworden waren − kein Katalogisieren oder Auflisten, wie es in den meisten Stätten des Lernens zu jener Zeit betrieben wurde, sondern logisches Denken. Die Dozenten oder Meister lasen einen Text vor − zum Beispiel aus dem Altgriechischen, der kurz zuvor ins Lateinische übersetzt worden war, oder einen Bibelkommentar −, und die Studenten analysierten seine möglichen Bedeutungen und maßen sie an der Interpretation des Meisters, eine Lehrmethode, die als *disputatio* bekannt war (im Gegensatz zur *lectio,* einer Vorlesung oder formalen Präsentation). In der Regel konnte der Meister sich behaupten, weil er bekannter und beredter war und wesentlich mehr Übung besaß. Aber für einen ehrgeizigen und begabten jungen Philosophen − der,

Ein Student des zwölften Jahrhunderts gibt zuviel aus

D *u schreibst mir immer, daß die Zeiten hart sind und daß Du Deine Professoren bezahlen muß. Es scheint mir allerdings, daß Du keine rechte Lust zum Lernen hast. Um es kurz zu machen: Ich werde nicht mehr als das Vereinbarte für Dich tun. Warum solltest Du allein alles ausgeben, was ich besitze? Ich habe noch andere Verwandte und Freunde, für die ich sorgen muß. Als ich in der Schule war, hatte ich nicht einen Obolus am Tag, aber ich bin auch nicht gestorben, Gott sei's gepriesen.*

Nichtsdestoweniger sende ich Dir hiermit 10 Angevinische Sous und 11 Pariser Sous, weil ich nicht will, daß Dein Bote mit leeren Händen zurückkehrt. Aber sei versichert, daß Du von jetzt bis zu den Kalenden des Mai (Anfang Mai) nichts mehr bekommst.

Aus einem Brief eines Kanonikers aus Lisieux an seinen studierenden Neffen Nikolaus (spätes 12. Jahrhundert)

---

wie er es selbst ausdrückte, »seinen Wert kannte« – war dies genau die richtige Umgebung, um auf sich aufmerksam zu machen, indem er in aller Öffentlichkeit intellektuelle Turnierkämpfe mit wohlbekannten Autoritäten ausfocht.

Ein derartiges Benehmen irritierte einige von Abaelards ruhigeren Kommilitonen, aber nach dem Leben in der ländlichen Bretagne und in Loches meinte er, sich vorwagen zu müssen. Abaelards Bericht zufolge lag die Schwierigkeit darin, daß sein gegenwärtiger »höchster Meister« sich als eine ziemliche Enttäuschung erwies. Er hieß Wilhelm von Champeaux, war »Realismus«-Philosoph, Oberhaupt der Klosterschule von Notre Dame und beinahe zu leicht zu provozieren und in der Debatte zu schlagen. Im Alter von dreiundzwanzig Jahren beschloß der Lehrling daher, zum Lehrer zu werden; er bildete kleine Seminargruppen in Melun und Corbeil, bevor er nach Paris zurückkehrte, wo er seinen früheren Meister »durch häufigere Begegnungen im Disput« (wiederum *disputatio*) »in Verlegenheit bringen« konnte. Die Debatte scheint zum einen darüber geführt worden zu sein, wieviel die neuübersetzten alten Griechen – vor allem Plato und Aristoteles – zur Lösung zeitgenössischer christlicher Fragen beitragen konnten, zum anderen wurden die Beziehungen zwischen dem Abstrakten und dem Konkreten behandelt. Abaelard war der Meinung, daß die Griechen und unter ihnen vor allem Plato dazu eine Menge zu sagen hätten und daß Wilhelm sich mit seiner Überbetonung des »Universellen« selbst den Bewegungsspielraum genommen hätte. Nach seinen eigenen Angaben gewann er den Streit spielend – »mit dem Ergebnis, daß der Ruhm meines Meisters nach und nach abnahm und schließlich ein Ende fand«. Abaelard war zu einer Persönlichkeit gereift, mit der Studenten wie Lehrer zu rechnen hatten:

> Meine eigene Lehre gewann daraus so viel Ruhm und Autorität, daß die entschiedensten Anhänger meines Meisters, die bis dahin die heftigsten meiner Angreifer gewesen waren, nun in hellen Scharen in meine Schule strömten. Sogar Wilhelms Nachfolger als Oberhaupt der Pariser Schule bot mir seinen Stuhl an, damit er sich als mein Schüler zu den anderen gesellen

GEGENÜBER: Aus einem Buch des dreizehnten Jahrhunderts über
Weissagungen oder Prophezeiungen: Plato blickt über die Schulter seines Mentors Sokrates.
Verschiedene Texte der alten griechischen Philosophie wurden in den westeuropäischen Diskurs während des
elften und zwölften Jahrhunderts eingeführt, oft durch die Arbeit arabischer Gelehrter.
Die Lehre und die Schriften Peter Abaelards, die teilweise auf griechischen Denkmodellen beruhten, halfen
dabei, die Reputation von Paris als Universitätszentrum zu etablieren (OBEN).

Eine Beschwerde über studentische Disziplin

Welche Freiheit bleibt für das Studium, wenn wir die Meister sehen, wie sie die Schüler umschmeicheln, und die Schüler, wie sie die Meister beurteilen und sie zwingen, nach ihrem Willen zu sprechen oder zu schweigen. Nur selten sieht man einen strengen Meister, öfter trägt er die Stimme und das Lächeln des Schmeichlers. Wenn dennoch jemand die Strenge aufrechterhält, die einem Meister angemessen ist, meiden ihn die Schüler wie einen Verrückten. Er wird als grausam und unmenschlich betrachtet.

Aus einem Brief des Wilhelm von Conches (um 1140)

> könne . . . Wilhelm wurde in einem Ausmaß, über das es schwerfällt zu sprechen, von Neid zerfressen und von Wut verzehrt . . . [aber] je mehr sein Neid mich verfolgte, desto weiter verbreitete sich mein Ruf, denn, wie der Dichter sagt: »Neid sucht die Höhen, der Wind bläst über die höchsten Dinge, und der Blitz trifft die höchsten Berge.«

Und dennoch: Wie weit sich auch sein Ruf ausbreitete, es wurde — in jedem Fall für Abaelard — zunehmend deutlich, daß die intellektuellen Spiele, die er mit der Philosophie, der Logik und der Dialektik aufführte, eben nichts anderes waren als Spiele. Seine Meisterschaft in der Debatte blieb nutzlos, solange sie nicht an den Grundlagen ansetzte, also im Fach der Theologie, dort, wo die wirklichen intellektuellen Schwergewichte trainierten. Die Theologie befand sich noch in ihrem Kinderstadium, sie hieß noch nicht einmal so, und sie wurde in Laon gelehrt, etwa 110 Kilometer nordöstlich von Paris, wo Anselm (Wilhelms Meister) wegen seiner Forschungen über biblische Texte und wegen seiner Lernhilfen für Studenten, die die Schrift lasen, einen guten Namen hatte. Abaelards Eltern waren jüngst in ein Kloster eingetreten, und es mag sein, daß sie ihren Sohn ermutigt hatten, sich der »Königin der Wissenschaften« zu widmen. Ihr ältester Sohn wiederum hoffte mit Sicherheit, daß er diesmal nicht nur herausgefordert, sondern an richtiger Stelle auch bemerkt werden würde:

> Ich näherte mich daher diesem alten Mann, der seinen Ruf mehr langer Übung als Intelligenz oder Gedächtnis verdankte . . . Anselm konnte die Bewunderung eines Publikums gewinnen, aber er war unnütz, wenn man ihm eine ernsthafte Frage stellte. Er besaß eine bemerkenswerte Macht über Worte, aber ihre Bedeutung war wertlos und ohne jeden Verstand. Das Feuer, das er entfachte, füllte sein Haus mit Rauch, aber es spendete ihm kein Licht. Er war ein Baum im vollen Laub, der schon von fern zu sehen war, aber aus der Nähe und bei genauerer Untersuchung erwies er sich als kahl. Ich war zu diesem Baum gekommen, um Früchte zu sammeln, aber ich fand, daß es der Feigenbaum war, den der Herr verflucht hatte . . . Nachdem ich dies entdeckt hatte, lag ich nicht lange untätig in seinem Schatten. Ich besuchte seine Vorlesungen immer unregelmäßiger . . .

Das Problem scheint diesmal weniger gewesen zu sein, was Anselm sagte, als vielmehr, wie er es sagte. Er hielt formelle Vorlesungen, deren Themen vollkommen im biblischen Zusammenhang angesiedelt waren, und er vertrat die Überzeugung, daß sich die Dialektik besser zum Philosophieren als zur Annäherung an einen religiösen Gegenstand eigne. Abaelard, den die Tatsache völlig unbeeindruckt ließ, daß Anselm eine anerkannte Autorität auf dem Gebiet der Kommentare zum heiligen Augustinus darstellte (mit einem besonderen Interesse am ›Realismus‹ oder der spirituellen Wahrheit, die jenseits bloß physikalischer und äußerlicher Erscheinungen lag), zog es hingegen vor, kontroverse Gedanken in die Debatte zu werfen: »Nimm zum Beispiel die Frage, ob es erlaubt ist zu töten. Dieselben Worte können unterschiedliche Bedeutung besitzen, sagten doch stets die Zehn Gebote: ›Du sollst nicht töten!‹ Aber der heilige Augustinus schrieb: ›Wenn die rechtmäßige Obrigkeit es verlangt, müssen wir in den Krieg ziehen.‹ Einige Sätze scheinen sich nicht nur zu unterscheiden, sondern förmlich zu widersprechen.«

Peter Abaelard kehrte deshalb nach Paris zurück, wo die Schulen nicht zuletzt wegen seiner Methoden und seiner aggressiven Persönlichkeit immer bekannter werden sollten (»ihre Anzahl stieg dort enorm«). Er warb einige von Anselms Studenten ab und wurde an der Notre Dame zum *magister scholarum* ernannt. Zwischenzeitlich bereitete sich ein junger Adliger aus Burgund, der ungefähr zehn Jahre jünger als Abaelard war, darauf vor, den weltlichen Versuchungen zu entsagen.

Bernhard von Clairvaux, der größte und überzeugendste Mystiker seiner Zeit, wurde im Jahr 1090 als drittes von sieben Kindern auf dem Landgut seines Vaters im nördlich von Dijon in Burgund gelegenen Fontaines geboren. Die Parole hieß auch hier: eine gute Erziehung (einschließlich Latein und Versdichtung), gefolgt von einer militärischen Laufbahn. Bernhard wurde nach Châtillon-sur-Seine geschickt, eine der Festungen des Herzogs von Burgund, die unter der Aufsicht seines Vaters stand. Den später verfaßten religiösen Biographien zufolge war er ein schüchterner, in sich gekehrter junger Mann, der sich zwar besonders zu den Versuchungen der Jugend hingezogen fühlte, es aber vorzog, mit ihnen selbständig fertig zu werden. Er schätzte die Gesellschaft anderer Soldaten ebensowenig wie ihre Versuche, »ihn auf ihre Linie zu bringen«. Bei einer Gelegenheit sprang er in einen Teich mit eiskaltem Wasser, um »sich von der Hitze fleischlichen Verlangens abzukühlen«, denn er sah inzwischen »Keuschheit als das teuerste Gut« in seinem Leben an. Die Kapelle von Saint-Vorles in Châtillon war der Ort, wo die meisten dieser epischen Kämpfe gegen »die sich in Erwartung seiner Ferse windende Viper« in Szene gesetzt wurden.

Jenseits dieser »Versuchungen«, die sich etwa zur selben Zeit ereigneten, als der neunzehnjährige Bernhard seine Mutter verlor, passierte etwas, aus dem sich eine der großen inspirativen Legenden seiner Zeit entwickelte, die oft in der Kunst des ausgehenden Mittelalters und der frühen Renaissance dargestellt wurde: Bernhard betete gerade vor der hölzernen Statue der Heiligen Jungfrau in Saint-Vorles und bat sie um Fürsprache in einem Moment der seelischen Krise, als er zu den Worten kam »Monstrare esse matrem« (Erweise Dich als eine Mutter). Daraufhin erschien ihm die Jungfrau und ließ drei Tropfen Milch auf seine Lippen fallen, indem sie ihre Brust drückte. Dieses intime Erlebnis war Bernhards Erlösung, und von ihm rührt seine lebenslange

Gegensätzliche Darstellungen der Jungfrau Maria: (LINKS) Cimabues Darstellung aus der Zeit um 1300 zeigt
eine idealisierte, spirituelle Figur, umgeben von einem Chor der Engel; eine ältere anonyme
Holzskulptur in der Kapelle Saint-Vorles in Châtillon-sur-Seine (OBEN)
— das Bildnis, zu dem der junge Bernhard betete — zeigt sie häuslicher, mütterlicher und irdischer.
Während des zwölften und dreizehnten Jahrhunderts fanden wichtige Veränderungen
in der Bedeutung und Ausübung der Marienverehrung statt.

und für die damalige Zeit ungewöhnliche Hingabe an die Marienverehrung her: als Mutter, Schönheitsideal und Vermittlerin zwischen den sündigen Sterblichen und Gott.

Bernhard kehrte vorübergehend zu seinen militärischen Pflichten zurück und diente dem Herzog von Burgund, indem er an der Belagerung der Burg von Grancey teilnahm. Aber durch die Versuchungen und sein Erlebnis, das ihm dieselben vertrieben hatte, war sein Weg vorgezeichnet. Er verzichtete auf seine weltliche Karriere und schloß sich einer kleinen Mönchsgemeinschaft etwas südlich von Cîteaux (lateinisch: Cistercium) an. In Anbetracht seines merkwürdigen Verhaltens kurz zuvor konnte diese Entscheidung keine große Überraschung mehr darstellen. Was dagegen wirklich überraschte, war die Tatsache, daß nahezu seine gesamte Familie − der Onkel, die Brüder, der Vater: Soldaten, Mitglieder des Adels, einunddreißig an der Zahl − ihm ins Kloster von Cîteaux folgte.

Die Zisterzienser, wie diese Mönche genannt wurden, stellten einen ersten von vielen Ablegern des Ordens der Benediktiner dar: *des* Establishments des Klosterlebens, deren großartige neue Abtei im rund 75 Kilometer südlich gelegenen Cluny gerade fertiggestellt worden war. Cluny selbst hatte auf ungefähr die gleiche Art begonnen, aber das lag zweihundert Jahre zurück, und der Orden war inzwischen groß und formalisiert, mit einer riesigen Kirche, einer ausgefeilten Bürokratie und einer Liturgie, von der viele meinten, sie sei zu lang und zu kompliziert. Die Zisterzienser wollten dagegen zurück zu den Ursprüngen, sie verlangten Einfachheit in allen Dingen − Bauten, Kleidung, Liturgie, Organisation − und eine *buchstabengetreue* Interpretation der Regeln des heiligen Benedikt. Sie erwarteten außerdem von den Mönchen, Landarbeit zu leisten, um ihren Lebensunterhalt zu bestreiten, statt Pächter oder Knechte zu beschäftigen. Heute würde man dies vielleicht als »Kirche von unten« bezeichnen. In der zunehmend komplexen und wettbewerbsorientierten Gesellschaft des zwölften Jahrhunderts fand es mit Sicherheit Anklang. Und es war exakt das, wonach Bernhard − und seine Anhänger − suchten.

Es war auch an der Zeit, daß Bernhard endlich auftauchte, denn das harte und asketische Leben der Zisterzienser-Brüder hatte zu Unterernährung, Krankheit und Tod geführt. Der Orden in Cîteaux stand in Gefahr auszusterben, bevor er überhaupt Wurzeln geschlagen hatte. Als Folge von Bernhards Energie und Engagement verdoppelte oder verdreifachte sich gar die Mitgliederzahl der Gemeinschaft. Sein Einfluß war so dominierend, daß manche Menschen die Mönche nach ihm Bernhardiner nannten. Andere schrieben Geschichten darüber, wie es ihm während des ersten Jahres seines Noviziates gelungen war, durch Kontemplation den Rest der Welt derart auszublenden, daß er nicht mehr wußte oder sich zumindest nicht mehr darum kümmerte, wie viele Fenster seine Kirche besaß und ob die Decke seiner Zelle gewölbt war oder nicht. Am Ende des Jahres, so sagte man, »leuchtete der Friede seiner Seele aus seinem Antlitz«. (Tatsächlich schliefen die Zisterzienser in Schlafsälen und nicht in Zellen, aber die Lebensbeschreibungen der Heiligen neigen dazu, die *curriculae vitae* ihrer Hauptpersonen im Interesse einer guten moralischen Lektion etwas auszuschmücken.)

Gleichgültig, was die Legenden sagen: Innerhalb von vier Jahren wurde Bernhard ausgesandt, um ein Tochterkloster zu gründen, weil Cîteaux zu eng wurde. Gemeinsam mit etwa zwölf Gefährten reiste er nordwärts an die Aube (unweit der Besitzgrenzen des Herren seines Vaters, des

Ein Trinkgelage in Cluny

Wie kann ich davon reden, Wasser zu trinken, wenn sogar das Vermischen von Wein mit Wasser unzulässig ist? Normalerweise leiden wir Mönche unter einem schwachen Magen, weshalb wir Pauls Ratschlag befolgen, etwas Wein zu uns zu nehmen. Allerdings wird das Wort »etwas« dabei übersehen, ich weiß nicht, warum. Und wenn wir nur damit zufrieden wären, ihn einfach, wenn auch unverdünnt zu trinken. Es gibt Dinge, über die es beschämend ist zu reden, obwohl es noch beschämender sein sollte, sie zu tun. Wenn es uns schon erröten läßt, von ihnen zu hören: Es kostet uns nichts, sie zu ändern. Tatsache ist, daß man drei- oder viermal während desselben Essens sieht, wie ein halbgefüllter Pokal hereingetragen wird, damit verschiedene Weine nicht so sehr getrunken oder geleert als vielmehr an die Nase oder an die Lippen gehoben werden. Der kundige Gaumen kann sie schnell unterscheiden und den stärksten auswählen. Und was ist mit den Klöstern — und dem Vernehmen nach gibt es einige davon —, die an größeren Festen regelmäßig gewürzten und mit Honig versetzten Wein im Refektorium servieren? Wir wollen doch wohl nicht behaupten, das geschähe auch nur, um schwache Mägen zu stärken? Der einzige Grund dafür, den ich erkennen kann, ist, großzügigeres Trinken und heftigere Lust zu erlauben. Aber wenn einmal der Wein durch die Adern fließt und der ganze Kopf von ihm dröhnt, was können sie dann noch anderes tun, wenn sie sich vom Tische erheben, als zu gehen und ihren Rausch auszuschlafen? Und wenn du einen Mönch zwingst, zur Vigil aufzustehen, bevor er verdaut hat, wirst du ihn eher stöhnen als intonieren hören. Wenn sie einmal zu Bett gegangen sind, ist es nicht die Sünde der Trunkenheit, die sie bereuen, wenn sie gefragt werden, sondern nicht fähig zu sein, ihre Mahlzeiten zu verkraften.

Aus: Bernhard von Clairvaux, »Eine Apologie für Abt Wilhelm« (1125)

Herzogs von Burgund), wo er im Jahr 1115 sein eigenes Kloster Clairvaux gründete. Die Zisterzienser werden fortan die Wahl abgeschiedener Orte zu einer Art Warenzeichen machen; auf diese Art konnten sie die Versuchung meiden *und* unkultiviertes Land im Schweiße ihres Antlitz urbar machen. Eine der Biographien sagt über den damals fünfundzwanzigjährigen Abt aus: »Obwohl er vor ihm floh, verfolgte ihn der Ruhm so unerbittlich wie er diejenigen flieht, die ihn suchen. Ein Sprichwort, das er oft auf seinen Lippen führte, lautete: ›Zu tun, was niemand anderes tut, zieht alle Augen auf Dich.‹« Zur selben Zeit schrieb ein Beobachter über Peter Abaelards Reputation an den Schulen von Paris: »Keine Entfernungen zu Lande, keine Bergeshöhen und Tiefen der Täler und auch nicht die schrecklichen Stürme des Meeres könnten die Studenten davon abhalten, von Deinem Ruf angezogen, zu Dir zu strömen.«

Der Ruf von Bernhards Gemeinschaft in und um Clairvaux und von Abaelards Tour-de-Force-Auftritten als Dozent führten dazu, daß sich um beide ein Persönlichkeitskult entwickelte. Legenden — zunächst von Mund zu Mund unter den Mönchen, Wallfahrern oder Kaufleuten als europäisches Geflüster weitergetragen — überhöhten ihre Person und steigerten ihre Reputation.

bruno. eodem die inipso monasterio iubente papa tria untrib;
pinus cancellis sacratut altaria. Tunc papa nit sacndo nitsasq; agendo. p alia salutis hortantta. cora epis & cardinalibus
multorq; psonis. huiecemodi
... habuit ad plm.

tutelamq; commendauit. nili
deo et beato Petro eiusq; uicarius. romanis scilicet pontificb'
Quor numero uel ordini diuina
me dignatio licet indignum associauit. me olim monachum
priozemq; monasterii huius. sub
domno ac uenerabili hugone

COT ... cunaz ... ignit ... p ... consec ... tria altares ... est hugo ... beatisse ...

nouf deuiney festiues la su...
en passerons briement. de

ce quil est nouuauf ... uie

Die Weihe der großartigen neuen Benediktinerabtei in Cluny (GEGENÜBER OBEN), etwa siebzig Kilometer südlich des weit weniger aufwendigen Zisterzienser-Hauptquartiers in Cîteaux. Bernhard kritisierte die Benediktiner, weil sie sich zu sehr um ihr weltliches Auftreten, eine üppige Bürokratie und gute Weine zu kümmern begannen (GEGENÜBER UNTEN). Die Zisterzienser legten großen Wert auf einen von Grundwerten ausgehenden Ansatz, der Landarbeit einschloß, wie dieses Bild (OBEN) aus einem zisterziensischen Psalter des frühen dreizehnten Jahrhunderts zeigt.

In Bernhards Fall wurden Geschichten über seine Heiligkeit und über Wunder, in Abaelards Fall Geschichten von seinem extravaganten Verhalten als Dozent erzählt. Ihre großen Ideen führten dazu, daß sie zu überlebensgroßen Personen heranwuchsen. Chroniken bezeichneten Bernhard als »den berühmtesten Prediger der Heiligen Schrift in Frankreich« und Abaelard als den »Meister der berühmten Schulen, zu denen Studenten aus fast der gesamten lateinischen Welt strömten«.

Doch es lohnt sich zu fragen, was das Wort »berühmt« in den ersten Dekaden des zwölften Jahrhunderts wirklich bedeutete. Berühmtheit beruhte vor allem auf dem gesprochenen Wort, der Geste, dem Auftritt, kurz: der Rhetorik. Ansprachen, Vorlesungen, Debatten, Streitgespräche und Erzählungen waren die Hauptkanäle, durch die sie sich in passender Ausschmückung verbreitete. Die Arbeit, die mit der Buchproduktion einherging, war ausgesprochen teuer, ganz zu schweigen davon, daß in jedem Band aus Lamm-Pergament jeweils eine ganze Schafherde verarbeitet wurde. Eine »Veröffentlichung« außerhalb der Klöster bedeutete daher in der Regel, einem anderen Gelehrten ein Manuskript zu leihen, es einem Kopisten zu übergeben oder eine Berühmtheit dafür zu gewinnen, es zu kommentieren. Aber zu genau dieser Zeit kamen das gesprochene und geschriebene Wort auch immer näher zusammen, und Abaelard hat in seiner Autobiographie viel darüber zu sagen, wie *beide* zu seinem Ruhm, zu seiner Einschätzung seiner selbst (die im großen und ganzen hoch zu sein pflegte) und damit letztendlich auch zu seinem Fall beitrugen:

Erfolg bläst Narren auf mit Stolz; irdische Sicherheit schwächt die Vorsätze des Geistes und zerstört sie nur zu leicht durch fleischliche Versuchungen. Ich begann mich als den einzigen Philosophen auf der Welt zu betrachten, der nichts von niemandem zu befürchten hatte, und so überließ ich mich den Gelüsten des Fleisches . . . Ich hatte mich stets von unreiner Verbindung mit Huren ferngehalten, und die beständige Hinwendung an meine Studien hatte mich davor bewahrt, die Gesellschaft von edlen Damen zu suchen: Ich wußte wirklich nicht viel über die weltlichen Dinge des Lebens. Doch, wie man sagt, ein abwegiges Geschick umschmeichelte mich, und leicht fand es einen Weg, um mich von meinem Podest zu stürzen.

Er setzte diese Beichte mit einem offenen Bericht über seine Affäre mit der siebzehnjährigen Héloise fort. Über ihre Herkunft ist wenig mehr bekannt, als daß der Name ihrer Mutter Hersinde lautete und sie — wie ihre eigenen Briefe andeuten — nicht aus dem Hochadel stammte, sich aber durch ihre Beziehung zu diesem *magister scholarum* »erhöht« fühlte. Die Geschichte dessen, was passierte, nachdem sie sich erstmals begegnet waren, läßt sich am besten mit den Worten der beiden Protagonisten selbst wiedergeben; sie stammen aus Abaelards »Historia calamitatum« und aus Héloises bemerkenswerten persönlichen Briefen. Einige Wissenschaftler bezweifeln die Authentizität dieser Briefe (die Manuskripte tauchten erst im späten dreizehnten Jahrhundert auf), aber die meisten erkennen sie mittlerweile als echt an.

ABAELARD: In Paris gab es zu jener Zeit ein junges Mädchen namens Héloise, die Nichte Fulberts, eines der Kanoniker [die am Platz der Kathedrale Notre Dame lebten]. Sie wurde von ihm so geliebt, daß er alles in seiner Macht Stehende getan hätte, um ihre Ausbildung in Literatur zu fördern. In ihrem Aussehen zählte sie nicht zu den Geringsten, aber in ihrer Gelehrsamkeit war sie unübertroffen. Die Gabe der Literatur ist so selten bei Frauen, daß sie viel zu ihrem Charme beitrug und ihr im gesamten Königreich Ansehen verschafft hatte.

HÉLOISE: Welcher Philosoph könnte sich mit Deinem Ruhm messen?

ABAELARD: Zuversichtlich, daß ich schnell Erfolg haben würde, entschied ich, daß sie diejenige war, die ich in mein Bett zu bringen hatte. Denn zu jener Zeit war ich jung und sah ungewöhnlich gut aus, zudem hatte ich meinen großen Ruf, um mich zu empfehlen . . .

HÉLOISE: Wenn Du in der Öffentlichkeit auftratst, wer eilte nicht, um auch nur einen kurzen Blick von Dir zu erhaschen, oder wer streckte nicht seinen Hals aus und strengte seine Augen an, um Dich zu sehen, wenn Du gingst?

ABAELARD: Ganz entbrannt vor Verlangen für dieses Mädchen . . . kam ich zu einer Abmachung mit ihrem Onkel, . . . nach der er mich in sein Haus aufnehmen sollte, das sehr nahe bei meiner Schule lag, welche Summe er auch immer verlangen mochte . . . Er war ganz erpicht auf mein Geld und voll Vertrauen, daß seine Nichte von meinem Unterricht profitieren würde . . .

HÉLOISE: Jede Frau, jedes junge Mädchen sehnte sich nach Dir, wenn Du nicht da warst, und war entflammt in Deiner Gegenwart; edle Damen neideten mir meine Freuden . . .

ABAELARD: Ihre Studien erlaubten es, uns ins Private zurückzuziehen, wie die Liebe es ersehnte, und dann wechselten wir, mit unseren Büchern offen zwischen uns, mehr Worte der Liebe als der Lektüre und mehr Küsse als Klugheiten. Meine Hände verirrten sich öfter an

Héloise über »den Wert eines Mannes«

Denn eines Mannes Wert beruht nicht auf Reichtum oder Macht; diese hängen von seinem Glück ab, nicht aber von seinen Verdiensten. Eine Frau sollte erkennen, daß sie sich selbst zum Kauf anbietet, wenn sie einen reichen Mann bereitwilliger heiratet als einen armen und wenn sie ihren Gatten mehr wegen seiner Besitztümer als um seiner selbst willen begehrt. Jede Frau, die wegen Gelüsten dieser Art heiratet, verdient zweifellos Bezahlung, aber nicht Dank, denn ihr Sinn hängt an ihres Mannes Eigentum und nicht an ihm, und sie wäre bereit, sich an einen noch reicheren zu prostituieren, wenn sie könnte. Dies ergibt sich aus der These, die in dem Dialog des Aeschines Socraticus [ein Schüler von Sokrates] von der gebildeten Aspasia Xenophon und seiner Frau dargelegt wird. Nachdem sie die These in dem Versuch, beide zu versöhnen, erläutert hatte, schloß sie mit den Worten: »*Wenn ihr nicht glaubt, daß es auf Erden keinen besseren Mann und keine wertvollere Frau gibt, werdet ihr weiter danach suchen, was ihr für das beste von allem haltet — der Mann der besten Frau und die Frau des besten Mannes zu sein.*«

Dies sind nahezu heilige Worte, die mehr als philosophisch sind; sie verdienen wirklich den Namen Weisheit und nicht nur Philosophie. Es herrscht ein heiliger Irrtum und eine selige Illusion zwischen Mann und Frau, wenn vollkommene Liebe die Bande der Ehe ungebrochen halten kann, nicht so sehr durch körperliche Enthaltsamkeit als durch Reinheit des Geistes. Aber was der Irrtum anderen Frauen erlaubte, gestattete mir die reine Wahrheit, und was sie von ihren Männern dachten, glaubte — oder eher: wußte die ganze Welt von Dir; meine Liebe für Dich war daher um so echter, als sie von Irrtum noch weiter entfernt war.

Aus Héloises erstem Brief an Abaelard (etwa gegen 1130)

---

ihren Busen als auf die Seiten . . . Um Verdacht zu zerstreuen, schlug ich sie manchmal . . .

HÉLOISE: Du hattest zwei besondere Gaben, um damit sofort das Herz jeder Frau zu gewinnen: Deine Fähigkeiten, Verse zu dichten und Lieder zu komponieren . . . Mehr als alles andere ließ dies die Frauen nach Deiner Liebe seufzen. Und wie diese Lieder von Deiner Liebe sangen, so machten sie mich weit bekannt . . .

ABAELARD: Kurz, unser Verlangen ließ keine Stufe des Liebens unversucht, und wenn die Liebe irgend etwas Neues erdenken konnte, hießen wir es willkommen. Wegen unserer vorherigen Unerfahrenheit spürten wir jeder Freude um so eifriger nach und waren um so weniger leicht gesättigt . . .

HÉLOISE: Die Genüsse der Liebenden, die wir teilten, sind zu süß gewesen . . .

ABAELARD: Es langweilte mich zutiefst, in die Schule gehen zu müssen, und . . . in dem Maße, in dem mein Interesse und meine Konzentration nachließen, fehlte meinen Vorlesungen jegliche Inspiration, und sie wiederholten sich nur; ich konnte nicht mehr tun, als zu wiederholen, was lange vorher schon gesagt worden war . . . Trennung führte unsere Herzen nur näher zusammen, während Enttäuschung unsere Leidenschaft nur stärker entflammte . . .

wir wurden um so selbstvergessener, je mehr wir jeden Sinn für Scham verloren . . . Und so wurden wir in flagranti ertappt . . .

HÉLOISE: Ich suchte nach keinem Ehebund, nach keiner Mitgift, und es waren nicht meine Freuden und meine Wünsche, die ich zu befriedigen suchte, wie Du weißt, sondern die Deinen. Der Name »Ehefrau« mag heiliger oder bindender erscheinen, aber mir wird das Wort »Geliebte« immer lieblicher klingen oder – wenn Du es mir erlaubst – »Konkubine« oder »Hure«.

ABAELARD: Ich entfernte sie heimlich aus seinem [Fulberts] Haus und schickte sie direkt in meine Heimat, bis sie einem Sohn das Leben schenkte, den sie Astralabius nannte . . . Am Ende . . . bat ich [ihren Onkel] um Vergebung und versprach ihm jede Entschädigung, die er angemessen fände . . . Darüber hinaus bot ich ihm Wiedergutmachung in einer Form an, auf die er nie hatte hoffen können: Ich würde das Mädchen heiraten, an dem ich Unrecht begangen hatte.

HÉLOISE: Diese Heirat würde nichts als eine Schande und eine Bürde für Dich sein. Neben dem Verlust an Reputation gibt es die Schwierigkeiten der Ehe . . .

ABAELARD: Meine einzige Bedingung war, daß die Heirat geheim bleiben sollte, um meinen Ruf nicht zu schädigen.

HÉLOISE: Der heilige Hieronymus schildert in allen Einzelheiten die unerträglichen Ärgernisse und endlosen Sorgen der Ehe.

ABAELARD: [Ihr Onkel] stimmte zu, gab sein Wort und das seiner Gefährten und besiegelte die Versöhnung, die ich wollte, mit einem Kuß.

HÉLOISE: Welche Harmonie kann zwischen Schülern und Kindermädchen, Tischen und Wiegen, Büchern oder Schreibtäfelchen und Spinnrocken, Feder oder Stift und Spindel bestehen? Wer kann sich auf Gedanken über die Heilige Schrift oder Philosophie konzentrieren und gleichzeitig ertragen, wie Säuglinge schreien, Kindermädchen sie mit Schlafliedern beruhigen und im ganzen Haus das laute Kommen und Gehen von Männern und Frauen widerhallt? Wird er das dauernde Durcheinander und den Schmutz aushalten, den kleine Kinder ins Haus bringen? Die Reichen können das, denn . . . da sie reich sind, müssen sie nicht auf die Kosten achten oder sich mit Alltagssorgen quälen. Doch Philosophen führen ein gänzlich anderes Leben als reiche Leute.

ABAELARD: Als unser Sohn geboren war, so vertrauten wir ihn deshalb der Pflege meiner Schwester an und kehrten heimlich nach Paris zurück. Ein paar Tage später, nach einer im Gebet durchwachten Nacht in einer bestimmten Kirche . . .

HÉLOISE: . . . der Name »Geliebte« statt »Ehefrau« wäre teurer für mich und ehrenhafter für Dich – nur freiwillig geschenkte Liebe sollte Dich an mich binden, nicht die Verpflichtung durch die Bindungen der Ehe.

ABAELARD: . . . waren wir in der Morgendämmerung in Gegenwart Fulberts und einiger seiner und unserer Freunde im heiligen Stand der Ehe vereint . . . Aber Fulbert und seine Diener suchten Genugtuung für die Schande, die über ihn gekommen war, und sie begannen, die Nachricht von der Heirat zu verbreiten. Sie brachen so das Versprechen der Verschwiegenheit, das sie mir gegeben hatten.

Zwei Liebende bringen in dem romantischen »Roman de la Poire« (um 1260)
gemeinsam das höchste Opfer dar. Geschichten, die den Ehebruch thematisierten,
scheinen zu dieser Zeit besonders beliebt gewesen zu sein.

HÉLOISE: Während wir die Freuden einer unruhigen Liebe genossen und uns der Unzucht hingaben (wenn ich ein häßliches, aber ausdrucksvolles Wort gebrauchen darf), blieben wir von Gottes Strenge verschont.

ABAELARD: Ich brachte sie in einem Nonnenkonvent [mit Namen Sainte-Marie] in Argenteuil, einer Stadt bei Paris, unter, wo sie aufgewachsen war und wo man sie als kleines Mädchen erzogen hatte. Und ich ließ für sie ebenfalls ein religiöses Habit nach der Art machen, wie es von den Novizinnen getragen wird.

HÉLOISE: Aber als wir unser unrechtes Treiben durch das ersetzten, was recht ist und für die Schande der Unzucht mit einer ehrenvollen Heirat büßten, legte der Herr in seinem Zorn schwer seine Hand auf uns und duldete nicht die keusche Vereinigung, obwohl er lange die unkeusche ertragen hatte.

ABAELARD: Bei dieser Nachricht meinten ihr Onkel und seine Freunde, daß sie von mir getäuscht worden wären und ich einen leichten Weg gefunden hätte, mich von Héloise zu befreien, indem ich sie zu einer Nonne machte.

HÉLOISE: Das Glück der äußersten Verzückung sollte in der äußersten Bitterkeit der Sorge enden ...

ABAELARD: Sie bestachen einen meiner Diener, um eingelassen zu werden, und nahmen in solch abstoßender Barbarei Rache an mir, als ob sie die ganze Welt erschrecken wollten. Sie schnitten die Teile meines Körpers ab, mit denen ich das Unrecht begangen hatte, über das sie sich beklagten. Dann flohen sie ...

Es war eine Demütigung großen Stils. Während des ganzen nächsten Tages war Peter Abaelards Haus von Freunden, Studenten und Mitarbeitern umgeben, die in aller Öffentlichkeit um ihn und seinen ruinierten Ruf weinten. Denn als ranghoher Lehrer der Theologie von einigem Einfluß auf junge Menschen hatte man von ihm angenommen oder vielleicht sogar erwartet, ehelos zu bleiben. Er mag auch geweiht gewesen sein (der Beweis ist nicht eindeutig), in diesem Fall hätte man von ihm gleichermaßen die Ehelosigkeit erwartet: Die Kirche hatte gerade erst damit begonnen, höheren Geistlichen die Ehe zu verbieten. Vielleicht hätte die Einhaltung des Zölibats auch seine Chancen auf berufliches Fortkommen verbessert. Abaelard hatte die ungeschriebene Aufforderung zum Zölibat gebrochen, sein Ruf in der Öffentlichkeit lag daher in Scherben — trotz der Unterstützung durch die Studenten. Aber darüber hinaus war er auch als menschliches Individuum gedemütigt worden. Er war ein frei flottierender Intellektueller und Humanist in der Tradition der »wandernden Gelehrten« oder Goliards — kein Soldat, Priester oder Mönch —, in der Gesellschaft spielte er eine unsichere Rolle, und er verstand sich selbst voller Leidenschaft als Mann. Der Grund, warum er eine Frau an seiner Seite gewollt hatte, so deutete er an, war der, daß es sein Wunsch gewesen war, »vollständig zu sein«, sich alle Möglichkeiten zu erschließen. Nun, mit der »Vollständigkeit« war es für immer vorbei.

Die Geschichte der Liebesaffäre zwischen dem fast vierzigjährigen Abaelard und der siebzehnjährigen Héloise sagt eine Menge über die Stellung von Männern und Frauen im zwölften Jahrhundert aus. Es war mit Sicherheit ungewöhnlich für eine Frau, so gebildet zu sein wie Héloise, aber die Tatsache, im Konvent von Argenteuil so hervorragend unterrichtet worden zu sein,

Eine Seifenoper des frühen dreizehnten Jahrhunderts

D*ort saßen sie aneinandergeschmiegt, die treuen Liebenden, und erzählten sich von sehnsüchtiger Liebe derer, die vor ihrer Zeit aus Liebe gestorben waren. Sie redeten und erzählten, sie trauerten und klagten über das, was Phyllis von Thrakien und was der armen Kanake und was ihnen im Namen der Liebe geschah; wie das Herz der Byblis brach aus Liebe zu ihrem Bruder; wie es der Königin von Tyrus und Sidon, der liebeskranken Dido, wegen ihrer Sehnsucht so schlimm erging. Mit solchen Geschichten waren sie stets sehr beschäftigt.*

Wenn sie aber diese Erzählungen vergessen wollten, dann gingen sie in ihre Höhle und nahmen wieder auf, woran sie, wie sie wußten, Vergnügen hatten. Dann ließen sie erklingen ihr Harfenspiel und ihren Gesang auf sehnsuchtsvolle und anmutige Weise. Abwechselnd benutzten sie bei ihrer Beschäftigung Hände und Stimmen. Sie harften und sangen Lieder und Melodien über die Liebe. Sie tauschten dabei ihr Vergnügen aus, wie es ihnen zusagte. Wenn einer von ihnen die Harfe spielte, war es des anderen Gewohnheit, die Melodie dazu zart und sehnsuchtsvoll zu singen. Auch erscholl der Klang von Harfe und Gesang, wenn sie zusammenklangen, dort so lieblich, daß die Grotte der lieblichen Liebe mit Recht als Zuflucht geweiht war als »La fossire a la gent amant«.

Und was auch immer von dieser Grotte von alten Begebenheiten zuvor erzählt worden war, das erwies sich jetzt an ihnen. Ihre wahre Herrin hatte sich dort drin erst jetzt ihrer Beschäftigung hingegeben. Was ihr zuvor dort dargebracht wurde an Zeitvertreib oder Spielen, war nicht dasselbe. Es war in seiner Bedeutung nicht so lauter und makellos wie das Liebesspiel der beiden. Sie verbrachten mit der Liebe ihre Zeit, wie Liebende es niemals besser taten. Sie taten nur das, wozu ihr Herz sie trieb.

Aus: Gottfried von Straßburg, »Tristan und Isolde« (1200–1210)

---

zeigt, daß Frauen aus gutem Hause vornehmlich in Konventen der oberen Güteklasse doch ihre Talente und Persönlichkeiten entwickeln konnten, ohne immer nur als verdorbene Verführerinnen in der religiösen Literatur und in den Biographien von Heiligen zu dienen, die ohnehin hauptsächlich für zarte junge Männer geschrieben zu sein schienen. Diese Entwicklung war allerdings noch nicht sehr alt. In der Mitte des vorangegangenen Jahrhunderts hatte noch immer die Debatte darüber getobt, ob Frauen überhaupt eine Seele besäßen oder nicht. In Héloises Zeit gestand man ihnen zwar eine Seele zu, viel mehr aber auch nicht. Hätte sie Abaelard nie getroffen, wäre sie vermutlich einem Adligen nach Wahl ihres Onkels versprochen worden. Ihre einzige wirkliche Chance, sich von Bevormundung zu befreien, wäre ein Leben als reiche Witwe gewesen: Die Wahrscheinlichkeit für einen jungen Adeligen, in einer Schlacht, einem privaten Streit oder bei einem Turnier getötet zu werden, war relativ hoch. In diesem Fall hätte sie sich selbst einen zweiten Mann aussuchen können. So aber wurde Héloise auf Abaelards Wunsch Nonne in Argenteuil, wo sie für den größten Teil ihres Lebens blieb.

In einer »Chronik der Äbte von Cluny« aus dem späten zwölften Jahrhundert
bittet ein Benediktinermönch die Jungfrau Maria, den »Stern des Meeres«, sich für ihn
einzusetzen (OBEN). Nonnen hatten sich währenddessen, Héloise zufolge, einer Ordnung zu
unterwerfen, die »offensichtlich allein für Männer geschrieben« worden war und die lauter
Vorschriften enthielt, »die für Frauen kaum zutrafen«. Das Bild von Nonnen in einem Chor
aus einem illustrierten französischen Psalter (GEGENÜBER) läßt sie wesentlich gesetzter
aussehen, als sich Héloise in Argenteuil fühlte.

Eine Lobpreisung der Jungfrau Maria

L *aßt uns noch ein paar Worte über diesen Namen sagen, der übersetzt »Stern des Meeres« be-*
deutet und ein für die jungfräuliche Mutter ganz besonders passender Name ist. Sehr treffend
wird sie nämlich mit einem Gestirn verglichen, denn wie das Gestirn seinen Strahl aussendet, ohne
selbst abzunehmen, so hat die Jungfrau den Sohn geboren, ohne ihre Unversehrtheit zu verlieren.
Weder nimmt der Strahl dem Stern etwas von seinem Glanz, noch beraubt der Sohn die Jungfrau
ihrer Jungfräulichkeit. Sie ist also jener strahlende Stern, der aus Jakob aufgegangen ist, dessen
Strahl den ganzen Erdkreis erleuchtet, dessen Glanz am Himmel aufblitzt und bis in die Unterwelt
dringt. Er durchflutet auch alle Länder, er erwärmt die Herzen noch mehr als die Körper, er stärkt
die Tugenden und läßt die Laster verwelken. Sie ist, sage ich, jener glänzende und alles überstrah-
lende Stern, zu unserem Heil emporgehoben über dieses große, weithin sich ausdehnende Meer,
funkelnd durch Verdienste, Licht spendend durch ihr Vorbild.
Aus: Bernhard von Clairvaux, »Zweite Homilie zum Lob der jungfräulichen Mutter«

Es gab zu dieser Zeit allerdings bereits auch Autoren, die die traditionelle Rolle der Frauen als
züchtige, affektierte Kreaturen, für die Ehen arrangiert werden mußten, in Frage zu stellen begannen. Seifenopern wie die von Tristan und Isolde oder Lancelot und Ginevra, die den Ehebruch thematisierten und von Minnesängern am Hof oder in den Höfen vorgetragen und vorge-
sungen wurden, sollten im zwölften Jahrhundert besonders in Mode kommen. Es entstanden
Spannungen zwischen den Autoren, die in ihren Arbeiten zum Ausdruck brachten, daß sie das
Zölibat oder gar die Keuschheit als widernatürlich ansahen, und den neuen, strengen Männern
der Kirche, die, da sie selbst ehelos lebten, sogar adligen Ehebrechern höchst kritisch begegneten.
Tatsächlich bestand die Kirche darauf, sich in Fragen der Ehe immer mehr einzumischen. Diese
Spannung dürfte unter anderem auch zur Marienverehrung beigetragen haben.

Bis zu dieser Zeit war Maria eine weit entrückte, majestätische Figur geblieben. Als Person war
ihr im Westen keine große Verehrung entgegengebracht worden. Gegen Ende des zwölften Jahrhunderts besaß jedoch jede Stadt von einiger Bedeutung in Westeuropa eine ihr geweihte Kirche
oder einen Dom zu ihren Ehren, manchmal auch beides. Die Bruderschaft der Zisterzienser, die
sich unter Bernhards Einfluß rasch ausbreitete, hatte sich ebenfalls ihrer Verehrung verschrieben.
Marias Bild erschien auf den Siegeln der Zisterzienser-Klöster, ihre Mitglieder trugen Weiß zu
Ehren ihrer Reinheit, und sie begannen, spezielle Marienkapellen in ihren Kirchen einzurichten.
Auf diese und andere Weise wurde Maria den Gläubigen als Vorbild und als Gegenstand der Verehrung nähergebracht; sie wurde »erdverbundener«. Möglicherweise hing dieser Wandel in der
Anschauung und in der Bedeutung der Mutter Christi im zwölften Jahrhundert damit zusam-
men, daß adlige Damen aus ihren Rollen als Frauen und Mütter auszubrechen begannen. Viel-
leicht half die Marienverehrung dabei, sie wieder auf ihren Platz zu verweisen, vielleicht hielt die
Verehrung aber auch nur Schritt mit den sozialen Veränderungen.

Der gläubigste Anhänger des Marienkults war Bernhard selbst, der schließlich auch geholfen hatte, ihn überhaupt erst entstehen zu lassen. Seine Liebe zur Jungfrau Maria war ebenso tief spirituell oder religiös wie Abaelards Liebe zu Héloise physisch und irdisch gewesen war. In einer seiner »Homilien zum Lob der jungfräulichen Mutter« schrieb er:

> Ihr Menschen, die ihr erkennt, daß ihr im Strom des irdischen Lebens mehr zwischen Stürmen und Unwettern schwankt als auf festem Boden wandelt, wendet eure Augen nicht ab von dem Glanz dieses Gestirns, wenn ihr von den Stürmen nicht überwältigt werden wollt! Wenn die Winde der Versuchungen sich erheben, wenn du in die Klippen der Trübsale gerätst, dann blick hin auf den Stern, ruf Maria an! Wenn du getrieben wirst auf den Wellen des Stolzes, auf den Wellen des Ehrgeizes, der Schmähungen, der Eifersucht, richte den Blick auf jenen Stern, ruf Maria an! Wenn Zorn, Habgier oder die Verlockungen des Fleisches dein Lebensschiff von seiner Bahn abbringen wollen, schau auf Maria!

Und in einer seiner »Predigten über das Hohe Lied« fügte er mit voller rhetorischer Kraft hinzu:

> Ich liebe, weil ich liebe, ich liebe, damit ich lieben kann. Die Liebe ist eine große Angelegenheit, vorausgesetzt, daß sie zu ihren Grundlagen zurückkehrt, ihren Ursprung betrachtet und, indem sie zu ihrer Quelle zurückfließt, aus ihr das reine Wasser schöpft, um darin ohne Ende zu fließen ... Nun werde ich über den höchsten Kuß sprechen, das ist jener von Gottes Mund. Schenkt diesem Mysterium alle Beachtung, denn es ist überaus süß, aber kaum bekannt und schwer zu begreifen.

Für Bernhard schuf »äußerste Einfachheit« die Voraussetzung, daß sich »die Seele von allem Eigennutz befreien und mit Liebe erfüllen« konnte.

Abaelard war inzwischen in Saint-Denis als Mönch aufgenommen worden. Er begrüßte das Klosterleben als einen Weg, »seine Schande zu verbergen«. Es sollte allerdings nicht das Ende seines Unglücks darstellen, und es war nichts anderes als der Anfang eines Lebens in der reinsten Hölle für Héloise. Aus Argenteuil bat sie ihn in ihren Briefen beständig, dazu beizutragen, eine Ordensregel speziell für Frauen zu verfassen oder, falls das nicht möglich sein sollte, ihr persönlicher geistlicher Berater zu werden:

> Gegenwärtig wird das Gelübde nach der Regel des heiligen Benedikt in der Lateinischen Kirche gleichermaßen von Frauen wie von Männern abgelegt, obwohl sie nur vollständig von Männern − und zwar Untergebenen wie Oberen − befolgt werden kann, da sie offensichtlich allein für Männer geschrieben wurde. Lassen wir die anderen Artikel der Regel einen Augenblick beiseite: Wie können Frauen davon betroffen sein, was geschrieben steht über Kapuzen, Unterhosen oder Skapuliere? Oder sogar von Tuniken oder wollenen Kleidungsstücken, die direkt auf der Haut getragen werden, wo doch die monatliche Abführung ihrer überflüssigen Körpersäfte solche Dinge verbietet? Sicher haben diejenigen, die Regeln für Mönche niederlegten, nicht vollständig über Frauen geschwiegen, aber sie stellten auf der anderen Seite Regeln auf, von denen sie wußten, daß sie recht unpassend für sie sind.

Hildegard von Bingen (1098−1179), die nahezu zur gleichen Zeit lebte wie Héloise, war ihrerseits eine überzeugte Anhängerin der Regel des heiligen Benedikt, wenngleich mehr ihres Geistes als ihres Buchstabens. Aber sie war auch bereits im Alter von acht Jahren in ein Kloster eingetreten und mit achtzehn eine dem Weltlichen abgewandte Nonne. Héloise war nach Argenteuil gegangen, weil ihr Mann und ihr Onkel ihr keine andere Wahl ließen. Sie hatte nie vorgegeben, berufen zu sein.

Für Bernhard gab es keine öffentlichen Demütigungen der Art, wie Abaelard sie erdulden mußte. Aber er machte einige schlimme Fehler, meist, indem er des Guten etwas zuviel tat. Ein Jahr, nachdem er Abt von Cîteaux geworden war, erkannte er, daß sein Regiment so streng war, daß die Gemeinschaft buchstäblich auszusterben begann. Überall um sich herum sah er kranke und ausgezehrte Leiber. Ungenügende Ernährung, verbunden mit den Anforderungen körperlicher Arbeit, wie sie in der »Charta Caritatis« des Ordens niedergelegt waren und wie sie von Bernhard unbeugsam durchgesetzt wurden, erwiesen sich als gefährliche Mischung. Sogar seine überzeugtesten Anhänger begannen, den Mut zu verlieren. Seine Reaktion war extrem wie immer, wenn auch nicht nur hilfreich: Er ordnete an, daß die Mahlzeiten in Zukunft regelmäßiger einzunehmen seien und schloß sich selbst, da er sich wegen seiner Gedankenlosigkeit schuldig fühlte, für ein Jahr ein, ohne mit irgend jemanden zu sprechen.

Kurz nachdem Bernhard beschlossen hatte, wieder an menschlicher Kommunikation teilzunehmen, desertierte einer seiner Cousins namens Robert − einer der ursprünglichen einundreißig Jünger − zu den Benediktinern von Cluny, wo das Leben ein wenig leichter zu sein schien und die Lebenserwartung etwas höher lag. Bernhard empfand dies als eine persönliche Beleidigung:

> Liegt das Heil eher in weichen Gewändern und aufwendigem Leben als in schmaler Kost und maßvoller Kleidung? . . . Wenn warme und bequeme Pelze, wenn feine und kostbare Kleidung, wenn lange Ärmel und weite Kapuzen, wenn zierliche Umhänge und weiche Wollhemden einen Heiligen ausmachen, warum zögere ich und folge Dir nicht sogleich? Aber diese Dinge sind Trost für die Schwachen, keine Waffen für kämpfende Männer.

Was für Bernhard als eine Familienangelegenheit begann, sollte später zu einem harten Angriff auf den Benediktinerorden und sein geistliches Zentrum in Cluny werden − seine erste öffentliche Kraftprobe. Sie spielte sich zwischen Mönchen ab, die sich in Weiß, und solchen, die sich in Schwarz kleideten. Seine Kritik war wie eine Überdosis Puritanismus. »Wein und Weißbrot, Honigwein und Nahrungsrationen kommen dem Körper zugute, nicht der Seele. Die Seele wird nicht aus Pfannen ernährt! Viele Mönche in Ägypten dienten Gott lange Zeit ohne Fisch. Pfeffer,

Eine »spirituelle Vision« der Äbtissin Hildegard von Bingen:
das Bild eines androgyn wirkenden Mannes im Zentrum des Universums.
Hildegard von Bingen, die fast zur gleichen Zeit wie Héloise lebte,
wurde jüngst die Erfindung der »feministischen Theologie« zugeschrieben.

Ingwer, Kümmel, Salbei und all die anderen tausend Gewürze mögen dem Gaumen schmeicheln, aber sie entzünden die Wollust.«

Nachdem er sich erst einmal geräuspert hatte, gab es für Bernhard kein Halten mehr, er setzte seinen Krieg gegen die Benediktinermönche einige Jahre lang fort. Im Prinzip hatte er recht: Die Bewohner der Klöster *waren* ein wenig faul und selbstgefällig geworden. Peter der Ehrwürdige, der nächste Abt von Cluny, nahm auch viele seiner Vorschläge ebenso auf wie Suger, der große Kathedralenbaumeister und Abt von Saint-Denis, der als Reaktion auf die Angriffe des Abtes von Clairvaux wieder eine regelmäßige Disziplin einführte.

»Möge Dich der Herr hiervon erretten«, hatte Bernhard seinen Brief an Robert geschlossen, »denn beim Jüngsten Gericht wird Dich eine größere Strafe erwarten wegen dieses, meines Briefes, solltest Du ihn lesen und Dir nicht die Lektion zu Herzen nehmen.« Eine oft wiederholte Geschichte erzählt, daß es zu regnen begann, als Bernhard seinen berühmten Brief diktierte. Als er ihn beendet hatte, entdeckte er, daß der Brief auf wunderbare Weise trocken geblieben war. Ein weiterer Wendepunkt im *curriculum vitae* des Heiligen.

Bernhard sagte in einer seiner Predigten: »Die Stimme Gottes zu hören, bedarf es keiner großen Anstrengung. Die Anstrengung liegt eher darin, unsere Ohren zu verstopfen, damit wir sie *nicht* hören.« Und er schrieb: »Glaube, und du wirst verstehen.« Glaube war für ihn also eine Sache des persönlichen Kontakts mit Gott und der Gotteserfahrung. Er bezeichnete Clairvaux als eine *schola caritatis*, d. h. eine Schule der Liebe oder der Barmherzigkeit, und weniger als eine Schule der Debatte, der Gelehrsamkeit oder der Theologie. Heute würden wir ihn wohl einen Mystiker nennen. Abaelard hingegen argumentierte, daß »wir unmöglich glauben können, was wir nicht verstehen«, daß es keinen Sinn habe, sich hinter berühmten Kommentatoren zu verstecken, wenn man sie persönlich nicht überzeugend fand, und daß »wir durch Zweifeln zum Fragen gelangen und durch das Fragen die Wahrheit erkennen«. Für ihn hatte Glaube also damit zu tun, den Geist von Störgeräuschen zu befreien — was sehr wohl harte Arbeit bedeuten konnte. Er beruhe eher auf Überzeugung oder rationaler Entscheidung als auf emotionaler Begegnung. Heute würden wir ihn wohl als einen Intellektuellen bezeichnen.

Im zwölften Jahrhundert übten diese Ideen und die Persönlichkeiten, die hinter ihnen standen, eine bemerkenswert starke Anziehungskraft auf eine Gesellschaft aus, die verzweifelt erlöst werden wollte, entweder durch direkte Gotteserfahrung oder dadurch, daß sie die richtigen Fragen stellte. Das ererbte Wissen reichte dafür nicht mehr aus. Die Marienverehrung, die Entstehung der Universitäten, der Reiz dessen, was unter dem Namen »Häresie« bekannt wurde, und sogar volkstümliche Lieder geben Zeugnis von dem Einfluß, den diese beiden Männer auf Westeuropa ausübten. Es war unvermeidlich, daß sie schließlich in öffentlicher Arena die Schwerter miteinander kreuzen mußten. Die Sprache, in der sie den Standpunkt des jeweils anderen beschrieben, wurde immer extremer und polemischer. Abaelard beschrieb Bernhards Schriften als »Gift, ausgespien und ausgespuckt in meine Richtung«, während Bernhard das, was er Abaelards »lepröse Neuheiten« nannte, nicht mit dem Namen »Theologia« würdigen wollte. Die Debatte erscheint im nachhinein wie ein Ping-Pong-Match zwischen zwei arroganten und nicht sonderlich erwachsenen Studenten, aber tatsächlich war ihr Hauptanliegen — nämlich wie Menschen Gott erkannten oder wie sie überhaupt irgend etwas von innen heraus wahrnahmen – eine zentrale Frage für das Denken im zwölften Jahrhundert. Und beide Männer glaubten leidenschaftlich an das, was sie sagten.

Ein Anzeichen dafür, wie sehr Abaelard geschätzt wurde, war die Tatsache, daß ihn wenige Tage nach seinem Eintritt in das Kloster von Saint-Denis und seiner Einkleidung in das schwarze Habit des Benediktinerordens seine Freunde und Studenten baten, seine Lehren außerhalb der Klostermauern wiederaufzunehmen. Nach einigen Wochen lehrte er wieder, nach einigen Monaten arbeitete er an seiner theologischen Schrift »Abhandlung über die göttliche Einheit und Dreifaltigkeit«, in der Fragen über die wahre Natur der Erkenntnis gestellt wurden: Was ist das, was wir wissen – eine Vielzahl einzelner Dinge oder grundlegende Prinzipien? Spezifische Beispiele oder Vorstellungen? Abaelard bewunderte vor allem Platos Verständnis, daß alle wirkliche Erkenntnis – nicht nur äußere Erscheinungen, die einer vorübergehenden Einbildung glichen – dem reflektierenden Verstand durch eine Art Erleuchtung aus einer unsichtbaren Welt jenseits des Äußerlichen eingegeben wurde. Dies schien dem Christentum ähnlich, und Abaelard war über diese Parallele so erregt, daß er noch weiter ging und argumentierte, daß Plato *beinahe* die christliche Dreifaltigkeit von Vater, Sohn und Heiligem Geist in den drei fundamentalen Prinzipien der Macht, des Wissens und der Liebe entdeckt hätte. Seiner Überzeugung nach stellte die große Aristoteles-Plato-Debatte jener Zeit, eine Mischung aus spezifischen Beispielen und einordnenden Vorstellungen, den hilfreichsten Ansatz dar, um die Natur der Erkenntnis zu verstehen. Er schrieb:

> Es geschah nun, daß ich mich zunächst mit der Lehre über die Grundlage unseres Glaubens in der Analogie zum menschlichen Wissen abgab und eine Abhandlung verfaßte ... zur Benutzung durch meine Studenten, die nach menschlichen und logischen Begründungen auf diesem Gebiet fragten und die etwas Begreifbares verlangten, das über bloße Worte hinausging ... Es bestand allgemeine Übereinkunft, daß die Fragen außergewöhnlich schwierig waren und der Wichtigkeit des Problems die Scharfsinnigkeit meiner Lösung entsprach.

Abaelard, der nie sein Licht unter den Scheffel stellte, war der Überzeugung, daß die Brillanz seines Verstandes ihm über die Verstümmelung seines Körpers hinweggeholfen hatte. Er war mit Sicherheit auf der Höhe seiner Macht – und er irritierte seine Feinde (hauptsächlich die Anhänger des Wilhelm von Champeaux und des Anselm von Laon) zur Linken, zur Rechten und in der Mitte. Er wußte, daß das »Philosophieren« echte Gefahren für den Glauben in sich trug und daß der Glaube immer an erster Stelle zu stehen hatte. Er muß sich darüber hinaus im klaren gewesen sein, daß er sich in der Tat auf sehr dünnem Eis bewegte; einer seiner Feinde brauchte ihm nur einen kleinen Stoß zu versetzen.

Aus Paris wurde er in das abgelegene Soissons zitiert, um durch ein Konzil für sein Buch über die Dreifaltigkeit und vor allem dafür verurteilt zu werden, daß er in seinen Betrachtungen über den Wert bestimmter Beispiele angedeutet haben sollte, daß es »drei Götter« gebe. Er wurde gezwungen, den Text öffentlich und eigenhändig zu verbrennen. Später schrieb er an Héloise, daß

Illustration eines Manuskriptes, die Bernhard von Clairvaux zeigt,
der seinen Segen spendet. Aus dem »Leben des Heiligen« (um 1200),
geschrieben nur ein halbes Jahrhundert nach seinem Tod.

er stärker unter der Schande, sein Buch ins Feuer geworfen zu haben und unter dem Schaden für seinen Ruf gelitten habe als ehedem unter den physischen Schmerzen seiner Kastration.

Während Abaelards Stern zu sinken schien, wurde Bernhard außerhalb seines Klosters als religiöser Staatsmann und Unterhändler immer bekannter. Er predigte unter Abaelards Ex-Studenten in Paris und überredete viele von ihnen, »zu sich selbst zurückzukehren«, ihre »schmutzigen Umhänge abzuwerfen« und ihm nach Clairvaux zu folgen. Er veröffentlichte ebenfalls eine Abhandlung, »Über die Stufen der Demut und des Stolzes«, in der er ausführte, wie gefährlich es für einen Menschen war, zu »glauben, er sei besser als andere. Ein solcher Mensch ist immer der erste, der spricht; er greift ein, ohne darum gebeten worden zu sein. Und er ist *stolz*.«

Aber Bernhard schrieb nicht nur über den Stolz. Mit fundamentalistischem Eifer kritisierte er öffentlich jeden Bischof, Abt oder höheren Kleriker, der nicht ein ausreichend gutes Beispiel abgab. Und er nahm dabei kein Blatt vor den Mund. Bischof Heinrich von Winchester nannte er gar »eine Hure und einen Hexer«. Er duldete keine Argumente und keine Debatte: Es gab nur *einen* Weg und *eine* Möglichkeit, ihm zu folgen. Die Chroniken bemerken, daß »sein Predigen so überzeugend war, daß Mütter, Töchter und Ehefrauen ihre Männer versteckten, weil sie Angst hatten, sie an die Mönchsbewegung zu verlieren«. Wenn Kritiker klagten, ein Mönch sollte sich auf Angelegenheiten des Klosters beschränken, antwortete Bernhard, daß ein Mönch ein Soldat Christi sei und daß er die Ehre des Heiligtums Gottes zu verteidigen habe wie ein Ritter auf einem Kreuzzug. In seinen späteren Jahren hatte er seine Marschälle, seine Garnisonen, seine Sturmtrupps und Spione überall, und sein Wahlspruch — »Laß deinen Körper zurück, wenn du durch diese Tore tritts, nur deine Seele wird gebraucht« — verwandelte die Zisterzienser in eine überaus erfolgreiche internationale Organisation. Allerdings forderte dieser überaus strenge Lebensstil von seinem Hauptpropagandisten auch seinen Tribut.

Bernhard war permanent krank, was angesichts der Art, wie er seinen Körper peinigte, und angesichts der feuchten Umgebung, in der er lebte, kaum erstaunlich war. Er scheint unter einer extremen Form von Anorexia nervosa, also Magersucht, gelitten zu haben — er wies Nahrung so konsequent von sich, daß er bisweilen wegen Unterernährung förmlich gelähmt war — und er stank fortgesetzt nach schalem Erbrochenem. »Ich habe einen schlechten Magen«, schrieb er, »aber um wieviel mehr muß ich wegen des Magens meiner Erinnerungen krank sein, in dem sich solche Verdorbenheit sammelt?« Die Biographien des Heiligen sind voll von Berichten, daß er mehrfach nur knapp dem Tode entrann. Ein Beispiel stammt aus dem Jahr 1125: In Trance sah er den Teufel, der ihn vor dem Hause Gottes anklagte. Er antwortete auf die Beschuldigung:

> Ich bekenne, daß ich unwürdig bin der Glorie des Himmels und daß ich sie nie durch eigenen Verdienst erlangen kann. Aber meinem Herrn Jesus ist sie aus doppeltem Grund zu eigen: erstens als Erbe, denn er ist der eingeborene Sohn des ewigen Vaters, und zweitens als Kauf, denn er hat sie mit seinem eigenen, kostbaren Blut erworben. Diesen zweiten Anspruch hat er auf mich übertragen, und seinetwegen kann ich den Lohn des Himmels verlangen.

Der Teufel war verwirrt und verschwand. Dann sah sich Bernhard an der Küste auf ein Schiff warten, aber es blieb draußen auf dem Meer und ließ ihn an Land zurück. Schließlich erschien die Jungfrau Maria, legte ihm ihre Hände auf, und als er aus seiner Trance erwachte, hatte ihn seine Krankheit verlassen. Im Leben dieses besonderen Heiligen trat Maria immer eine Minute vor zwölf auf, um seine Probleme zu lösen.

Nachdem er sein Buch in Soissons verbrannt hatte, war Peter Abaelard eingeladen worden, nach Saint-Denis zurückzukehren (nicht alle Kirchenmänner waren über die Art und Weise glücklich, in der man mit ihm umgegangen war). Hier gelang es ihm jedoch, sich sogar noch unbeliebter zu machen, indem er — offensichtlich zu Recht — seine Mitbrüder darauf hinwies, daß ihnen in bezug auf ihren Schutzheiligen ein Irrtum unterlaufen war. Abaelard hatte beim Studium des Historikers Beda aus Northumberland in der Klosterbücherei entdeckt, daß der Heilige nicht derselbe Saint Denis sein konnte wie der Dionysius Areopagita, den der heilige Paulus bekehrt hatte. Da der Abtei diese kühne Annahme aber nicht zuletzt der Einkünfte und der öffentlichen Glaubwürdigkeit wegen einiges bedeutete und sie überdies zu den Grundlagen von Abt Sugers Philosophie über den Kathedralenbau gehörte, wurde es für Abaelard wieder einmal Zeit weiterzuziehen. Abaelards Argument in Sachen Denis oder Dionysius verstärkte die Verwirrung in einer ohnehin schon verwirrten Geschichte, indem er einen *vierten* Dionysius einführte, den Bischof von Korinth. Aber er zog dennoch die richtigen Schlüsse: Er tat das Richtige aus dem falschen Grund.

Abaelard fand Unterschlupf beim Bischof von Troyes, der ihm rund sechs Kilometer außerhalb von Nogent-sur-Seine etwas Land am Ufer des Flusses Ardusson überließ. Dort erbaute er ziemlich provokativ eine Kapelle aus Reet und Stroh und weihte sie der Heiligen Dreifaltigkeit — derselben Dreifaltigkeit, der er auch sein von der Zensur beschlagnahmtes Buch gewidmet hatte. Irgendwie brachte alles, was er tat oder sagte, das Establishment gegen ihn auf, was ihn aber bei den jungen Studenten um so beliebter machte; Stillstand kannte er nicht. Abaelards Kapelle mußte aus Holz und Stein neu erbaut und erweitert werden, um alle die aufzunehmen, die, wie er sich erinnerte, »sich von überallher zusammenfanden und Städte und Dörfer aufgaben, um in der Wildnis zu wohnen ... und die ihre weichen Betten zurückließen, um sich mit Schilf und Stroh zu behelfen.«

Seine Schule gedieh prächtig und begann eine Menge Aufmerksamkeit zu erregen, als er in der Diözese Vannes in der Bretagne zum Abt eines Klosters berufen wurde, dessen Lebensstil er als vulgär beschrieb und dessen Bewohner nur einen bretonischen Dialekt sprachen — vielleicht sprachen sie einen anderen Dialekt als den, mit dem er erzogen worden war, vielleicht war er aber auch nur aus seiner heimatlichen Sprache herausgewachsen. Nach eigener Aussage arbeitete er hart daran, diese Bauerntölpel zu zivilisieren, die »wilder und übler als Heiden« waren und die ihn dafür als Dank anscheinend zu vergiften suchten. Anhand von Abaelards Schriften fällt das Urteil darüber schwer, ob er unter Verfolgungswahn litt oder ob sie ihm wirklich nach dem Leben trachteten. Vermutlich ist beides nicht ganz falsch. »Gott ist mein Zeuge, daß ich nie gehört habe, daß eine Versammlung von Klerikern zusammengetreten sei, ohne gleichzeitig zu denken, daß sie zusammengerufen worden sei, um mich zu verdammen. Wie jemand, der in Ängsten darauf harrt, vom Blitz erschlagen zu werden, so wartete ich darauf, vor ein Konzil oder eine Synode befohlen zu werden, um dort der Ketzerei oder der Gotteslästerung angeklagt zu werden.«

Auch seine engsten Gefährten wurden nicht geschont. Nachdem Abaelards Feind, der Abt Suger, ihn aus Saint-Denis vertrieben hatte, weil von ihm zu viele peinliche Fragen gestellt worden waren, verwies er nun auch Héloise und ihre Nonnen unter dem Vorwand, daß es nach altem Recht zu Saint-Denis gehörte, aus dem Konvent von Argenteuil. Außerdem machte er Andeutungen über das Betragen der Nonnen. Héloise war dort Äbtissin geworden, mit einer wohlverdienten, von ihr aber in Bescheidenheit bestrittenen Reputation für guten Rat und Heiligkeit. Als Obdachlose wandte sie sich nun an ihren Mann, der ihr mit Freuden die Dreifaltigkeitskapelle überließ; dies war für beide das erste Treffen seit zehn Jahren. Mit einigen ihrer Nonnen blieb Héloise in Nogent, bis sie starb. Abaelard kehrte in sein angestammtes Heim und seine natürliche Umgebung zurück: an die Schulen von Paris. Héloise hatte geschrieben:

> Sage mir eines, wenn Du kannst. Warum bin ich nach unserem Eintritt in die Religion, der allein Deine Entscheidung war, von Dir so vernachlässigt und vergessen worden, daß ich von Dir weder ein Wort erhalte, um mir Stärke zu geben, wenn Du hier bist, noch die Tröstung durch einen Brief in Deiner Abwesenheit? Sage es mir, wenn Du kannst, oder ich werde Dir sagen, was ich denke und tatsächlich auch die Welt vermutet. Es war Verlangen, nicht Zuneigung, was Dich an mich band, die Flamme der Wollust mehr als die Liebe.

»Für mich«, fügte sie in ihrem nächsten Brief hinzu, »verstärken Jugend, Leidenschaft und die Empfindung von Freuden, die so wunderbar waren, die Qualen des Fleisches und die Gefühle der Sehnsucht, und diesem Angriff ist nicht standzuhalten.« Sie fuhr fort: »Sogar während der Meßfeier, wenn unsere Gebete rein und lauter sein sollten, ergreifen lüsterne Visionen dieser Freuden so stark Besitz von meiner unglücklichen Seele, daß meine Gedanken bei ihrer Schamlosigkeit statt im Gebet verweilen. Ich sollte stöhnen über die Sünden, die ich begangen habe, aber ich kann nur seufzen über das, was ich verloren habe.«

Bernhard arbeitete in der Zwischenzeit eifrig daran, sich seine Heiligsprechung zu verdienen, indem er sich auf allerhöchstem Niveau in die Kirchenpolitik einmischte. Zu einer Zeit, in der Rom sich als Macht noch nicht voll etabliert hatte, wies er fortwährend darauf hin, daß die christliche Welt im Westen dringend eine Führung brauche. Trotz seiner schlechten Gesundheit wurde er zu Gottes reisendem Botschafter, indem er durch Italien, Frankreich und Deutschland zog und seinen Rat immer mehr und immer mächtigeren Menschen anbot. Nach dem Tod von Papst Honorius II. im Jahr 1130 waren zwei rivalisierende Päpste gewählt worden. Das war an sich noch nicht ungewöhnlich, aber dieses Mal repräsentierte der eine von ihnen, Anaklet II., die alte Garde, während der andere, Innozenz II., der ebensowenig ordnungsgemäß gewählt worden war, den »bernhardinischen« Reformansatz verfolgen wollte. Für die nächsten acht Jahre setzte Bernhard seine berühmten Überredungskünste beim Kaiser des Heiligen Römischen Reiches Deutscher Nation ein, bei Königen und Fürsten und allen Mächtigen, die ihm nur zuhören wollten, um sie am Ende erfolgreich auf die Seite Innozenz II. zu ziehen. Aus dem kontemplativen Mönch war der Papstmacher geworden.

In den Schulen von Paris dagegen hätten Peter Abaelards sich fortsetzenden Schwierigkeiten sogar die Geduld eines Heiligen auf eine harte Probe gestellt. Nachdem ihm vom französischen König verboten worden war, auf dessen Land zu predigen, fuhr er fort, seinen Studenten zunächst von einem Baum herab — aus der Luft — und dann aus einem Fischerkahn — vom Wasser aus — Vorlesungen zu halten. »Der König«, sagt eine der Chroniken, »erklärte sich lachend für geschlagen.« Abaelard entwickelte sich zu einer legendären Figur.

Als Bernhard schließlich von seinen Auslandsmissionen zurückkehrte, hatte Peter Abaelard eine Reihe aufsehenerregender Werke verfaßt. »Sic et Non« (»Ja und Nein«) schenkte dem westlichen Denken einen seiner ersten Diskurse zur Methodenfrage, indem es über hundert Aussagen auflistete, wobei unter jedem Satz ein Zitat aus hochrangiger kirchlicher Quelle für »ja« plädierte

Peter Abaelard: Sic et Non (Ja und Nein) — Über das Verstehen

Obwohl inmitten einer derartig großen Menge von sinnlosen Worten sogar von Heiligen sich einige Aussprüche nicht nur voneinander zu unterscheiden, sondern sogar einander zu widersprechen scheinen, dürfen wir nicht so kühn sein, die zu richten, durch die doch die Welt selbst gerichtet werden soll, wie geschrieben steht: »Die Heiligen sollen über die Nationen richten« und wiederum »Und auch du sollst zu Gericht sitzen.« Erdreisten wir uns nicht, sie als Lügner zu denunzieren oder als falsch zu verachten, denn der Herr sagte zu ihnen: »Wer auf Euch hört, hört auf mich; wer Euch geringschätzt, schätzt mich gering . . .«

Wir sollten ebenso aufmerksam darauf achten, wenn uns irgendwelche Bemerkungen der Heiligen in den Mund gelegt werden, die der Wahrheit völlig entgegengesetzt oder fremd sind, daß wir uns nicht durch falsche Zuschreibung oder durch Verfälschung des Textes selbst täuschen lassen. Denn sehr viele apokryphe Schriften erscheinen unter den Namen von Heiligen, damit sie Autorität vermitteln, sogar einige der Texte des Heiligen Testaments wurden verfälscht durch die Fehler der Kopisten.

. . . Wir haben uns entschlossen, verschiedene Aussprüche der Heiligen Väter zusammenzustellen, die sich mit bestimmten Fragen beschäftigen, die uns wegen eines gewissen Mißklangs, der zwischen ihnen zu herrschen scheint, in den Sinn kommen. Sie veranlassen hoffentlich unerfahrene Leser zu den eifrigsten Aktivitäten bei der Suche nach der Wahrheit und schärfen gleichzeitig ihren Verstand durch diese Nachforschungen. Denn gewissenhaftes und häufiges Fragen bildet den ersten Schlüssel zum Wissen. Der durchdringendste aller Philosophen, Aristoteles, ermahnt seine Schüler, aus ganzem Herzen danach zu streben, und er sagt in seinem Werk: »Vielleicht ist es schwierig, vertrauenswürdige Aussagen über Dinge wie diese zu treffen, solange sie nicht häufig diskutiert werden. Doch es wird von einigem Nutzen sein, Zweifel über alle von ihnen zu hegen.« Denn durch Zweifeln kommen wir zum Fragen, und durch Fragen erkennen wir die Wahrheit — wie die göttliche Wahrheit selbst sagt: »Suchet, und Ihr werdet finden. Klopfet an, und Euch wird aufgetan.«

Aus: Peter Abaelard, »Sic et Non« (um 1120)

---

und eines von gleicher Güte für »nein«. Andere Arbeiten waren »Erkenne Dich selbst«, das implizit die nach innen gerichtete Seelensuche der Klöster in Frage stellte, eine systematische »Abhandlung über die Dialektik« und seine »Christliche Theologie«, das erste Buch, das das Wort »Theologie« in seinem modernen Sinn benutzte. In ihm griff er die Idee wieder auf, daß lange vor Christus Varianten der Dreifaltigkeit sowohl im hebräischen als auch im griechischen Denken gefunden werden können, was bedeutete, daß diese Vorstellung aus den Tiefen des menschlichen Geistes stammte und keineswegs eine Einzigartigkeit des Christentums darstellte. Seine Ideen vermittelte er zudem auf ungewöhnlichem Wege: Die Dreifaltigkeit verglich er an einer Stelle beispielsweise mit einem wächsernen Siegel, mit dem ein königliches Dokument versehen war.

> Bernhard: Fern sei uns die Annahme, daß der christliche Glaube gleichsam Grenzen kennt, diese Meinung von jenen »Akademikern«, die sich rühmen, alles zu bezweifeln und nichts zu wissen. Ich für meinen Teil wandle in Sicherheit, und ich weiß, daß mich nichts ins Wanken bringt.

> Abaelard: Der wichtigste Schlüssel zum Wissen heißt gewissenhaftes und häufiges Fragen. Jener scharfsinnigste aller Philosophen, Aristoteles, ermahnt die Schüler, es von ganzem Herzen zu tun ... Denn durch Zweifeln kommen wir zum Fragen und durch Fragen erkennen wir die Wahrheit ...

Bernhard, der zur berühmtesten Person der Christenheit geworden war, wurde nun – zum fünften Mal – zum Erzbischof von Reims gewählt, und zum fünften Mal lehnte er diese Würde ab. Er war, wie er selbst sagte, ermüdet von seinen Reisen und wollte nichts sehnlicher, als in den Frieden und die Einsamkeit von Clairvaux zurückzukehren. In diesem späten Stadium wäre es Bernhard und Abaelard vielleicht noch möglich gewesen, eine Konfrontation zu vermeiden – nicht, daß Bernhard nach dem Motto »leben und leben lassen« vorgegangen wäre, aber die beiden waren so verschieden, daß sie unter Umständen nebeneinander in zwei völlig getrennten Welten hätten koexistieren können. Bernhards Freunde und Gefährten – ebenso wie die kleine Armee von Leuten, die durch Abaelards Methoden und seinen Personenkult gekränkt worden waren – hatten jedoch andere Pläne.

»Mein Meister«, schrieb einer von ihnen, Wilhelm, der frühere Zisterzienserabt von St. Thierry, »Peter Abaelard ist dabei, mit seinen Worten und seiner Feder neue Lehren zu verbreiten ... seine Meinungen sollen sogar schon Unterstützung in der römischen Kurie gefunden haben. Ich warne Euch deshalb, daß Ihr sowohl Eure eigene Seele als auch die Interessen der Kirche in Gefahr bringt, wenn Ihr unter diesen Umständen weiter schweigt.«

In Antwort auf diesen unheilschwangeren Brief Wilhelms, der besonders darüber bestürzt zu sein schien, daß Abaelards Ideen sogar bis nach Rom gelangt waren, wo sie vielleicht in die gleiche Richtung wirken würden wie die Vorstellungen eines seiner ehemaligen Schüler, Arnold von Brescia, der es gewagt hatte, für ein Ende der weltlichen Macht des Papsttums zu argumentieren, schrieb Bernhard: »An seinen teuren Freund Wilhelm von Bruder Bernhard. In meinen Augen sind Deine Befürchtungen sehr berechtigt und vernünftig. Dein Büchlein macht das deutlich, worin Du Schläge austeilst und die Lippen schließt, ›die Übles sagen‹. Ich hatte allerdings noch nicht die Gelegenheit, es mit der Aufmerksamkeit zu lesen, die Du verlangst ...«

Bernhard zögerte zunächst. Er betrachtete die Angelegenheit wohlwollend, aber er wollte sich Zeit nehmen, um die von Wilhelm erwähnten »neuen Lehren« im einzelnen zu prüfen. Er wollte außerdem loyal gegenüber seinen Freunden und Anhängern sein, die offensichtlich das eine oder andere Mal Abaelards Weg gekreuzt hatten. Es war vermutlich der Hinweis auf Abaelards Unterstützung »sogar in der römischen Kurie«, der ihn zu einer Entscheidung trieb. Er schrieb an »die Bischöfe und Kardinäle der Kurie«: »Ich bitte Euch, lest jenes Buch von Peter Abaelard, das er ein Buch über ›Theologie‹ nennt. Lest auch das andere Buch, das man das Buch der Sätze nennt und auch das mit dem Titel ›Erkenne Dich selbst‹, und seht selbst, wie auch in ihnen eine Saat von Gotteslästerungen und Irrtümern wuchert . . .«

Abaelard bestand währenddessen darauf, einen Tag festzusetzen, an dem er Bernhard gegenübertreten und öffentlich seinen Ruf verteidigen konnte. Er nahm Kontakt zu seinen »lieben Freunden und Gefährten« auf:

> . . . er, der seit langem ein verborgener Feind war, der sich bis heute als ein Freund verstellt hat, ist nun von soviel Neid entflammt, daß er unfähig ist, auch nur den Titel meiner Schriften zu hören, von denen er glaubt, daß sie seinen eigenen Ruhm so vermindert und meinen so erhöht hätten. Vor kurzer Zeit hörte ich jedoch, daß er sehr klagte, daß ich das von uns mit Gottes Erlaubnis verfaßte Werk über die Heilige Dreifaltigkeit »Theologia« genannt habe. Er selbst, der offensichtlich einen geringeren Titel vorgezogen hätte, meinte, es sollte lieber *stultiloquentia* (Idiotie) als »Theologia« heißen . . . Wir sind zuversichtlich, daß seine häufigen Wutausbrüche nach Gottes Willen nicht die Unterdrückung meines Werks, sondern seine Erhöhung bewirken werden: Neid sucht sich stets die allerbesten Opfer . . .

Abaelard schloß mit einer Herausforderung: »Ich bin bereit, am verabredeten Tag zu erscheinen« — und einer Bitte an seine Gefährten, »anwesend zu sein«, wann immer dieser Tag kommen sollte.

Bernhard schrieb darauf — etwas vorsichtiger — an »die Bischöfe der Erzdiözese Sens«:

> Die Kunde verbreitete sich . . . und wie wir glauben, ist sie auch zu Euch gedrungen, daß wir . . . nach Sens gerufen und für eine Disputation zur Verteidigung des Glaubens aufgerufen werden, auch wenn es sich für einen Diener Gottes nicht geziemt zu streiten, sondern eher gegen alle geduldig zu sein. Wenn die Sache mich allein beträfe, könnte der Diener Eurer Heiligkeit sich vielleicht nicht unverdient in Eurem Schutz rühmen; weil sie aber auch die Eure, ja sogar mehr die Eure ist, ermahne ich Euch jetzt mit festerem Vertrauen und beschwöre Euch mit größerer Beharrlichkeit, Euch als Freunde in der Not zu erweisen. Als Freunde, möchte ich sagen, nicht als unsere Freunde, sondern als Freunde Christi, dessen Braut [die Kirche] zu Euch ruft in einem Wald von Häresien und einer Saat von Irrlehren . . . Wundert Euch nicht, daß wir Euch so plötzlich und für einen so knappen Termin einladen; auch das hat die Gegenseite in ihrer Schlauheit und Verschlagenheit vorgesehen, um uns unvorbereitet anzugreifen und zu zwingen, ohne sicheren Verteidigungsplan zusammenzukommen.

Das Konzil von Sens wurde für den 3. Juni 1140, den Sonntag nach Pfingsten, einberufen, an dem König Ludwig VII. und einige seiner Barone zusammen mit den hochrangigen Geistlichen aus der Provinz in der Stadt sein würden, um die Reliquien in der Kathedrale zu sehen. Bernhard, der seine einflußreichen Freunde mobilisiert hatte, indem er sich als einfacher, kindlicher David präsentierte, der gegen einen schlauen und durchtriebenen Goliath zu kämpfen hatte, rief in der Nacht vor dem großen Ereignis die Bischöfe zusammen und versuchte wahrscheinlich im Verlauf eines Abendessens, bei dem es eine Menge Wein zu trinken gab, das Konzil im voraus einzuschwören. Er las ihnen aus dem Zusammenhang gerissene Auszüge aus Abaelards Schriften vor und brachte sie soweit, ihm zuzustimmen, daß die Arbeiten politisch nicht korrekt und ketzerisch seien. Er legte die Bischöfe so auf eine Vorverurteilung fest, bevor die Beweisaufnahme überhaupt begonnen hatte. Abaelard war zu diesem Zeitpunkt immer noch zuversichtlich – nicht in aller Stille, weil es schwer für ihn war, überhaupt still zu sein –, daß er die besseren Argumente und den schärferen Verstand besäße. Es würden ja auch einige seiner »geliebten Freunde« beim Konzil anwesend sein, um ihn anzufeuern. Er erwartete deshalb eine weitgehende Rehabilitation seiner Ideen, seiner Methoden und seines Rechtes, und die Erlaubnis, sie so zu formulieren, wie er es wollte. Es war *die* Chance, seinen Namen reinzuwaschen und sich von jeder »Häresie« zu distanzieren. Wahrscheinlich hatte er von Bernhards Vorbereitungstreffen erfahren, kurz bevor er am Morgen des 3. Juni die Konzilsaula betrat. Als er hineinging, war er wütend. Er fühlte sich nicht sehr gut, und er wußte jetzt, daß man die Karten gegen ihn gemischt hatte, daß es mehr nach einer Art Inquisition als nach einer vernünftigen Debatte aussah.

Bernhard scheint die Verhandlung eröffnet zu haben, indem er vor den versammelten Bischöfen, Äbten, Lehrern, Mönchen, den gebildeten Klerikern und dem König der Franzosen eine Liste von »Irrtümern« verlas. Diese stammten hauptsächlich aus Abaelards »Theologia«, und mit einer Ausnahme waren alle Zitate auf raffinierte Weise verdreht und verfälscht, um der Anklage gegen Abaelard mehr Gewicht zu geben. Die Liste begann:

1 Der erschütternde Vergleich der Dreifaltigkeit mit einem metallenen Siegel und mit Gattungen und Arten.
2 Daß der Heilige Geist nicht aus der Materie des Vaters ist.
3 Daß Gott fähig ist zu tun, was Er tut, oder es zu unterlassen, nur in der Art und zu der Zeit, in der Er es tut, und nicht anders.
4 Daß Christus nicht unser Fleisch angenommen hat, um uns vom Joch des Teufels zu befreien.
5 Daß weder Gott und Mensch noch die menschliche Person, welche Christus ist, eine der drei Personen in der Dreifaltigkeit darstellt.
6 Daß Gott nicht mehr für eine Person tut, die gerettet wurde, bevor sie Seine Gnade empfangen hat, als für eine, die nicht gerettet wurde.
7 Daß Gott Missetaten nicht verhindern muß.

Und so fuhr er fort bis zu einer Gesamtzahl von achtzehn *capitula* (oder Stichworten), jedes mit »Zitaten« aus Abaelards Büchern »belegt«. Viele dieser Stichworte waren höchst technischer Natur, doch die fundamentalen Konfliktpunkte zwischen Bernhard und Abaelard scheinen im wesentlichen drei gewesen zu sein: In der Frage der Dreifaltigkeit klagte Bernhard Abaelard an, den drei Personen unterschiedliche Kräfte zugeschrieben zu haben, und er war beunruhigt über den Vergleich zwischen dem Heiligen Geist und Platos *anima mundi* (Weltseele); hinsichtlich der Sühne übte Bernhard Kritik an Abaelard, weil dieser argumentierte, Christus sei nicht Fleisch geworden, um die Menschen von der Macht des Satans zu erlösen, sondern als Vorbild, um menschlichen Wesen die Wege der Rechtschaffenheit zu lehren (für Bernhard stellte das Werk Christi ein »Geschäft« bzw. einen »Freikauf« dar); doch vor allem kritisierte er, daß Abaelard darauf bestand, die Wahrheit könne mit den Methoden und der Sprache eines Philosophen gesucht werden. Bernhard empfand seine Ausdrucksweise und seine Analogien als schockierend und war tief verstört bei dem Gedanken, daß man sich dem Glauben auf dem Weg über die Vernunft und die Logik nähern könne.

Mit diesem Hagel von »Irrtümern« − und, im Endeffekt, mit einer Inquisition − konfrontiert und in der Erkenntnis, daß man ihm so gut wie keine Chance gelassen hatte, stoppte Peter Abaelard, statt sich noch weiter mit Argumenten abzumühen, kurzerhand das Verfahren, indem er schwor, sich (über Bernhards Kopf hinweg) direkt an den Papst zu wenden. Dann verließ er den Saal. Das ließ dem Konzil kaum eine andere Wahl, als seine Schriften *in absentia* zu verurteilen. Bernhard war ausnahmsweise einmal ernstlich auf dem falschen Fuß erwischt worden. Er empfand die Notwendigkeit, sich Papst Innozenz II. erklären zu müssen:

> Seinem überaus liebenden Vater und Herrn, Innozenz, durch die Gnade Gottes Pontifex Maximus, entbietet untertänigst seine Ergebenheit Bruder Bernhard, ernannter Abt von Clairvaux . . .
>
> Der Drache lauert nicht länger in seiner Höhle: Würden doch nur seine giftigen Schriften noch in den Regalen lauern, und nicht an den Straßenkreuzungen diskutiert werden! Seine Bücher haben Flügel: Und die, die doch das Licht hassen, weil ihr Dasein böse ist, sind in das Licht geschossen in dem Glauben, es sei Dunkelheit. Dunkelheit wird über die Städte und Burgen gebracht anstelle des Lichts . . . Tugenden und Laster werden ohne Moral, die Sakramente der Kirche falsch und das Mysterium der Heiligen Dreifaltigkeit weder einfach noch ernsthaft diskutiert. Alles wird verdreht dargestellt, alles ganz anders und jenseits dessen, was wir zu hören gewohnt sind . . . Er beleidigt die Doktoren der Kirche, indem er die Philosophen über alle Maßen preist. Er zieht ihre Ideen und seine eigenen Eingebungen den Lehren und dem Glauben der Kirchenväter vor . . . In Gegenwart aller und im Angesicht meines Gegners nahm ich daher gewisse Stichworte aus seinen Büchern. Und als ich sie zu verlesen begann, weigerte er sich zu hören und ging hinaus. Er legte Einspruch ein gegen die Richter, die er sich erwählt hatte, was, wie ich glaube, nicht erlaubt war . . . Aber Ihr, Nachfolger des heiligen Petrus, werdet entscheiden, ob dieser Mann, der den Glauben des heiligen Petrus angegriffen hat, Zuflucht finden soll im Angesichte von Petrus.

An Kardinal Guy schrieb Bernhard, daß »Meister Peter in seinen Büchern Sätze gebraucht hat, die gleichermaßen neuartig und profan in ihrer Schrift wie in ihrem Sinn sind«. An Kardinal Ivo fügte er hinzu, daß Abaelard »nicht einer Meinung mit sich selbst« sei und außerdem ein Mann, der es gewagt habe, die »Schlauheit seiner Worte auf die Tugend des Kreuzes« anzuwenden. Gegenüber einem weiteren Kardinal beschrieb er »diesen Peter Abaelard« als »einen Mönch ohne Regel, einen Abt ohne Disziplin, der sich mit Jungen streitet und mit Frauen verkehrt . . . Er hat lepröse Neuheiten mit Feder und Tinte festgehalten.«

Während der aufgeregten Lobbytätigkeit, die auf das Konzil von Sens folgte, waren für kurze Zeit die Rollen von Bernhard und Abaelard vertauscht. Bernhard übernahm den wütenden, streitlustigen Part, während Abaelard kontemplativ wurde, in Cluny lebte, sich erholte (er hatte wahrscheinlich Krebs) und versuchte, dem Lärm der Welt zu entrinnen. In dieser Zeit hat er viel-

Abaelard und Héloise – Illustration
aus einem Manuskript des vierzehnten Jahrhunderts,
Jean de Meuns »Le Roman de la Rose«.

leicht sein persönliches und an Héloise adressiertes »Glaubensbekenntnis« zusammengestellt. Am Ende wurde Abaelard nach Bernhards zielgerichteter Kampagne vom Papst zum Ketzer erklärt und dazu verurteilt, den Rest seines Lebens in ewigem Schweigen hinter kirchlichen Mauern zu verbringen. Seine Anhänger wurden exkommuniziert und einige seiner Bücher mußten verbrannt werden. Abaelard und seine »Schule« waren aus der Christengemeinschaft ausgeschlossen worden, man hatte sie von der Glückseligkeit abgeschnitten, die sich ergab, wenn die Gläubigen Gott sahen. Und dennoch schrieb er in seinem »Bekenntnis« (das von einem seiner Schüler für die Nachwelt gerettet wurde):

> Héloise, meine Schwester, die Du einst für mich in dieser Welt teuer warst und die Du mir nun in Christus die teuerste bist, Logik hat mich der Welt verhaßt gemacht. Denn es sagen die Irregeleiteten, die selbst in die Irre zu führen suchen und deren Wissen allein Zerstörung ist, daß ich unübertroffen als Logiker bin, es mir aber am Verständnis des Paulus fehlt. Sie heben die Brillanz meines Verstandes hervor, aber schmälern die Reinheit meines christlichen Glaubens. Nach meiner Ansicht haben Vermutungen sie zu diesem Urteil geführt, nicht aber das Gewicht der Beweise. Ich will kein Philosoph sein, wenn dies einen Widerspruch zu Paulus bedeutet, noch will ich ein Aristoteles sein, wenn mich dies von Christus abschneidet. Denn es gibt keinen anderen Namen unter dem Himmel, der mich erlösen kann. Ich bewundere Christus, der zur Rechten seines Vaters sitzt.

Der Abt von Cluny, Peter der Ehrwürdige, nahm sich Abaelards Sache an und arrangierte es für ihn, »seinen Frieden mit dem Abt von Clairvaux zu machen und ihre früheren Meinungsverschiedenheiten beizulegen«. Er schrieb ebenfalls an Innozenz II. und bat darum, daß »der Schild Eures apostolischen Schutzes ihn behüten möge«. Es scheint, daß die Verdammung und das Urteil aufgehoben wurden, denn Peter der Ehrwürdige sagt in einem seiner folgenden Briefe über Abaelard, daß »sein Geist, seine Rede und sein Werk gewidmet ist der Meditation, der Lehre und dem Bekenntnis dessen, was immer heilig, philosophisch und wissenschaftlich war«. Abaelard wurde in das Priorat von Saint-Marcel in der Nähe von Chalon versetzt, »da er mehr als sonst von einer Hautentzündung und anderen physischen Beschwerden geplagt war«. Er starb im April des Jahres 1142 im Alter von dreiundsechzig Jahren. Seine Leiche wurde zur Beerdigung in die Kapelle von Nogent überführt. Dies geschah auf Bitten der dortigen Äbtissin – Héloise.

Das Duell zwischen Bernhard und Abaelard erscheint rückblickend etwas abstrakt und akademisch, aber zur damaligen Zeit hatte es in vieler Hinsicht große Bedeutung: kirchliche Parteipolitik – Italien gegen Frankreich; Definitionen der Häresie; Annäherung an den Glauben selbst; öffentliche Grenzziehung zwischen Erlaubtem und Verbotenem. Das Duell war auch unvermeidlich, nicht weil die beiden Gegner so verschieden waren, sondern weil sie sich in vielerlei Beziehung auch ähnelten. Sie hatten beide ihr Leben und ihren Geist der Suche nach einer Gotteserfahrung gewidmet, die vermittelbar war; sie hatten beide ihre Positionen ausgebaut, indem sie das von der vorangegangenen Generation ererbte Wissen in Frage gestellt hatten – Bernhard hatte die alte Ordnung von Cluny umgestoßen, und Abaelard die alten Lehrer in Paris von ihren Sockeln gestürzt. Der Sinn lag darin, bessere Männer Gottes zu werden. Vielleicht war deshalb das Duell ebenso unvermeidlich wie das bekanntere, das etwa dreißig Jahre später zwischen König Heinrich II. von England und Thomas Becket ausgetragen werden sollte, die ebenfalls viel miteinander gemeinsam hatten. Es war ein Zusammenstoß der Persönlichkeiten, der Temperamente und der Methoden.

Bernhard, der stille und zurückgezogene Mönch, besaß immer auch die Fähigkeit zum Streit und zur Einflußnahme, ebenso wie die Arbeit des streitlustigen Abaelard immer auch von Humanismus und Toleranz geprägt war. Es war fast ebenso unvermeidlich wie ihr Zusammenstoß, daß sie am Ende wieder versöhnt wurden.

Es war Bernhard, der während der letzten Jahre seines Lebens die westliche Christenheit regierte. Er sandte Anweisungen an die Päpste, gab Kreuzfahrern seinen Segen und träumte davon, eine westliche Kavallerie, eine Armee für Christus, aufzustellen. Er starb am 20. August des Jahres 1153 ebenfalls im Alter von dreiundsechzig Jahren. Er war achtunddreißig Jahre lang Abt gewesen, und nicht weniger als achtundsechzig Klöster waren nach dem direkten Vorbild von Clairvaux gegründet worden. Im Jahr 1174 wurde er heiliggesprochen. Inzwischen begannen auch Abaelards Lehren weitreichende Folgen zu zeigen. In dem halben Jahrhundert nach seinem Tod wurden drei seiner italienischen Anhänger Papst, eineinhalb Jahrhunderte nach seinem Tod waren seine Prinzipien so umfassend akzeptiert, daß sie zur Grundlage des Kirchenrechtes wurden – Thomas von Aquin gelang es in seiner »Summa theologica«, Logik und Offenbarung, Vernunft und Glauben, Aristoteles und die Bibel, Abaelard und Bernhard miteinander zu versöhnen.

Die Nachwelt ist bisweilen merkwürdig mit dem Ruf von Bernhard, Abaelard und Héloise umgegangen. Bernhard ist als Mann der Organisation im Gedächtnis geblieben, der in bildlichen Darstellungen permanent irgendwo sitzt und Aufträge erteilt. Er ist – unfairerweise – auch als der erste Inquisitor bezeichnet worden. An Abaelard erinnern wir uns als an den Prototypen des rastlosen und hitzköpfigen Studenten, und nicht so sehr als an den Mann, der die Theologie im modernen Sinn definierte oder als an den Pionier der »scholastischen« Methode, religiöse Fragen offen zur Sprache zu bringen und über sie zu debattieren, sowie als an den großen Liebenden, der sündigte und dafür bezahlte. Er selbst hätte dies gehaßt. An Héloise denken wir einfach als an das Objekt seiner Zuneigung, obwohl sie, nach ihren Briefen zu urteilen, zu den mutigsten und humansten Denkerinnen ihrer Zeit gehörte.

Als Peter Abaelard starb, schrieb der Abt von Cluny an Héloise und tröstete sie damit, daß die Liebenden eines Tages wieder vereint sein würden, denn »jenseits dieser Stimmen herrscht Friede«. Wir kennen Héloises Reaktion darauf nicht. Wir wissen nur, daß sie noch weitere zwanzig Jahre lebte. Sie hatte geschrieben:

> Die Menschen nennen mich keusch; sie wissen nicht, wie heuchlerisch ich bin. Sie betrachten die Reinheit des Fleisches als eine Tugend, doch Tugend ist keine Angelegenheit des Körpers, sondern eine Angelegenheit der Seele. Ich kann mir Ruhm in den Augen der Menschen erwerben, aber ich verdiene keinen vor Gott, der unsere Herzen und Lenden prüft und in unsere Finsternis sieht. Man hält mich für religiös in einer Zeit, in der es wenig in der Religion gibt, was nicht Heuchelei ist und in der derjenige am höchsten gepriesen wird, der die Meinungen der Menschen nicht ins Wanken bringt.

Die Dichter Dante und Vergil treffen in einem »dunklen Wald« aufeinander und beginnen ihre Reise
durch das Inferno zum terrassierten Berg der Läuterung.
Vergil wird dort Dante verlassen müssen, während der Florentiner Dichter bis
ins Paradies selbst gelangt (aus einem italienischen Manuskript des vierzehnten Jahrhunderts).

4

Die Reise ins Licht

Zu Beginn des dritten Gesanges von Dantes Inferno liest der Dichter die Inschrift auf einem Sims über dem Tor zur Hölle und hört dazu die Schreie der Verdammten, die über den sternenlosen Himmel widerhallen:

> DURCH MICH GEHT MAN HINEIN ZUR STADT DER TRAUER;
> DURCH MICH GEHT MAN HINEIN ZUM EWIGEN SCHMERZE;
> DURCH MICH GEHT MAN ZU DEM VERLORNEN VOLKE.

> GERECHTIGKEIT TRIEB MEINEN HOHEN SCHÖPFER,
> GESCHAFFEN HABEN MICH DIE ALLMACHT GOTTES,
> DIE HÖCHSTE WEISHEIT UND DIE ERSTE LIEBE.

> VOR MIR IST KEIN GESCHAFFEN DING GEWESEN,
> NUR EWIGES, UND ICH MUSS EWIG DAUERN.
> LASST JEDE HOFFNUNG, WENN IHR EINGETRETEN.

»Wer hier eintritt, lass' alle Hoffnung fahren« (wie es in die Umgangssprache eingegangen ist) stellt die bekannteste Verszeile aus Dantes »Göttlicher Komödie« dar. Ich erinnere mich daran, daß sie zu meiner Studentenzeit jemand mit Kreide über den Eingang der Universitätsbibliothek geschrieben hatte. Sie vermittelt den Eindruck, daß Dantes »Komödie« erzählt, wie er zur Hölle fährt, ins Inferno. Aber die »Göttliche Komödie« bietet wesentlich mehr als das. Sie wird gedruckt, seit der Buchdruck erfunden wurde, und zwar als *das* große Werk mittelalterlicher Literatur — eine spannende Abenteuerstory über eine actionreiche Pilgerfahrt aus der Finsternis ans Licht; ein Epos, das die italienische Sprache für immer veränderte; eine Zusammenfassung der religiösen und wissenschaftlichen Glaubenssätze aller vorangegangenen christlichen Jahrhunderte; eine Feier des schöpferischen Prozesses, in der der Künstler erstmals in der Geschichte eine zentrale Rolle spielt; eine politische Abhandlung über unerfreuliche Vorgänge in der Stadt Florenz und im übrigen Europa. Wenn die »Göttliche Komödie« statt im frühen vierzehnten Jahrhundert hundert Jahre später geschrieben worden wäre, hätte man den Autor als einen »Renaissancemenschen« bezeichnet. Aber Dante hat seine Odyssee tief in den Bildern, Klängen und Gedanken des Hochmittelalters verankert. Sie schildert nicht einfach Dantes Höllenfahrt. Es ist eine Reise durch das ganze Universum, aus den Tiefen der Hölle über den Berg der Läuterung ins Paradies, wobei der Dichter Gott immer näher kommt.

Dante Alighieris Reise begann in der Realität am Maifeiertag des Jahres 1274, als er sich in den Straßen von Florenz Hals über Kopf in ein Mädchen verliebte. Er war damals neun Jahre alt. Dante, der nicht gerade aus einer armen Familie stammte, war von seinem Vater zu einem Kinderfest gebracht worden. Seine Mutter Bella war gestorben, als er noch sehr klein gewesen war, und sein Vater hatte Anfang der 70er Jahre des dreizehnten Jahrhunderts in zweiter Ehe eine Frau namens Lapa di Chiarissimo Cialuffi geheiratet. Dante sollte später einiges daransetzen, beide in seinem Werk nicht erwähnen zu müssen. Das einzige, was man von seiner Mutter weiß, ist Boccaccios später geschriebene Geschichte über den Traum, den sie kurz vor Dantes Geburt hatte. In diesem Traum, der an die Träume erinnert, die Mütter »legendärer« Helden unter ähnlichen Umständen hatten, schenkt sie einem Jungen das Leben, der sich von den Beeren eines Lorbeerbaumes ernährt und aus einer nahegelegenen Quelle trinkt; der Junge wird Schafhirte, und bei dem Versuch, die Blätter eines Baumes zu erreichen, stürzt er; als er sich wieder erhebt, hat er sich in einen Pfau verwandelt. Boccaccio deutete den Traum dahingehend, daß die Beeren frühere Schriftsteller symbolisieren, die Dante beeinflußt hatten, die Berufswahl bedeutete, daß der Dichter sich der Sorge um andere Menschen verschrieb, der Fall aus dem Baum (des Lebens) stand für seinen Tod, und der Pfau stand für die Tatsache, daß die »Göttliche Komödie« erst posthum in der Renaissance ihre volle Wertschätzung erfahren und Unsterblichkeit erlangen würde, und zwar nicht zuletzt wegen so aufgeklärter Menschen wie Boccaccio. Ihm zufolge mag die Tatsache, daß Donna Bella ihren Traum vor der Niederkunft hatte, sie dazu veranlaßt haben, ihren Sohn Dante − »den Gebenden« − zu nennen.

Am Maifeiertag des Jahres 1274 nahm der junge Dante jedenfalls an einem Fest teil, das der Florentinische Bankier Folco Portinari für seine Tochter Bice (die Kurzform von Beatrice) gab, ein ruhiges und wohlerzogenes kleines Mädchen. Sie war acht Jahre und fünf Monate alt und trug ein leuchtendrotes Kleid. Nachdem das Essen beiseite geräumt worden war, begannen die Kinder, miteinander zu spielen und . . . es geschah. Dante sollte später in seiner »La vita nuova« (»Das neue Leben«) darüber folgendes schreiben:

> Ich muß gestehen, daß in dem Augenblick der Geist des Lebens, der im geheimsten Raum unseres Inneren existiert, anfing, so gewaltig zu beben, daß mir fast das Herz stehen blieb, und zitternd sprach ich diese Worte: »Schaut auf den Gott, der stärker ist als ich, und der über mich herrschen wird, wenn er kommt« . . . Von dem Moment an, sage ich, regierte die Liebe derart meine Seele, die so jung mit ihr vermählt worden war, und sie begann durch die Macht, die meine Vorstellung ihr verlieh, solche Fürsorge und Befehlsgewalt über mich auszuüben, daß ich gezwungen war, alle ihre Wünsche vollkommen zu erfüllen. Sie befahl mir oft, zu gehen und nach diesem jüngsten aller Engel zu suchen.

Von dem Augenblick an, in dem Dante Beatrice Portinari erblickte, wurde sie zum Mittelpunkt seines Lebens − seiner raison d'être. Er nannte diese tiefe emotionale Erfahrung »Liebe«, obwohl

Ein Haarteiler aus dem
vierzehnten Jahrhundert
für Damen, mit zwei
Figuren in liebender Pose
auf dem Griff.

es fragwürdig erscheinen muß, ob sich jemand wirklich schon mit neun Jahren verlieben kann. War es eine Phantasiebeziehung? Zum Teil, so scheint es. Doch die Reise, auf die die »Liebe« ihn schickte, sollte ihn am Ende aus der dunklen Nacht der Seele ins Licht des Paradieses führen: ein Lebenswerk. Es gibt die Vorstellung, daß männliche Sexualität, daß Verlangen zu Gefühllosigkeit und Grausamkeit führt; die Vorstellung des reifen Dante war, daß sexuelles Verlangen in sensible und liebenswürdige Verhaltensformen überführt werden kann. Was Dante unter »Liebe« verstand, war vielschichtig. Auf der einen Ebene war es höfische Liebe, die sich in den Liedern und Liebesgedichten der Troubadoure aus dem südlichen Frankreich widerspiegelte, wo wahre Männlichkeit darin bestand, die (üblicherweise unerreichbare) Frau zu verehren, statt zu versuchen, sie zu »erobern«. Auf einer zweiten Ebene war es vollblütige sexuelle Liebe, und das, obwohl Dante nie physischen Kontakt zu Beatrice hatte und schließlich sogar ein gesittetes Eheleben mit einer anderen Frau führte. Auf einer dritten Ebene war sie das Spiegelbild der Liebe zur Königin des Himmels, der Jungfrau Maria, deren Verehrung in dieser Zeit jugendlichere und irdischere Züge annahm. Und auf einer weiteren Ebene bildete sie schließlich die Art von Wir-Gefühl, in dem das Private und das Öffentliche zur Unterstützung von Gerechtigkeit und Gemeinsinn zusammenfließen. Aber vor allem wurde Dantes Liebe zu Beatrice — derjenigen, »die schön und selig macht« — auf der Grundlage von einigen wenigen flüchtigen Augenblicken der Erinnerung zum Fokus oder Kristallisationspunkt seiner Vision von der Existenz, ein vollkommenes Beispiel göttlicher Liebe in einem gewöhnlichen Florentiner Mädchen. Wie er in der »Göttlichen Komödie« (»Läuterungsberg«) schrieb:

> . . . Ich bin ein Mensch, der immer,
> Wenn Liebe ihn behaucht, es wohl bemerket,
> Und wie sie in mir spricht, so muß ich's sagen.

Einfache romantische Liebende wie Kleopatra (»mit ihren Lüsten«), Helena von Troja (»die so böse Zeiten der Welt gebracht«), Dido, Königin von Karthago, Achilles (»der bis zuletzt mit Liebe kämpfen mußte«), Paris oder Tristan und Isolde sollten von Dante im fünften Gesang der »Hölle« in den zweiten Kreis der Hölle entsandt werden. Dort werden sie auf ewig von einem starken Wind umhergewirbelt, dem Symbol ihrer jenseits vom Licht des Verstandes angesiedelten Begierde. Francesca da Rimini, deren berühmte ehebrecherische Affäre mit Paolo Malatesta mit dem Tod beider geendet hatte, als Dante ungefähr zwölf Jahre alt war, versucht dem Dichter zu erklären, daß ihre Absichten vollkommen ehrenwert gewesen waren. Es war die Lektüre von »Lancelot und Ginevra«, die sie und ihren Freund auf Abwege geführt hatte (»Als wir gelesen, daß in seiner Liebe, er das ersehnte Antlitz küssen mußte, hat dieser, der mich niemals wird verlassen, mich auf den Mund geküßt mit tiefem Beben.«)

Dante glaubt dies zunächst, später wird ihm aber klar, daß alle diese Liebenden in der Hölle sind, weil sie Liebe mit Lust, Liebe mit Verlangen und Liebe mit Selbsttäuschung verwechseln. Ihre Liebe gibt vor, durchgeistigt zu sein, aber in Wirklichkeit hat sie sich nicht über das körperliche Stadium hinausentwickelt. Francescas Strafe ist es, mit ihrem Liebhaber in alle Ewigkeit so verbunden zu sein, wie sie in flagranti von ihrem Ehemann entdeckt wurden. Dantes Liebe, die seine Seele regierte, liegt ein ganzes Universum weit von dieser billigen, kleinen Affäre entfernt.

Florenz war zu Dantes Zeit eine sich schnell entwickelnde Stadt mit vielen neuen Bauten. Die Bevölkerung hatte neues Vertrauen in die Zukunft entwickelt. Ihre Zahl hatte sich von ungefähr 50 000 um das Jahr 1200 ein Jahrhundert später ungefähr verdoppelt. Als Dante heranwuchs, durchlebte die Stadt eine — ungewöhnliche — Periode von relativer Ruhe und Frieden. Die Textilindustrie, die achtzig Banken — die auf der Basis des Goldflorins arbeiteten —, die zweihundert zur Wollgilde zählenden Geschäfte und ihr kommerzielles Know-how legten die Grundlage für den Wohlstand, der sie schließlich zur treibenden Kraft der nächsten Epoche der europäischen Geschichte machen sollte, die sich selbst gern die »Renaissance« nannte. Dantes Florenz war jedoch eine mittelalterliche Stadt: Reichtum, Städtebau, Fremdenverkehr *und der Glaube* waren miteinander verknüpft.

Das Baptisterium von San Giovanni war ein altes Bauwerk — es hatte allein in der Mitte eines Friedhofs gestanden, bevor der wuchtige Dom direkt daneben gebaut worden war —, aber es war das Herz der Stadt geblieben. Am Ostersamstag des Jahres 1266, dem großen jährlichen Tauftag in Florenz, wurde das Kind Dante von seinen Eltern dorthin gebracht. Die Florentiner betrachteten das Baptisterium als Symbol ihrer Stadt, und wenn sie sich in der Fremde aufhielten, träumten sie von ihm. Als Reichtum und Prestige von Florenz zunahmen, wurde entschieden, sein Inneres von aus Venedig eingeführten Künstlern umgestalten zu lassen. Als Dante elf Jahre alt war, wurden die neue Mosaikdecke und die Kuppel des Baptisteriums zum ersten Mal enthüllt.

Der kleine Junge, der Beatrice Portinari liebte, blickte auf zu einem höchst mittelalterlichen Kunstwerk — ein einziges Bild mit der Geschichte des Lebens, des Universums und aller Entwicklungen und Ereignisse vom Garten Eden über die Inkarnation bis zum Armageddon. Der Ursprung des Universums; die Schöpfung der ersten Menschen Adam und Eva; die Entdeckung von Gut und Böse; Adam versucht Eva die Schuld dafür zu geben, ihn in Versuchung geführt zu haben; die ersten Menschen werden aus dem Paradies vertrieben — Dante konnte die ganze Geschichte der Welt auf einem von Kerzen beleuchteten, glitzernden Mosaik sehen. Die Seelen der Verdammten, die von Satan und seinen Ungeheuern gefressen wurden, befanden sich bereits in dem schaurigen Rahmen, den Dante später einmal mit den ekelhaftesten seiner Zeitgenossen bevölkern sollte. Die Begebenheiten, die der Junge dort sah, konnten von all denen erkannt werden, die (wie es im Taufgottesdienst hieß) zu dem Glauben gehörten, »der die Seelen mit Gott bekannt macht« — d. h. vom größten Teil der Bevölkerung Westeuropas. Dieses Bild war durch und durch mittelalterlich — alle Erfahrungen, vereint in einem Kunstwerk —, und Dante sollte es aufnehmen und in ein einziges, großartiges Epos verwandeln.

Zu der Zeit, als er nach Bologna ging, wo er Politik studierte und sich selbst lehrte, Gedichte zu schreiben, hatte sich die Liebe seines Lebens so mit Tag- und Nachtträumen und Visionen durchwirkt, daß sie ihn bereits völlig ausfüllte. Als er knapp zwanzig Jahre alt war, wurde für ihn eine Heirat arrangiert. Seine Frau Gemma Donati sollte ihm zwei Söhne und eine Tochter schenken. Er erwähnte sie jedoch kein einziges Mal in seinen Gedichten. Die Dichtung blieb Beatrice vorbehalten, »der glorreichen Herrin meines Geistes«, obwohl sie sich insgesamt nur fünfmal

OBEN: Detail eines Freskos aus der Zeit um 1352 von einem anonymen Florentiner Künstler. Es zeigt das Baptisterium San Giovanni als das herausragendste Gebäude der Stadt. RECHTS: Die Mosaikdecke und die Kuppel des Baptisteriums, von venezianischen Künstlern entworfen und zu einer Zeit enthüllt, als Dante elf Jahre alt war, zeigt Szenen aus dem Alten und Neuen Testament, von der Schöpfung, dem Sündenfall und der Erlösung der Menschen durch das Leid und die Auferstehung Christi. Zu sehen ist auch eine riesige Figur, die Christus darstellt, wie er dem Jüngsten Gericht vorsitzt.

sahen. Vielleicht sind sie sogar nie allein miteinander gewesen. Als er achtzehn war, traf er sie zufällig in der Straße. Sie war in reines Weiß gekleidet, und ihr freundlicher Gruß schickte ihn beinahe in eine Umlaufbahn um den Planeten. Er ging heim, fiel in einen benommenen Schlummer und hatte darin einen Traum, der die Grundlage für ein Sonett bildete, daß er den getreuen Gefolgsleuten der Liebe widmete. Es war dieses Sonett, das ihm die Türen zu jenem modischen Florentiner Dichterzirkel öffnete, den er später »dolce stil nuovo« nannte. Das schmerzlichste Erlebnis, das ihm je widerfuhr, hatte er zwei Jahre später, als er Beatrice im Alter von ungefähr zwanzig Jahren in den Straßen von Florenz wiedertraf und sie sich weigerte, ihm ein Lächeln zu schenken. Er verfiel in eine tiefe Depression. Die Idee der göttlichen Liebe und seiner Liebe zu Beatrice begannen unzertrennlich zu werden.

Im Jahr 1290, als Dante fünfundzwanzig war, starb Beatrice Portinari im Alter von noch nicht einmal vierundzwanzig Jahren. Doch er gehörte nicht zu den romantischen Dichtern, die über den Tod der Angebeteten nicht hinwegkamen oder darüber schwermütig wurden. Das Wunder, das Beatrice dargestellt hatte, so schrieb er, und das Zeichen der Wahrheit, zu dem sie geworden war, hatten den ihnen eigenen Platz im Universum eingenommen.

> Beatrice ist aufgefahren in den Himmel,
> Zwischen die Engel, in das Reich des Friedens.

Dante beschloß, vorläufig über Beatrice nicht mehr zu schreiben und statt dessen zu studieren sowie nach einer neuen Stimme zu suchen, damit er eines Tages in der Lage sein würde, sie so zu preisen und zu rühmen, wie sie es verdiente. Am Ende der Suche, die ein halbes Leben dauerte, stand »Die Göttliche Komödie«.

Aber zum Alltag seiner Stadt gehörten zunehmend auch kriegerische Auseinandersetzungen. Im Jahr vor Beatrices Tod nahm Dante auf seiten der Florentiner Reiterei an der Schlacht von Campaldino gegen das nahegelegene Arezzo und an der Belagerung der Festung Caprona in Pisa teil. Wie es für einen Angehörigen seiner Klasse üblich war, beteiligte er sich im Rat der Hundert und später als einer der sechs Priori auch an der Stadtpolitik. Florenz stand allerdings nicht nur im Krieg mit seinen Nachbarn: Die Stadt war durch heftige und komplizierte Parteienstreitigkeiten auch innerlich zerrissen.

Die Fehde hatte rund fünfzig Jahre vor Dantes Geburt mit der brutalen Ermordung eines jungen Adligen namens Buondelmonte dei Buondelmonti begonnen. Zu jener Zeit gab es zwei rivalisierende Clans in Florenz, die Uberti und die Donati, und Buondelmonte hatte die Uberti beleidigt, weil er zugunsten eines Donati-Mädchens einer ihrer Töchter den Laufpaß gegeben hatte. Als er am Ostersonntag des Jahres 1215 über die Ponte Vecchio ritt — ganz in Weiß gekleidet auf einem Schimmel —, rissen ihn fünf Attentäter aus dem Sattel, um ihn zu Tode zu knüppeln, zu treten und zu stechen. Die Meuchelmörder waren von Mosca Lamberti aufgestachelt worden, einem Verbündeten der Uberti, den Dante später unter den »Sämännern von Skandal und Spaltung« in der unteren Hölle des »Infernos« portraitieren sollte, wo er beide Arme, aber keine Hände hat und seine blutigen Stümpfe in die finstere Luft streckt. Der Uberti-Clan konnte den

Mord von seinem Turm aus beobachten und sah die Donati mit der Leiche durch die Straßen von Florenz ziehen.

Beide Familien trachteten fortan, sich gegenseitig außer Gefecht zu setzen, und jede Seite ersuchte naturgemäß um Hilfe von außen, entweder vom Papst oder vom Kaiser. Der Mord säte laut Dante die Saat der Zwietracht für die vielen Jahre, die noch kommen sollten. Beide Seiten nahmen italienisierte Fassungen deutscher Namen an: Die Uberti wurden die Führer der Ghibellinischen Partei (Anhänger des Deutschen Kaisers); die Donati wurden die Führer der Guelfen (Anhänger des Papsttums) – Ghibellinen nach dem deutschen »Waiblingen« und Guelfen nach dem deutschen »Welfen«. Den Hauptunterschied zwischen diesen Parteien, die zum größten Teil aus Adligen und mächtigen Kaufleuten bestanden, machte anscheinend das Ausmaß ihrer Bindung an Deutschland und die weltliche Macht aus. Das kriegerische Treiben der Parteien diente auch der Begleichung alter Rechnungen, der Förderung wirtschaftlicher Interessen und führte zu der generellen Betrachtung von »Parteiabzeichen als Billigflaggen« (wie der Dante-Gelehrte William Anderson es formuliert). Mit der Zeit sollten sich die Guelfen in Fraktionen aufspalten; die sogenannten »Schwarzen« unter Führung von Corso Donati und die sogenannten »Weißen« unter Führung des Bankiers Vieri dei Cerchi. Ein Grund für die Spaltung war, neben vielen anderen, eine vergiftete Blutwurst, die ein paar der jungen Cerchis das Leben kostete und mit dem Corso in Verbindung gebracht wurde.

Während des größten Teils des Mittelalters erhob das (hauptsächlich deutsche) Heilige Römische Reich Anspruch auf die gesamte Halbinsel Italien. Die Päpste, die fürchteten, eingekreist zu werden, riefen deshalb eine Opposition unter den aufstrebenden italienischen Städten ins Leben. Die meisten davon – und an erster Stelle Florenz – hatten ihre eigenen Gründe, eine deutsche Vorherrschaft abzulehnen, sie halfen daher gern.

Im Jahr 1266 hatte die anti-deutsche Allianz in der Schlacht von Benevento den Streitkräften des Reiches eine verheerende Niederlage bereitet. Doch anschließend zerstritten sich die Hauptalliierten, Florenz und der Papst, obwohl die beiden Parteien einander immer noch brauchten: Die florentinischen Bankiers kümmerten sich um den größten Teil der Geschäfte des Papsttums, da die Päpste zwar sehr wenig Geld, dafür aber viel Land und unbegrenzten Kredit besaßen. Doch wieviel päpstliche Kontrolle mußte man dafür in Kauf nehmen? Florenz selbst war in diesem Punkt gespalten, und als im Jahr 1300 ein Franziskanermönch zum päpstlichen Gouverneur für die Stadt ernannt wurde, brach in der Partei Dantes die Revolte los.

Dante hatte sehr genaue Vorstellungen darüber, wie die Beziehungen zwischen Papst und Kaiser aussehen sollten, oder er glaubte zumindest, diese Vorstellungen zu haben. Grundsätzlich sollte die vollständige politische Macht beim Kaiser liegen, während der Papst sich streng auf geistliche Fragen zu beschränken hatte, wobei sich die Herrscher des »Irdischen« und des »Himmlischen« in der Frage der Grenzziehung zwischen beidem vom »Göttlichen Willen« leiten lassen sollten. Darüber, ob sein Vertrauen in eine politische Autorität, wie Dante sie nie erfahren hatte, überhaupt realistisch war, wird seit dieser Zeit diskutiert. »Über die Monarchie« (»De Monarchia«), der Essay, in dem er diese Vorstellungen formulierte, stand bis 1921 auf dem päpstlichen Index; danach wurde er offiziell als »richtige Analyse« bezeichnet – gerade recht-

zeitig für Mussolini. Zu seiner Zeit jedoch, als Florenz wirtschaftlich expandierte, führte der Streit mit dem problematischen Nachbarn die Stadt direkt in eine Krise. Sie begann 1294. Viele Menschen waren der Ansicht gewesen, daß die Kirche von einem Heiligen geführt werden sollte, und im Jahr 1294 hatte die Kirche genau dies versucht, indem sie einen bärtigen Einsiedler zum Papst wählte, der achtzig Jahre alt war und im Ruf der Heiligkeit stand. Er wurde Coelestin V. genannt, der Himmlische. Dieser Himmlische hatte die Anstellung als Papst jedoch nie gewollt, und so erwies sich die ganze Angelegenheit als ein Desaster. Nach fünf Monaten überredete man ihn zum Rücktritt.

Später wurde behauptet, daß sein Nachfolger durch ein Sprechrohr mit ihm geredet hatte, wobei er vorgab, die Stimme Gottes zu sein, und ihm in aller Deutlichkeit klarmachte, daß es für Coelestin an der Zeit sei, in seine Höhle zurückzukehren und den Thron von Sankt Peter zu räumen. Coelestin glaubte der Stimme und gehorchte sofort.

Um Coelestin zu ersetzen, verfielen die Kardinäle ins andere Extrem und wählten einen aus ihrer Mitte, der von Heiligkeit nichts spüren ließ, der aber dafür ein sehr erfahrener, erschreckend raffinierter und hartgesottener Kirchenpolitiker war. Bonifatius VIII. trat in ein politisches Hornissennest, und er setzte politische Zeichen, die sich in das Bewußtsein seiner Zeitgenossen – und dazu gehörte auch Dante – einbrennen sollten. In Dantes Schriften hatten Bonifatius und alle Päpste seiner Art – Päpste, die zu politisch waren – ihre Rolle als Bösewichte zu spielen; der Darstellung des Dichters zufolge kümmerte sich Bonifatius nicht im geringsten um die feine Unterscheidung zwischen irdischer und himmlischer Macht. Ihm war jedes Mittel recht: Die Stadt Florenz unter seine Kontrolle zu bekommen, stellte für ihn einen begehbaren Weg dar, um an die Macht zu kommen.

Für Dante begann die Krise im Jahr 1300, als Bonifatius in Rom ein Heiliges Jahr ausrief – eine gewaltige Verherrlichung des westlichen Christentums und – das war der eigentliche Punkt – der Führungsrolle des Papstes. Das Heilige Jahr sollte einen kollektiven Dank dafür darstellen, daß die Zivilisation seit der Geburt Christi ein weiteres Jahrtausend überlebt hatte. Der Papst hatte die Absicht, während dieses aufwendige Stück Öffentlichkeitsarbeit inszeniert wurde, mit den Nachbarstädten Verhandlungen zu führen. Dante besuchte Rom zu Beginn des Heiligen Jahres (er schrieb später einen Augenzeugenbericht über die Sicherheitsvorkehrungen und die Kontrolle der Menschenmassen auf der Ponte Sant'Angelo). Seine politische Karriere hatte gerade begonnen: Im Jahr 1295 hatte er einen Sitz im Ausschuß für Finanzen und allgemeine Fragen; 1296 hatte er eine beachtenswerte Rede im Florentiner »Rat der Hundert« gehalten; ein Jahr darauf wurde er als »poeta fiorentino« in die Gilde der Apotheker aufgenommen (für Künstler gab es keine gesonderte Gilde); im Lauf des Jahres 1300 sollte er auch noch für die üblichen zwei Monate zu einem der sechs Priori ernannt werden.

Ein aus dem vierzehnten Jahrhundert stammendes
florentinisches Spiegelkästchen aus Elfenbein, das verliebte Ritter zeigt,
die die Befestigungen der allegorischen Burg der Liebe erklettern.

Er war vermutlich glücklich über die Gelegenheit, Rom zu besuchen: Wie viele seiner Zeitgenossen bezog er sein politisches Ordnungsmodell vom Römischen Reich, dessen Ruinen überall zu sehen waren. Doch es gab Zeichen dafür, daß Bonifatius einen Schachzug plante. Dantes Traum eines Gleichgewichtes zwischen Kirche und Reich sollte nie Realität werden. Das Jahr 1300 stellte für Dante, was sein öffentliches Leben anging, den Anfang vom Ende dar.

Zur Karwoche war er wieder zurück in Florenz, wo er eine weitere seiner Visionen hatte — eine ausgesprochen starke Vision, um deren Wiedergabe am Ende des »Paradieses« er sich sehr bemühte:

> In jenem klaren, tiefen Wesensgrunde
> des hohen Lichts erschienen mir drei Kreise
> mit einem Umfang, drei verschiednen Farben.
>
> Und zweie sah ich wie zwei Regenbogen
> einander spiegeln, Feuer schien der dritte,
> von beiden Seiten gleichermaßen lebend.
>
> Wie arm ist doch die Sprache und wie kläglich
> für den Gedanken, und nach dem Geschauten
> ist der so groß, daß Worte nicht genügen.
>
> O ewiges Licht, das sich nur selbst bewohnet,
> nur selbst begreift, und von sich selbst begriffen
> und sich begreifend sich auch liebt und lächelt!

Die Unvereinbarkeit seiner Vision von Schönheit — die, wie so vieles in Dantes Dichtung, auf Variationen der Zahl Drei (Dreifaltigkeiten, Triumvirate, dreizeilige Verse) und auf der Symbolik des Lichtes beruht — und der politischen Realitäten des Heiligen Jahres in Rom und Florenz, führte Dante in die dunkle Nacht der Seele, aus der die symbolische Reise der »Göttlichen Komödie« entstand — eine Reise, die in der Nacht zum Karfreitag des Jahres 1300 begann, als der Dichter fünfunddreißig Jahre alt war, und die eine Woche später ihr Ende fand.

Natürlich hat es bereits vorher vergleichbare symbolische Reisen gegeben. Es gab die Darstellungen des Weltendes, der Auferstehung der Toten und des Jüngsten Gerichtes auf den Portalen und Tympana unzähliger Kirchen, die sich üblicherweise auf die biblische Offenbarung beriefen, aber die sich immer auch einen großen Teil künstlerischer Freiheit erlaubten. Es gab beispielsweise Szenen mit zum Leben erweckten Friedhöfen, bei denen jeder als Dreißigjähriger wiedererweckt war, weil dies das Alter war, in dem Christus von den Toten auferstand; oder Szenen höllischer Qualen, die ebenso aus der Folklore wie aus der Theologie abgeleitet waren, in denen riesige Reptilien und scharfzahnige Kreaturen an den Verdammten rissen, während Dämonen teuflische Kessel erhitzten. Bei diesen symbolischen, in Stein gehauenen Reisen war die Hölle — alles in allem – phantastisch, der Himmel eher auf der sicheren Seite biblisch, während das Fegefeuer überhaupt nicht zu existieren schien: Das Leben jenseits des Grabes war bestimmt von der Entscheidung zwischen Himmel und Hölle.

Neben dieser sakralen Kunst gab es ebenfalls das wohlbekannte literarische Genre der »Besuche im Jenseits« oder der »Visionen«, die oft die Grundlage für Predigten und religiöse Abhandlungen in Latein bildeten; es war ein Genre, das die mehr als tausendjährige Lücke zwischen der Offenbarung und der »Göttlichen Komödie« schloß. Im Mittelpunkt dieser Geschichten stand normalerweise eine Person, die das Jenseits besuchte, beobachtete, wie sich das Leben dort abspielte, und die dann auf die Erde zurückkehrte, um darüber – in der Regel mit moralischem Unterton – zu berichten. Kurze Zeit später starb dann der Geschichtenerzähler. Der Mediävist Aaron Gurjewitsch hat dieses Genre im einzelnen studiert und dabei verschiedene immer wieder auftauchende Charakteristika entdeckt: berühmte Persönlichkeiten der Geschichte, die für ihre Untaten in der Hölle büßen; teuflische Qualen, die speziell auf die irdischen Übertretungen zugeschnitten sind (diejenigen, die Meineide leisteten, werden an den Zungen gefoltert, Vielfraße müssen hungern, Trunkenbolde müssen dürsten, Geizhälse bekommen Gold in den Hals gegossen usw.) – anders übrigens als bei den bildhauerischen Versionen, bei denen die Foltern auf eine mehr allgemeine Art unangenehm ausfallen; eine Verhandlung über die Seele des Verblichenen mit zwei Büchern, die alle guten und bösen Taten enthalten – bedauerlicherweise oft ein kleines Büchlein mit den guten und ein dicker Band mit den bösen Taten; als Erlebnis des Himmels Kammern mit Gold und Silber, die das hellste aller Lichter widerspiegeln und die von der berühmten, mit Juwelen besetzten Mauer des Himmlischen Jerusalems umgeben sind; der feine Gesang der Engelschöre sowie die Auserwählten, die in Gewänder gehüllt sind, die so hell erstrahlen, daß es unmöglich ist, sie länger als ein paar Sekunden zu betrachten.

Die Hölle war in der Regel genau unterhalb oder innerhalb eines Vulkankraters angesiedelt (der Aetna und der Vesuv bildeten bevorzugte Eingänge); der Himmel wurde üblicherweise als die »Insel der Seligen« beschrieben, als ein verzauberter Garten oder als ein Ort, an dem die Verstorbenen irgendwie nicht nur auf die Erde hinab-, sondern auch zu einem Baldachin von Sternen hinaufsehen konnten. Das Fegefeuer existierte in den literarischen Odysseen dieser Art ebenfalls nicht, obwohl einige Jenseitsbesucher berichteten, daß sie eine schmale Brücke passieren mußten, die sich über einen dunklen Strom spannte und die Ufer der Seligen und diejenigen der Verdammten miteinander verband, wobei ekelhafte Kreaturen nach ihnen griffen und nach ihren Gelenken schnappten: eine Art Ur-Fegefeuer. In der Tat tauchte das Fegefeuer laut Gurjewitsch nicht vor dem späten zwölften Jahrhundert auf, um erst im dreizehnten Jahrhundert breite Anerkennung zu erfahren und wenig später schließlich auch von den herrschenden Mächten anerkannt zu werden. Die vage Vorstellung einer vorübergehenden Bleibe zwischen Himmel und Hölle, bei der die Länge des Aufenthaltes von den »guten Taten« oder der Reue abhing, entstand eher im volkstümlichen Bewußtsein des Mittelalters als bei den Akademikern. Das Papsttum schloß sich dieser Idee noch später an.

Das Hauptcharakteristikum dieser »Jenseits-Besuche« war, daß sie wörtlich zu verstehen waren: Sie beschrieben eine tatsächliche, erlebte Erfahrung und als solche waren sie für die Theolo-

Dante liest aus der »Göttlichen Komödie«; im Hintergrund sind verschiedene Details seiner Heimatstadt und seiner Kosmologie (hauptsächlich Hölle und Läuterungsberg) zu sehen, gemalt von Domenico di Michelino (1417–1491).

USTRAVIT QUE ANIMO CUNCTA POETA SUO · DOCTUS ADEST DANTES SUA QUEM FLORENTIA SAEPE
O MORS SAEVA NOCERE POETAE · QUEM VIVUM VIRTUS CARMEN IMAGO FACIT·

gen und die Männer der Kirche von großem Interesse. Bedas »Kirchengeschichte« beschreibt einen solchen »Jenseits-Besuch« außerordentlich detailliert. In dessen Verlauf besucht ein Ire mit Namen Fursey die Hölle, als Beweis für seine Anwesenheit trägt er sogar Narben davon, die von Verbrennungen an seiner Schulter und am Kinn herrühren. Einige frühe Leser der »Göttlichen Komödie« meinten, daß Dante ebenfalls Narben von den Höllenfeuern im Gesicht gehabt haben müßte. Doch dies hieße, sowohl das Werk als auch den Autor mißzuverstehen. Dante war nie darauf aus, wörtlich verstanden zu werden. Sein Jenseits ist voller Details, die den Leser ermutigen, den Unglauben fallenzulassen, aber es handelt sich dabei explizit um ein Kunstwerk — eine poetische Metapher. Er behauptet nicht: »Ich war dort«.

Der Dichter ist in der »Göttlichen Komödie« kein distanzierter Beobachter, er nimmt an der Handlung teil, und die Personen, die er trifft, interagieren mit ihm — in dramatischen kleinen Zwischenspielen, die ihnen eine kurze Pause oder Unterbrechung in ihrem zeitlosen Geschick verschaffen. Die Verdammten in der Hölle werden nicht von Reptilien, den bissigen Untieren der Friese gequält; sie werden auf ewig von ihren irdischen Sünden heimgesucht — für sie gibt es geistige ebenso wie körperliche Foltern, in denen *die Sünde* die Strafe ist, die wieder und wieder erlebt wird. Die Qualen sind individuell auf die Opfer abgestimmt, kein gewöhnlicher Teil der satanischen Landschaft. Die krasse Alternative zwischen Himmel und Hölle mit der dazwischen liegenden wackeligen Brücke hat sich in ein elegantes, dreigeteiltes Jenseits mit Hölle, Fegefeuer (Läuterungsberg) und Paradies verwandelt. Neben der grundsätzlichen Idee der Reise, die Dante aus der Welt der Folklore für die Welt der Kunst übernommen hat, und bestimmten Details bestand der Hauptberührungspunkt zwischen den »Jenseits-Besuchen« des fünften bis dreizehnten Jahrhunderts und der »Göttlichen Komödie« darin, daß sie alle, ob die Reisenden es sich nun eingestanden oder nicht, ihre Ikonographie (und ihre Legitimation) aus der zeitgenössischen Kunst bezogen. Gurjewitsch schließt:

> [Es gab Instanzen, an Hand derer] mittelalterliche Verfasser ihre oder anderer Leute Gesichte auf ihre Wahrhaftigkeit überprüften. Der Mutter Guiberts von Nogent erschien die Jungfrau, und sie war der Jungfrau im Dom zu Chartres ähnlich! Der blinde Bauer, dem die heilige Fides das Augenlicht zurückgegeben hatte, erkannte sie in einem Gesicht, da sie genau dem Muttergottes-Standbild aus dem Dom glich. Als ein junger Mönch aus Monte Cassino den Erzengel Michael erblickte, wie er die Seele seines verstorbenen Bruders davontrug, schaute er ihn »genau in der Gestalt, wie sie die Maler darzustellen pflegen«.
>
> Daher ist die Frage nicht richtig gestellt, ob die Beschreibungen des Jenseits »literarische Schöpfungen« oder Aufzeichnungen der Gesichte und Träume bestimmter lebender Personen wären. Hier gilt kein »entweder-oder«. Der Mensch des Frühmittelalters suchte in seinem Schlaf und seinen Angstträumen das Jenseits auf, strengte sich an, seine Eindrücke und das Geschaute zu schildern, und nahm zu der einzig möglichen und ihm zur Verfügung stehenden Sprache der überkommenen Muster Zuflucht, um das Erlebte auszudrücken, wobei diese Muster das Gesehene mit höherem Sinn erfüllten, es künstlerisch überzeugend und glaubwürdig machten.

Der Gegenstand von Dantes Vision zum Osterfest des Jahres 1300 ist, wie er später schrieb, »in seinem wörtlichen Sinn der Zustand der Seelen nach dem Tod; aber wenn man ihn im allegorischen Sinn versteht, ist dieser Gegenstand die Frage, wie der Mensch durch die Ausübung seines freien Willens gerechterweise Belohnung oder Strafe verdient«. Die Allegorie beginnt damit, daß der Dichter in einem dunklen Wald sein Bewußtsein wiedergewinnt. Es wird uns nicht gesagt, wo das ist. Er ist verloren, verwirrt und verschreckt.

> Grad in der Mitte unserer Lebensreise
>> Befand ich mich in einem dunklen Walde,
>> Weil ich den rechten Weg verloren hatte.
>
> Wie er gewesen, wäre schwer zu sagen,
>> Der wilde Wald, der harte und gedrängte,
>> Der in Gedanken noch die Angst erneuert.
>
> Fast gleichet seine Bitternis dem Tode,
>> Doch um des Guten, das ich dort gefunden,
>> Sag ich die andern Dinge, die ich schaute.

Der Dichter kann in den morgendlichen Strahlen des Lichtes jenseits des Waldes einen Hügel erkennen, den er zu ersteigen versucht. Aber drei hungrige Tiere — ein Leopard, ein Löwe und eine Wölfin — versperren ihm den Weg und zwingen ihn in die Richtung, in der die Sonne kraftlos ist. In seiner Verwirrung findet er einen geisterhaften Führer, der auf ihn wartet:

> . . . Nicht ein Mensch, das war ich,
>> Und meine Eltern waren einst Lombarden,
>> Und beide hatten Mantua zur Heimat.
>
> Ich ward *sub Julio,* wenn auch spät, geboren
>> Und lebte in Augustus' Rom, des guten,
>> Zur Zeit der falschen, lügnerischen Götter.

Es ist Vergil, der große Dichter aus dem Rom unter Augustus, der noch zur Zeit der Herrschaft Julius Caesars geboren wurde und der berühmt war für seine Beschreibung der Reise des Aeneas in die Hölle (ebenso wie für eine, ihm zur damaligen Zeit zugeschriebene Prophezeiung der

FOLGENDE DOPPELSEITE: Dante und Vergil überqueren den zweiten Fluß der Hölle, den Styx, und sie betreten die höllischen, eisernen Festungsmauern der Stadt Dis (»Hölle«, Gesang VIII). Miniatur, vermutlich von dem Sieneser Künstler Vecchietta, um 1450.

Geburt Christi). Er wird der Führer des Dichters während des ersten Teils der Reise sein, die, so erklärt er, sie zunächst zum Ort der gequälten Schatten, dann dorthin, wo sie Hoffnung haben, sich einmal den Seligen anzuschließen, und schließlich in die Stadt der Seligen führen wird – wo Vergil allerdings die Führung an eine andere, würdigere Person abgeben muß, denn gegen *Sein* Gesetz hatte er in seinem Leben zu sehr rebelliert.

»Aber«, fragt der Dichter, »warum muß ich gehen? Wer erlaubt es mir? *Ich* bin nicht Aeneas . . .« Es zeigt sich, daß sich die Seele Beatrices im Himmel des Dichters erbarmt und »eine edle Frau« bittet, ihm zu erlauben, auf eine Reise spiritueller Entdeckungen mitgenommen zu werden – denn sie fürchtet, daß er sich vielleicht verirrt hat. Nachdem Beatrice die notwendige Erlaubnis erhalten hat, steigt sie hinab, um Vergil bei den Toten aufzusuchen, die sich in der Vorhölle aufhalten müssen. Sie fragt ihn, ob er den Dichter aus dem dunklen Wald geleiten würde. Der Dichter Dante wird am Ende durch die Pforten des Paradieses gehen, aber zunächst muß seine Seele gereinigt werden; die drei Tiere seiner Sünden hindern ihn daran, aufzusteigen. Vergil führt ihn deshalb in die Hölle hinab.

Die Einzelheiten der Geographie der Hölle und des Himmels sowie die physikalische Natur des Universums waren in der Wissenschaft und Literatur des Mittelalters erforscht und die Erkenntnisse weiterentwickelt worden. Dante gibt sich während der Reise große Mühe, seine wissenschaftlichen Kenntnisse wie auch sein spirituelles Bewußtsein zu offenbaren. Die Hölle ist beispielsweise unterhalb der sichtbaren Welt in einer konischen Grube angesiedelt, die sich bis ins Zentrum der Erde hinabzieht; je tiefer es geht, desto schlimmer ist es, und die Fahrt des Dichters wird nach und nach durch immer erbärmlichere Kreise der Hölle führen. Die Grube bildete sich, als der Engel Luzifer in Ungnade fiel und aus dem Himmel verbannt wurde. Bei seinem Sturz traf er auf die Erde: Das Höllenloch ist der Krater, der sich dabei bildete. Der dunkle Wald befindet sich am Rand der Grube, die beiden Gefährten müssen deshalb nur unter die Oberfläche der Erde kriechen und in das Inferno hinabsteigen.

Sie überqueren den ersten Fluß der Hölle, den Acheron, um in den Limbus, den ersten Kreis der Hölle, zu gelangen, wo sie auf tugendhafte Menschen treffen, die, ohne selbst daran schuld zu sein, nie getauft wurden. Im Licht der natürlichen Vernunft stellt Vergil Dante seine vier Freunde vor, Homer, Horaz, Ovid und Lucanus. Dann betreten sie gemeinsam eine Burg mit sieben Mauern. Innerhalb der Burg befindet sich eine grüne Ebene, auf der sich die herausragendsten Personen der Antike aufhalten – Aeneas, Hektor, Lukrezia und Penthesilea sowie allein, ein wenig abseits, Saladin, den großen islamischen Gegner der Kreuzfahrer. Daraufhin begeben sie sich aus dem Licht des Limbus in die Finsternis des zweiten Kreises der Hölle, des Kreises der Wollust, in dem die beiden Gefährten die Seelen berühmter romantischer Liebender treffen, und sie setzen ihre Reise fort in die Kreise der Völlerei, der Habgier und des Zorns.

Nachdem sie auf die Sünden der Zügellosigkeit gestoßen sind, müssen sie an diesem Punkt den zweiten Fluß der Hölle, den Styx, überqueren und die teuflischen eisernen Mauern der Stadt Dis passieren. Der Dichter, der bisher für einige der Verdammten Mitleid gefühlt hatte (wie beispielsweise für die Ehebrecherin Francesca da Rimini), beginnt nun, sie wie Vergil zu kritisieren und zu verurteilen. Es ist auch nur gut, daß er sich selbstsicherer und zuversichtlicher in seinen Urteilen fühlt, denn die höllischen Engel, die die Tore von Dis bewachen, beginnen, den beiden Reisenden Beschimpfungen entgegenzuschleudern und auf sie herabzustarren wie Wasserspeier. Vergil ist machtlos, aber ein stiller Botschafter des Himmels treibt die Furien auseinander. Im sechsten Kreis erreichen Vergil und der Dichter in der Stadt Dis die Gräber der Häretiker, wo sich mit dem verstorbenen Führer der Ghibellinen, Farinata degli Uberti, ein langes Gespräch über florentinische Politik ergibt. Der siebte Kreis, der Kreis der Gewalt, wird über einen Felssturz erreicht, der sich während des großen Sturms beim Tod Christi bildete. Hier überqueren die Reisenden den Phlegethon, den Fluß des Blutes; sie wandern durch den Wald der Selbstmörder und sehen die Ebene des brennenden Sandes, die für Verbrechen gegen die Natur und gegen Gott reserviert ist.

So kommen sie an die Kante einer steilen Klippe, von der Vergil das Seil hinabwirft, das der Dichter um die Hüfte geschlungen hatte, um so die Aufmerksamkeit des Geryons, eines geflügelten Monsters, zu erregen, das einem Skorpion ähnelt. Die Gefährten fliegen in Spiralbögen auf dem Rücken des Monsters langsam zum achten Kreis hinab, der aus zehn Schluchten oder Gräben besteht, die konzentrisch angeordnet sind und die jeweils eine Brücke überspannt. Sie sehen Zuhälter, Verführer und Schmeichler (die in einem Graben leben, »eingetaucht im Kote, der schien geschöpft aus menschlichen Aborten«, wo er einen Kopf erblickt, der so vom Kote triefte, daß man nicht sah, »ob geistlich oder weltlich«). Sie erreichen eine Schlucht, die aus einem mysteriösen Grund mit Löchern versehen ist, aus denen Beine und Füße herausragen. Sie erinnern an Taufbecken, nur daß es die Fußsohlen sind, die getauft werden − mit Feuer. Die Löcher, so wird deutlich, sind für Päpste reserviert, die in ihrem Leben korrupt waren. Sie stecken mit dem Kopf voran in den Löchern, und wenn der nächste schlechte Papst stirbt, wird er in ein solches Loch gestopft, wobei er seinen Vorgänger tiefer hinunterdrückt. Flammen verbrennen währenddessen ihre eingeölten Sohlen.

Von den fünf Päpsten, die zu Dantes Zeit lebten, gelingt es nur einem, nicht in die Hölle des Dichters gesandt zu werden, dem gütigen Benedikt XI., der ein Freund der »weißen« Partei der Guelfen und damit auch Dantes war, der aber, ohne etwas Wesentliches erreicht zu haben, bereits neun Monate nach seiner Wahl auf dem Stuhl des heiligen Petrus starb. Man sagte, daß Benedikt an einer Magenverstimmung verschieden sei, nachdem er einige vergiftete Feigen gegessen hatte, die ihm von einem als Nonne verkleideten Mädchen gereicht worden waren. Auf Erden »politisch korrekt« gewesen zu sein, hatte ihn also auch nicht sehr weit gebracht.

In den tieferen Niederungen des Infernos nähert sich der Dichter einem Paar Beine, die besonders aktiv zu sein scheinen:

> »Wer du auch seist, der auf dem Kopfe stehet,
>   Traurige Seele, wie ein Pfahl im Boden«,
>   Sprach ich ihn an, »laß, wenn du kannst, dich hören.«

> Ich stand dort wie ein Bruder vor dem falschen
>   Mörder, der, wenn er in das Loch geschlagen,
>   Den Beichtiger ruft, um noch den Tod zu bannen.

> Er aber schrie: »Stehst du denn schon dort oben,
> Stehst du denn schon dort oben, Bonifatius?
> Dann hat die Schrift um Jahre mir gelogen«.

Die gequälte Seele des verstorbenen Papstes Nikolaus III. hält den Dichter für Bonifatius VIII., der gerade – und damit zu früh – im achten Kreis der Hölle eingetroffen ist. Doch er hat sich geirrt und »die Schrift« (das Buch des Schicksals) hat schließlich doch recht behalten. Im Jahr 1300 hatte Bonifatius noch drei Jahre irdischer Missetaten vor sich.

Auf der Erde verschlechterten sich inzwischen die Beziehungen des Papstes zum neuen Establishment in der Stadt Florenz. Einer von Bonifatius' Florentiner Bankiers war im April 1300 wegen Unterschlagung verhaftet worden. Es war Pech für Dante, daß er zufälligerweise zu den sechs Priori gehörte, die sich ein paar Monate später weigerten, ihn freizusprechen – wurde er doch langsam zu bekannt, um sich mächtige Feinde zu machen. Im April des Jahres 1301 ernannte man ihn, obwohl er nicht länger zu den Priori gehörte, zum Leiter der Wegebauarbeiten in und um Florenz, die dazu beitragen sollten, die Stadt vor Angriffen zu schützen. Im Juni 1301 sprach er im Verlaufe zweier Debatten im Rat der Hundert, den er zu überzeugen versuchte, Bonifatius für seine militärischen Abenteuer keinerlei Unterstützung zu gewähren, ein weiteres Mal im September. Das Ergebnis: noch mehr Feinde.

Der Papst war mittlerweile zum Äußersten entschlossen, die Kontrolle über Florenz zu behalten und die Stadt endlich von den »Schwarzen« regiert zu sehen, der Partei, die seiner Sache am nächsten stand. Er entschied sich daher für ein erprobtes und bewährtes Heilmittel gegen die Probleme mittelalterlicher Päpste: Er rief das französische Königshaus zu Hilfe. Bonifatius hielt in Siena ein Gipfeltreffen mit Karl von Valois ab, dem seeräuberischen jungen Sohn des französischen Monarchen; eine Summe von 70 000 Florin wechselte den Besitzer, und das Schicksal von Florenz war besiegelt. Dante war, vermutlich wegen seiner rednerischen Fähigkeiten, auserwählt worden, einer besonderen Delegation anzugehören, die von den »Weißen« aus Florenz und Bologna zum Papst entsandt wurde. Er soll seinerzeit dazu bemerkt haben: »Wenn ich gehe, wer bleibt? Wenn ich bleibe, wer geht?« Fürwahr, eine aussichtslose Situation. Die anderen Mitglieder der Abordnung wurden wieder nach Hause geschickt, allein Dante hielt man am päpstlichen Hof fest. Es scheint, daß Bonifatius ihn in Rom beschäftigt sehen wollte, nur für den Fall, daß dieser Unruhestifter darauf aus war, die Angelegenheiten zu verderben.

Dante war deshalb zu Allerheiligen des Jahres 1301 nicht dabei, als die Stadt Florenz von den Truppen Karls von Valois eingekesselt wurde. Und er mußte ebenfalls tatenlos in Rom zusehen, wie der Florentiner Corso Donati, bekannt als »il barone« und Oberhaupt der päpstlichen Partei sowie Freund von Bonifatius' Bankiers, die Stadt schließlich einnahm. In mehreren Tagen der Gewalt, die nur das Vorspiel zu einer ganzen Serie von Säuberungen und Schauprozessen bildeten, wandten sich Corso und seine Schläger gegen ihre eigenen Mitbürger. Sie plünderten Häuser, einschließlich desjenigen von Dante, und schlachteten alle »Weißen« ab, die sich ihnen in den Weg zu stellen wagten.

Es ist daher kaum überraschend, daß in Dantes Bild der universalen Ordnung aller Dinge die

Während sie über eine weite Ebene gefrorenen Schlammes gehen – die unteren Tiefen der Hölle, in denen die
Seelen der Verräter dazu verdammt sind, auf ewig ihren Verrat neu zu durchleben –, treffen Dante und Vergil
auf Graf Ugolino, der seine Zähne in das lebende Gehirn des Erzbischofs Ruggieri schlägt
(»Hölle«, Gesang XXXIII); frühe, anonyme Illustration eines Manuskriptes.

schlimmste Sünde nicht etwa die Wollust oder die Völlerei, die Wut oder die Ketzerei, sondern
der Verrat ist. Diejenigen, die sich gegen ihre Freunde gewandt haben, sind auf immer in die tiefsten Tiefen der Hölle verbannt, in das Loch von Cocytus, das Vergil und der Dichter erreichen,
indem sie den Riesen Antaeus überreden, sie aufzunehmen und dort abzusetzen. Der Grund des
Loches, der ekelhafteste Ort, der überhaupt vorstellbar ist, besteht aus einer weiten Ebene gefrorenen Schlammes, der den Körper des Teufels umschließt, der mit seinen drei Mündern eifrig auf
den Sehnen des Brutus, der Julius Caesar betrog, des Cassius, der ihm dabei half, sowie des Judas,
der Christus verriet, herumkaut. Der Dichter nähert sich zwei Seelen, die in einer Grube zusam-
mengefroren sind, und sieht dabei, daß eine von ihnen mit großem Behagen ihre Zähne in den
Hinterkopf der anderen versenkt:

> »O du, der durch so tierisches Gebaren
>   Den Haß auf den, den du verzehrst, bekundest,
>   Sag mir den Grund«, sprach ich, »und ich verspreche,
>
> Wenn du ein Recht hast, über ihn zu klagen,
>   Und ihr und seine Sünden mir bekannt sind,
>   So will ich droben in der Welt dich lohnen,
> So wahr mir meine Zunge nicht vertrockne.«

Es ergibt sich, daß das lebende Gehirn des Erzbischofs Ruggieri von Graf Ugolino verschlungen wird. Die beiden hatten sich miteinander verschworen, um im Jahr 1288 die Stadt Pisa zu verraten. Doch die Geschichte Ugolinos zeigte gewisse Komplikationen, wie er erklärt, indem er seinen Mund erhebt »und wischt' ihn mit den Haaren des Kopfes, den er hinten angefressen«. Ruggieri wandte sich nämlich gegen Ugolino und sperrte ihn zusammen mit seinen vier Söhnen und Enkeln im »Turm des Hungers« ein; in einem Akt extremer Grausamkeit warf er den Schlüssel fort, verbarrikadierte die Tür und überließ die Familie ihrem Schicksal. Die Kinder starben eines nach dem anderen, bis Ugolino eine entsetzliche Wahl aufgezwungen wird:

> Als wir zum vierten Tag gekommen waren,
> Warf Gaddo sich mir lang zu meinen Füßen
> Und sprach: »Mein Vater, kannst du mir nicht helfen?«
>
> So starb er, und so wahr du mich hier siehest,
> Sah ich die dreie nacheinander fallen
> Am fünften und am sechsten Tag; ich selber,
>
> Schon blind, begann um sie herumzukriechen.
> Zwei Tage rief ich sie, als sie gestorben;
> Dann war der Hunger stärker als die Trauer.

In der Realität verhungerte die Familie elf Jahre vor dem Jahr der »Göttlichen Komödie«, im Februar 1289. Aber Dante sollte am eigenen Leib zu spüren bekommen, daß die Politik zwischenzeitlich keineswegs weniger heimtückisch und grausam geworden war. In Florenz hatte der neugewählte Stadtrat, der es ablehnte, im selben Raum wie die »Weißen« zu tagen, damit begonnen, die Stadt von seinen Feinden zu säubern, zu denen auch ehemalige Priori gehörten, von denen bekannt war, daß sie den »Schwarzen« im Wege gestanden hatten. Dante war ein eindeutiges Ziel. Die Anklage vom 27. Januar 1302 sprach von Schieberei, Bestechung und Diskriminierung der »Schwarzen« (»gläubigen Anhängern der römischen Kirche«); der ursprüngliche Urteilsspruch sah eine Geldstrafe und die Verbannung vor. Bevor Dante die Zeit fand, nach Florenz zurückzukehren, hatte man das Urteil schon in »Tod durch Verbrennen« verwandelt. Er hörte die Nachricht auf seinem Rückweg, als er sich gerade in Siena aufhielt. Er konnte nie wieder nach Hause zurückkehren.

Die Gefährten in der »Göttlichen Komödie« suchen sich ihren Weg durch die gefrorene Ebene zum tiefsten Punkt des Universums. Der Dichter muß sich an einem Ort von der Sünde reinigen, der soweit wie möglich vom Licht entfernt ist und wo Vergil ihn auf den gewaltigen Körper Luzifers aufmerksam macht, der hier seit seinem Sturz aus dem Himmel ins Zentrum der Erde festsitzt. Er steht mit der Hälfte seiner Brust oberhalb des Eises, und er besitzt einen Kopf mit drei Gesichtern: Das vordere ist leuchtend rot, die seitlichen sind hellgelb und schwarz. Unterhalb jedes Gesichtes trägt er ein Paar Hautlappen in der Art von Fledermausflügeln, die einen permanenten, eiskalten Wind erzeugen. Luzifer wirkt vampirisch. Der Dichter vergleicht seinen ersten Eindruck von ihm mit einem Stück brandneuer Technologie:

> Wie, wenn ein dichter Nebel sich verbreitet
>> oder in Dunkel eingehüllt die Erde,
>> Windmühlen aus der Ferne uns erscheinen.

Der einzige Weg nach draußen führt an Luzifers pelzigem Körper hinab zum Erdmittelpunkt. Der Dichter hält sich in Todesangst an seinem Freund Vergil fest:

> Ich hab ihm, wie er wollt, den Hals umschlungen,
>> und er ergriff die rechte Zeit und Stelle,
>> und als die Flügel sich genug geöffnet,

> Hielt er sich fest an den behaarten Flanken
>> und ließ sich an den wilden Büscheln zwischen
>> dem Eise nieder und dem dichten Felle.

Dann bittet Vergil plötzlich den Dichter, *aufwärts* zu klettern, denn oben ist nun zu unten geworden und umgekehrt:

> Ich hob die Augen auf und glaubt, ich würde
>> Luzifer sehen, wie ich ihn verlassen;
>> ich sah, wie er die Beine aufwärts streckte.

> »Bevor ich aus dem Abgrund mich befreie,
>> mein Meister«, sprach ich, als ich aufgestanden,
>> »Sollst du ein wenig meinen Irrtum klären.

> Wo ist das Eis, und wie ist dieser also
>> verkehrt gestellt, und wie kann denn die Sonne
>> so schnell vom Abend bis zum Morgen eilen?«

Die beiden Dichter haben sich in einem Augenblick vom Abend in der nördlichen Hemisphäre zum Morgen auf der südlichen Halbkugel begeben, und nun sind sie auf dem Weg zu dem Berg, der sich aus dem Abraum bildete, der beim Aufprall des Teufels auf die Erde entstand. Vergil erklärt:

> Auf dieser Seite stürzte er vom Himmel,
>> und was an Erde einst sich hier gebreitet,
>> hat sich aus Furcht verhüllt mit einem Meere

> Und kam zu unserer Hälfte; und die andre,
>> die hier erscheint und sich nach oben wölbte,
>> schuf wohl, um ihn zu fliehen, diese Höhle.

Jetzt können sie endlich wieder die Sterne sehen. Und sie überqueren die Ufer der Hemisphäre des Wassers zum Berg der Läuterung (des Fegefeuers), wo die Seelen darauf warten, von ihren Sünden gereinigt zu werden, ein Berg, der auf der Erdkugel den genauen Gegenpol zur Heiligen

Stadt Jerusalem bildet. Die beiden Gefährten werden von Cato dem Jüngeren begrüßt, dem römischen Staatsmann und Wächter des Vor-Fegefeuers, der nur schwer davon zu überzeugen ist, daß sie keine Spione der Hölle sind. Der Dichter bemerkt im Morgenlicht zum ersten Mal, daß Vergil im Gegensatz zu ihm keinen Schatten wirft; eine Sekunde lang wird er von der Furcht erfaßt, ausgesetzt worden zu sein. Er bemerkt auch, daß der Berg, der aus dem Meer erwuchs, unendlich hoch zu sein scheint; er ist mit Terrassen versehen, die sich weiter und weiter bis zur Spitze erstrecken: eine Art aus Abfallprodukten erbauter Turm zu Babel.

Schließlich gelingt den beiden Reisenden der ermüdende Aufstieg zu den beiden Terrassen der Exkommunizierten und verstorbenen reuigen Sünder, und sie besuchen das Tal der Fürsten, wo die Seelen von Herrschern, die zur Strafe das »Salve Regina« singen müssen, von ihrer Nachlässigkeit auf Erden geheilt werden. Zu den Herrschern gehören Heinrich von Navarra und Heinrich III. von England. Der Dichter schläft ein und träumt von einem Flug durchs Feuer in den Fängen eines goldgefiederten Adlers. Er erwacht an den Toren zum eigentlichen Fegefeuer. Es scheint, daß Beatrice und die »edle Frau« einmal mehr zu seinen Gunsten eingegriffen haben, um ihn zur rechten Zeit an den rechten Ort zu bringen.

Nachdem die beiden Gefährten das Tor passiert haben und ein Engel mit der Spitze seines Schwertes siebenmal den Buchstaben »P« in die Stirn des Dichters geritzt und ihn dabei aufgefordert hat, diese Schnitte zu entfernen, während er den Berg ersteigt, kommen sie über eine Anzahl von Terrassen, auf denen jeweils ein »P« beseitigt wird, wenn der Flügel eines Schutzengels die Stirn des Dichters streift. Es sind dies der Stolz (wo die Seelen zur Strafe schwere Steine schleppen müssen), der Neid (wo die Augen der Seelen versiegelt sind) und Wut (die in einer dicken, schwarzen Rauchwolke erstickt wird). Hier nimmt der Dichter an einem Seminar über die Freiheit der Wahl mit einem Edelmann aus Venedig namens Marco Lombardo teil. Marco, so wird deutlich, hat Vorstellungen, die seiner Zeit voraus sind:

> Ihr Lebenden wollt jede Ursach leiten
>   vom Himmel droben her, als ob er alles
>   notwendig selbst mit sich bewegen würde.
>
> Wenn dem so wäre, wär in euch vernichtet
>   der freie Wille, nicht mit Recht empfinge
>   man Leid für Böses mehr, für Gutes Freude.
>
> Der Himmel gibt den Anstoß eures Handelns,
>   nicht immer, sag ich, doch wenn ich's auch sagte,
>   ist euch doch Licht für Gut und Bös gegeben.

Marco schließt mit einigen Gedanken über das Gleichgewicht von Kirche und Staat, ein Thema, von dem er weiß, daß es dem Dichter am Herzen liegt:

> Es hatte Rom, das gute Herrschaft führte,
>   zwei Sonnen einst, die beide Wege zeigten,
>   den Weg der Welt und auch zu Gott die Straße.

> Die eine hat die andre ausgetilget,
>> das Schwert ist mit dem Hirtenstab verbunden,
>> und mit Gewalt gehn beide schlecht zusammen.

Nicht die Sonne und der Mond, wobei das Kaiserreich im Widerschein der päpstlichen Glorie existiert, sondern zwei Sonnen. »Gut argumentiert, mein lieber Marco«, meint dazu der Dichter – was irgendwie vorauszusagen war.

Die Reisenden beobachten dann, wie die Sonne den Nebel des Berges vertreibt, und sie erreichen die Terrassen des mittleren Fegefeuers, die Terrassen der Faulen (wo hyperaktive Seelen umherrennen und schreien müssen). Hier trifft der Dichter, während er mit bedächtigen Schritten zwischen den atemlosen Seelen umherstolpert, auf Hugo Capet, den Gründer der Dynastie, »die Frankreich in der neuen Zeit regiert«, der einige seiner Abkömmlinge wegen ihrer Gier, ihres Landhungers und ihrer generellen Sucht nach materiellem Reichtum kritisiert. Es scheint eine ideale Gelegenheit zu sein, sich über Karl von Valois zu unterhalten, obwohl er Florenz erst ein Jahr nach 1300 belagern sollte und nicht vor 1325 starb. Hugo ist offensichtlich ein bemerkenswert genauer Prophet:

> Nicht lang hernach seh ich den Tag schon nahen,
>> da wird ein andrer Karl aus Frankreich kommen,
>> sich und die Seinen besser noch zu zeigen.

> Er kommt allein und trägt nichts als die Lanze,
>> mit der Judas gekämpft, und diese brauchet
>> er so, daß er Florenz die Flanke öffnet.

> Nicht Land gewinnt er, sondern Sünd und Schande,
>> die beide für ihn um so schwerer wiegen,
>> je leichter er dergleichen Schaden rechnet.

Plötzlich wird die Diskussion durch ein Erdbeben, das den gesamten Berg erschüttert, und durch einen schwungvollen Chor unterbrochen, der »Gloria in Excelsis Deo« singt. Dies ist das Zeichen dafür, daß eine Seele bereit ist, aus dem Fegefeuer entlassen zu werden und ins Paradies aufzusteigen. Die fragliche Seele gehört dem römischen Dichter Statius, ein Bewunderer Vergils und – jedenfalls laut Dante – als Ergebnis dessen ein Konvertit zum Christentum. Er wird auf der Reise vom Berg in den eigentlichen Himmel der dritte Führer des Dichters sein, und er beginnt damit, indem er die Reisenden entlang eines Pfades zu den Terrassen des oberen Fegefeuers führt.

Erst kommt die Terrasse der Unersättlichen, wo die Seelen im Angesicht eines süß duftenden Apfelbaums und eines auf seinen Blättern spielenden Wasserfalls hungern und dürsten müssen. Hier diskutiert der Dichter die Frage, wie die Liebe seine Dichtung inspiriert hat. Er trifft seinen Freund und angeheirateten Verwandten Forese Donati, mit dem er sich kurz vor 1300 auf der Erde eine (nach modernem Geschmack) scharfe, aber ohne böse Absicht geführte »Schlacht der

Sonette« geliefert hatte. (Dante hatte Forese in gesalzenen Worten beschuldigt, seine permanent hustende und spuckende Frau zu vernachlässigen, und Forese hatte mit snobistischen Bemerkungen über Herrn Alighieris Geldleihe geantwortet.) Auf der sechsten Terrasse des Fegefeuers erklärt Forese ihnen, daß es in Wirklichkeit seine Frau Giovanella war, die selbstlos für ihn betete, damit er von allen andern Runden befreit wurde und aufsteigen konnte vom Hang der wartenden Seelen; die beiden tragen einander offensichtlich also nichts mehr nach. Der Dichter fragt Forese nach dessen Bruder Corso, »il barone«:

> Denn jener Ort, an dem ich leben sollte,
> > hat Tag um Tag des Guten sich entäußert
> > und scheint zu bösem Untergang zu neigen.
>
> »Geh nun«, antwortet er; »den, der am meisten schuldig, [Corso]
> > seh ich am Schweife eines Tiers gezogen
> > zum Tale, wo man nie Erlösung findet.
>
> Es läuft das Tier bei jedem Schritte schneller,
> > und immer weiter bis zu seinem Sturze,
> > dann läßt es seinen Leib verstümmelt liegen.«

In der Realität starb Corso Donati im Jahr 1308 (also nach 1300), daher die Form einer Prophezeiung), nachdem ihm, nach einem Sturz von seinem Pferd am Boden liegend, die Kehle aufgeschlitzt worden war. Foreses Prophezeiung verwandelt seinen schaurigen Tod in eine Form der Bestrafung – passend für den Mann, der Florenz einnahm.

Dann geht es weiter zur Terrasse der Lüsternen, wo die Seelen in einer Flammenwand gereinigt werden, während sie zu Ehren der Keuschheit der Jungfrau Maria »Virum non cognosco« rufen. Nach einem verständlichen Zögern und flankiert von seinen beiden Führern Vergil und Statius, tritt schließlich auch der Dichter in das lodernde Feuer. Vergil fragt ihn, ob er nicht sehe, daß nur diese Wand ihn von Beatrice trenne. Er hat den Gipfel und damit den Garten des irdischen Paradieses erreicht. Vergil, der letztlich doch nur ein Heide war, ist es nicht erlaubt, weiterzugehen:

> Mit Geist und Kunst hab ich dich hergeleitet.
> > Nun nimm zum Führer deinen eignen Willen;
> > hier ist der Aufstieg, hier die Kunst zu Ende.
>
> Sieh, wie die Sonne auf die Stirn dir leuchtet,
> > sieh, wie hier Gras und Blumen und die Bäume
> > die Erde alle aus sich selbst erzeuget.
>
> Bis noch die schönen, frohen Augen kommen,
> > die weinend mich zu dir gerufen haben,
> > kannst du dich niedersetzen oder wandern.

Dem Dichter kann nun zugetraut werden, seine Umgebung allein und ohne Führer zu erforschen, denn sein Können und Wissen sind mittlerweile genügend entwickelt. Er erblickt – jenseits eines Stromes, der fließender Transparenz gleicht – eine Blumen pflückende Dame, die ihn im Garten willkommen heißt. Wer diese schöne Frau, die vor Wärme und Kraft der Liebe glüht, war oder wer sie nach Dantes Willen sein sollte, bleibt ein Rätsel. Vielleicht war sie eine Freundin von Beatrice. Sie erklärt ihm, daß der leichte Wind im irdischen Paradies sich nach Art der ersten Umdrehung von Ost nach West in der Richtung der himmlischen Sphären bewegt: Er entsteht direkt aus dem Willen Gottes. Sie fügt hinzu:

> Die Dichter, die dereinst gesungen haben
> vom goldnen Alter und von seinem Glücke,
> die hielten wohl Parnaß für diese Stätte.

> Hier war der Menschen Ursprung voller Unschuld,
> hier ist der Frühling ewig und die Früchte,
> der Nektar ist es, den sie alle rühmen.

Dies also ist der Garten Eden, verlegt an einen sicheren Ort in größter Himmelsnähe. Es geschah hier, daß Adam den Apfel aß, hier, daß er zu Gott sagte, daß Eva ihn verführt habe – Akte des Ungehorsams, die den Mord auf die Welt brachten. Und hier muß schließlich der Dichter vom Bösen gereinigt werden, damit er das höchste Glück erfahren kann.

Die Frau zeigt ihm einen himmlischen Festzug der Religionsgeschichte: sieben goldene Leuchter, die an Bäume aus Gold erinnern und die von Trägern in Kleidern von übernatürlichem Weiß gehalten werden; dann die vierundzwanzig Ältesten, die Kronen aus Lilien tragen (die Bücher des Alten Testaments), gefolgt von vier Tieren mit Kronen aus Waldgrün (die vier Tiere der Apokalypse und die vier Evangelien); dann ein zweirädriger Triumphwagen, der von einem Greif (die Kirche) gezogen wird; und drei Damen, die im Tanze kreisen, die, schneeweiß gekleidet, die Tugend des Glaubens, in Smaragdgrün die Tugend der Hoffnung und in flammendem Rot die der Barmherzigkeit oder Liebe repräsentieren – die anderen Tugenden der Klugheit, Gerechtigkeit, Stärke und Mäßigung sind alle in Purpur gekleidet. Dann kommen sieben Männer einschließlich eines alten Mannes, der sich – ganz allein – in seinem Traum bewegt und dessen Gesicht durchgeistigt strahlt (der Rest des Neuen Testaments mit dem alten Mann als Offenbarung). Die Prozession hält an, als der Triumphwagen sich auf der Höhe des Dichters befindet, es ertönt ein Donnerschlag. Einhundert Engel werden am Himmel sichtbar und lassen einen Regen von Blumen niedersinken. Dann endlich erscheint mit einem Auftritt, der in der ganzen Literatur unübertroffen sein dürfte, inmitten dieses von Engeln organisierten Blumenfestivals eine Frau mit einem weißen Schleier, einem grünen Umhang und einem roten Gewand – es sind die Farben der theologischen Tugenden. Dieser Auftritt machte auf die italienische Psyche einen derartigen Eindruck, daß die Farben später für die Nationalflagge ausgesucht wurden.

> Da hat mein Geist, der schon seit langen Zeiten
> von ihrer Gegenwart mit jenem Staunen
> und tiefen Beben nicht erschüttert worden,

Im Garten des irdischen Paradieses auf dem Gipfel
des Läuterungsberges muß der heidnische Dichter
Vergil Dante verlassen, der daraufhin jenseits
eines Stromes eine schöne Dame erblickt, die Blumen pflückt
(»Läuterungsberg«, Gesang XXVIII); eine frühe anonyme Illustration.

Auch ohne daß die Augen sie erkannten,
nur durch geheime Kraft, die von ihr ausging,
der alten Liebe große Macht erfahren.

Blitzschnell wird der Dichter im Geiste in die Zeit seiner Jugend zurückversetzt. Er wendet sich
wegen eines Trostes an Vergil. Aber Vergil ist gegangen. Der Dichter beginnt zu weinen, während
die Frau ihn anspricht:

»Ja, schau nur her, jawohl, ich bin Beatrice!
Wie wagtest du, dem Berge dich zu nahen?
Hast du denn nicht gewußt, hier sei man glücklich?«

Beatrice, denn sie ist es, schilt Dante — auch mit Namen — für sein Weinen und sagt ihm, daß er bald einen wirklichen Grund haben werde, um in Tränen auszubrechen. Er fühlt sich wie ein schuldiges Kind vor seiner Mutter. Sie geht jedoch weiterhin streng mit ihm um, obwohl sogar Engel sie um Milde gebeten haben:

> Für kurze Zeit gab ihm mein Antlitz Stärke;
>> indem ich ihm die jungen Augen zeigte,
>> führt' ich ihn mit mir auf dem rechten Wege.

> Sobald ich auf der Schwelle angekommen,
>> des zweiten Alters und das Leben tauschte,
>> verließ mich dieser und ergab sich andern.

> Als ich vom Fleisch zum Geist emporgestiegen,
>> in Schönheit und in Tugend noch gewachsen,
>> ward ich ihm weniger genehm und teuer.

> Er wandte seinen Schritt auf falsche Wege
>> und folgte trügerischen Wunschgebilden,
>> die kein Versprechen jemals ganz erfüllen.

Der Dichter fällt in eine todesähnliche Bewußtlosigkeit, in deren Verlauf er von der rätselhaften Dame in die Wasser des Vergessens getaucht wird. Als er erwacht, sieht er, wie Beatrice ihren Schleier abnimmt, und zum ersten Mal, seit sie vor zehn Jahren starb, erblickt er ihr Gesicht. Von den sieben Tugenden umgeben, sitzt sie am Fuß des Baumes der Erkenntnis. Beatrice enthüllt ihm eine weitere Vision, die dieses Mal einen Streitwagen, einen Adler, einen Drachen und eine Dirne einschließt — eine Serie von Tableaus, die offensichtlich dazu ausersehen waren, das irdische Werk der Kirche von der Auferstehung Christi bis ins Jahr 1300 darzustellen. Die Hure repräsentiert dabei das korrupte Papsttum und im besonderen Bonifatius VIII., der erst jüngst mit dem Sohn des Königs von Frankreich gewissermaßen ins Bett gestiegen war. Zur Erklärung der Vision benutzt Beatrice einen aus Zahlen bestehenden Code. Sie drückt dann den Wunsch aus, daß Dante sich von Furcht und von Beschämung befreie und nicht mehr rede wie im Traum. Sie sind jetzt bereit, sich gemeinsam mit Statius zu den Sternen des Paradieses zu erheben.

Dante wird nun eine Art mittelalterliche Weltraumfahrt unternehmen, eine Reise durch ein kohärentes und durchdachtes Universum. Und es sind die Details dieser Reise — die Farben, Formen, Entfernungen und die gesamte Geographie — ebenso wie ihre elegante Symmetrie, die bereits in den Kreisen der Hölle und den Terrassen des Läuterungsberges sichtbar wurde, die sie so handfest und glaubwürdig machen. Diese Einzelheiten basierten tatsächlich auf den neuesten Vorstellungen über die Funktionsweise des Universums. In Dantes Kosmos ist nichts undurchdacht.

Mit einer runden Erde als Zentrum beruht die Geometrie des gesamten Kosmos auf Kreisen und Sphären. Alles in Zusammenhang mit diesem kreisförmigen Universum besteht aus den vier Elementen Erde, Wasser, Luft und Feuer, die wie eine Adelsliste geordnet sind. Die Erde ist das am wenigsten edle Element – die gesamte Erde des Universums sinkt herunter, um in seinem Mittelpunkt den Erdball zu bilden. Als nächstes auf der Liste kommt das Wasser, das sich auf der Oberfläche der Erde sammelt, aber manchmal auch seinen Weg in den Himmel findet, aus dem es als Regen herabfällt. Die Luft, die sich erhebt und oben bleibt, ist noch edler. Doch das edelste Element von allen, das immer dorthin zielt, wo es – in Form der Helligkeit der Sonne am Tag und der Sterne in der Nacht – als Licht wahrgenommen werden kann, ist das Feuer. Jedes dieser Elemente korrespondiert mit psychologischen oder geistigen Zuständen unten auf der Erde, die jeweils wieder der Geometrie der Himmel entsprechen. Der Grad der Vornehmheit wird gleichermaßen von den Menschen, die teils adlig und teils ohne Adel sind (die meisten allerdings letzteres, wie betont werden mußte), wie auch von den Engeln oben im Himmel widergespiegelt, die die Sterne bewegen und die, wenn sie würdig genug sind, den Geist Gottes sehen können. Sie leben in einer Welt des Lichtes, in der es überhaupt keine Finsternis gibt. Gott existiert naturgemäß außerhalb dieses Systems und jenseits von Raum und Zeit im edelsten Teil des Universums, den zu besuchen sich die menschliche Seele sehnt und der den Ursprung dieses komplizierten Spiegelkabinetts bildet. Genau dorthin ist Dante aufgebrochen, weg von Düsterkeit, Unwissen und Niedrigkeit, hin zu Glückseligkeit, Licht, Beatrice und Gott.

Eine der ersten Entdeckungen, die er macht, ist die Tatsache, daß er jetzt, wenn auch nur für kurze Zeit, direkt in die Sonne sehen kann – »sehn, wie rings herum die Funken sprühten, wie Eisen, das des Feuers Glut entrissen«. Er begibt sich dann mit Beatrice in die Sphäre des Feuers jenseits der irdischen Atmosphäre, wo er die Klänge der himmlischen Sphärenharmonie zu hören beginnt. Beatrice erklärt ihm, daß die Gefühle des Reisens im Raum auf eine gewisse Art denen irdischer Reisen ähnlich sind, nur daß er schneller als ein Blitz geflogen sei. Dann beginnen sie mit ihrem Aufstieg durch die Sphären, die die Sterne und Planeten rings um die Erde tragen, die Sphären oder Himmel des Mondes, des Merkurs, der Venus, der Sonne, des Mars, Jupiters, Saturns, der Fixsterne, des Primum Mobile (des am schnellsten kreisenden Himmels). Sie werden widergespiegelt in den neun Rangordnungen der Engel, die Gott umkreisen: Engel, Erzengel, Fürstentümer, Mächte, Kräfte, Herrschaften, Throne, Cherubim und Seraphim. Oberhalb des Primum Mobile liegt das Empyreum, in dem sich die Rose des Paradieses befindet; oberhalb der Rose ist der Ort des höchsten Wesens.

Glaubte Dante wirklich an Reisen durch das All? Immerhin hatte er quer durch die gesamte »Göttliche Komödie« nicht dadurch Glaubwürdigkeit errungen, daß er um blindes Vertrauen gebeten hatte – der »Es war einmal«-Ansatz der meisten Legenden –, sondern indem er einen Berg physikalischer, zu verifizierender Einzelheiten präsentiert hatte. Eine der ersten Fragen, die er Beatrice auf seinen Reisen durch das Paradies stellt, lautet nach dem Grund für die dunklen Flecken auf dem Mond. Sie antwortet, daß sie – entgegen allem, was menschliche Wissenschaftler denken – sehr wenig mit unterschiedlicher Dichte der Materie zu tun haben, allerdings sehr viel mehr mit der Tatsache, daß die Engel, die sich um den Mond kümmern, im Rang unter denen im Himmel stehen, weil der Mond, verglichen mit dem Strahlen des Himmels, so unvollkommen ist. Nun, sagt Dante, Leser in kleinen Booten mit dazu passendem kleinen Verstand sollten zurückkehren, solange noch das Ufer zu sehen sei. Die Topographie des Paradieses ist demnach stimmig, nicht weil sie immer mit den Dingen korrespondiert, so wie sie auf der Erde gesehen werden, sondern weil sie von einem System perfekter Symmetrie zusammengehalten wird. Dante bewegt sich allein dadurch von einer Sphäre in die nächste, daß er Beatrice in die Augen sieht. Ihre Grazie und ihre Ausstrahlung reichen aus, um ihn an jeden Ort zu bringen, zu dem er reisen möchte. Sie darf allerdings nicht zu oft lächeln. Dies würde ihn direkt aus dem Sonnensystem hinauskatapultieren.

Dante sieht zum ersten Mal Seelen im Himmel und hält sie für Widerspiegelungen:

> So wie in glatten und durchsichtigen Gläsern
>   oder in reinen, ruhigen Gewässern,
>   die nicht so tief, daß man den Grund verlieret,
>
> Sich unsre Angesichter widerspiegeln
>   so, daß auf weißer Stirne eine Perle
>   nicht matter anzuschaun in unsern Augen;
>
> Sah ich Gesichter, die bereit zu reden . . .

Er fragt die Seelen, ob sie glücklich sind oder ob sie sich nach einer höheren Stelle im Himmel sehnen. Sie antworten darauf, daß die Tugend ihrer himmlischen Liebe ihren Willen besänftigt und sie deshalb für sich nicht mehr wünschen als das, was ihnen schon zuteil wurde, oder, kurz gesagt, in *Seinem* Willen läge ihr Friede. Dante kann darüber nur staunen, ebenso wie über die Komplexität des gesamten Systems, das er durchquert.

> Drum heb, o Leser, zu den hohen Kreisen
>   mit mir das Auge, grad zu jenem Orte,
>   wo beide Drehungen zusammentreffen.
>
> Dort sollst du dich in jene Kunst versenken
>   des Meisters, der sie selber liebt im Innern,
>   so daß er nie sein Auge davon wendet.

Beatrice wird ihn zu Vergleichszwecken später ermutigen: »Senke den Blick und schaue um dich, wie du kreisest.«

> Mein Auge ist zu allen sieben Sphären
>   zurückgekehrt, und ich sah diese Erde
>   so, daß ich ob der Kleinheit lächeln mußte . . .
>
> Die kleine Erde, wo wir so sehr toben,
>   erschien mir ganz mit Bergen und mit Schluchten,
>   als ich im ewigen Zwiegestirne kreiste.
> Dann wandt' mein Aug sich zu den schönen Augen.

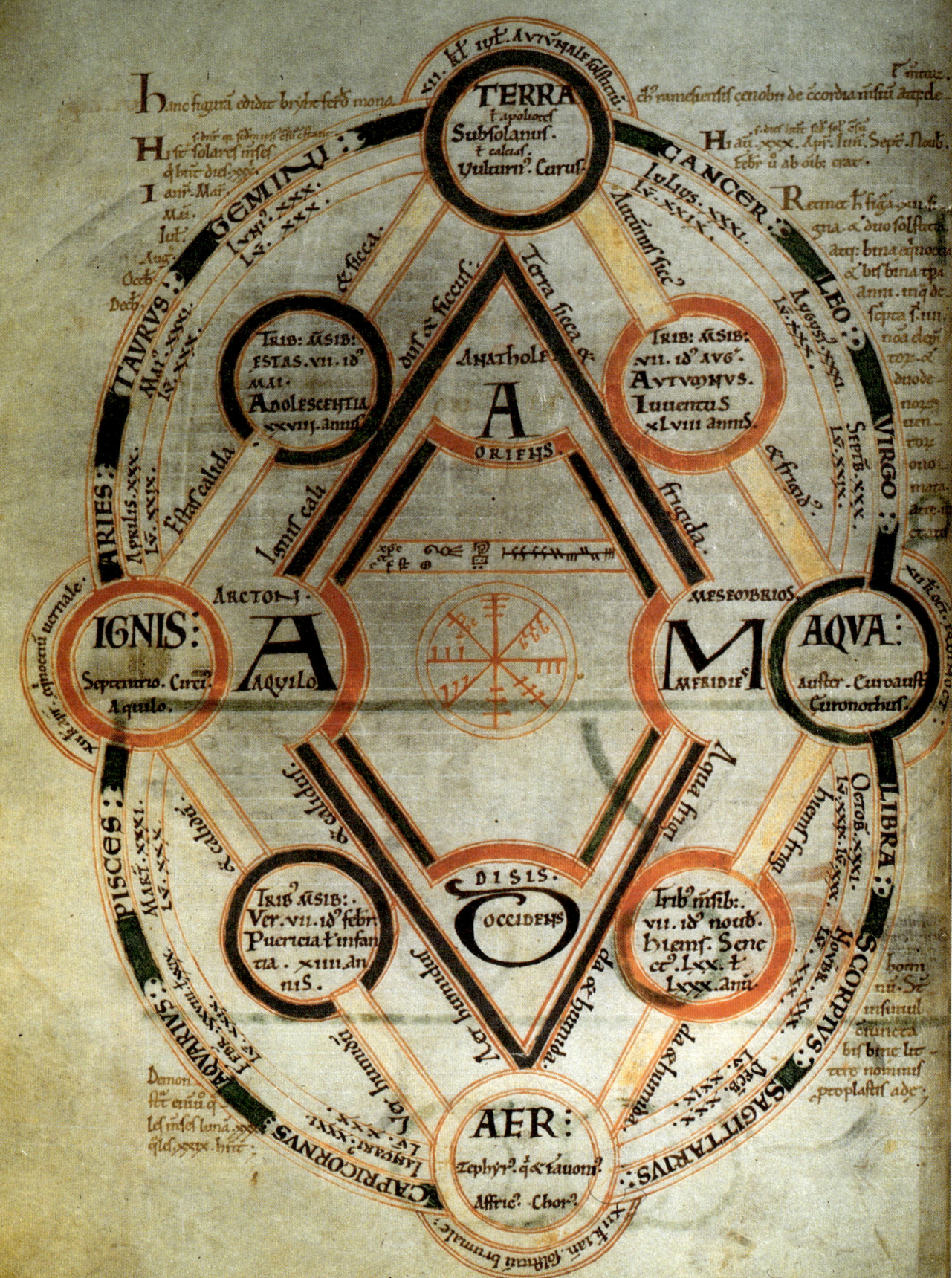

Verglichen mit der geschauten »Kleinheit« der Erde erscheint es Dante, als würde das ganze Weltall lächeln: Er war gleichsam trunken wie in einem gottesgleichen Rausch. Mit Beatrice fliegt er in die höheren Regionen der Himmel, wo die Seelen der Weisen und Gelehrten leben, die selbst »mit aller Kunst und allem Geiste und der Erfahrung niemals vorzustellen« wären, »nur glauben kann man's«. Die Seelen bilden in Form von Blitzen aus lebendigem Licht oder flammender Sonnen einen Kreis um die beiden Reisenden, während sie die ganze Zeit über singen und tanzen:

> Und also singend sind die Glutensonnen
> dreimal um uns im Kreis herumgezogen
> wie Sterne, nahe ihrem festen Pole.
>
> Sie schienen mir wie Frauen, die vom Tanze
> zwar nicht sich lösen, aber schweigend harren,
> bis sie die neuen Töne wieder hören.

Die Seele des Thomas von Aquin tritt aus dem Kreis, um ihre Kollegen vorzustellen; sie hat Dantes Gedanken gelesen und erkennt: »Du möchtest wissen, was für Blumen blühen in diesem Kranze, der die schöne Herrin umwindet, die zum Himmel dich erhoben.«

Damit beginnt der Tanz. Albertus Magnus, der Lehrer Aquins, der alle bekannten Werke des Aristoteles kommentierte (Dantes Universum beruhte maßgeblich auf Aristoteles, den er in lateinischer Übersetzung gelesen hatte); Dionysius Areopagita, von dem viele annehmen, daß er »Die Hierarchie des Himmels« geschrieben hat, auf der die Ordnungen der Engel basieren, und der auch als »brennende Kerze« bezeichnet worden ist wegen seiner Philosophie des Lichts (später wird Beatrice den Schluß ziehen, daß Dionysius in allen seinen Schriften weitgehend recht hatte); Isidor von Sevilla, ein Enzyklopädist des Wissens seiner Zeit und der Theologie; Beda Venerabilis, ein Historiker und der einzige Engländer, den Dante im Himmel findet, sowie Siger von Brabant, der dicht am Wind der Ketzerei segelte, weil er die Unsterblichkeit der Seele bezweifelte, der aber auf spektakuläre Weise im Himmel des Irrtums überführt wurde.

An diesem Punkt macht Thomas eine Pause, um die erhebende Geschichte vom heiligen Franziskus und seiner Liebhaberin, der Armut, sowie die eher deprimierende Geschichte davon zu erzählen, wie der Dominikanerorden seit dem Tod seines Gründers so gedankenlos auf fremden Pfaden wandelt. Dann erscheint ein weiterer Kreis weiser und gelehrter Seelen, und sie bewegen sich in Harmonie mit den ersten. Dieses Mal spielt Bonaventura, das dritte Oberhaupt des Fran-

Ein Plan des Kosmos, der die vier Elemente und
die Sternzeichen zeigt; aus dem angelsächsischen »Book of Byrthferth« (um 1110).
Dantes ausgefeiltere Darstellung des Weltalls in der »Göttlichen Komödie« war gleichermaßen
schlüssig und symmetrisch, aber noch wesentlich detaillierter.

Dante wird von der Habgier der Kirche und vor allem von der Korruption
des Florentiner Klerus berichtet, während er mit Beatrice durch den Himmel der Venus fliegt
(»Paradies«, Gesang IX). Diese Miniatur, eine von einundsechzig, die um 1445 von dem Sieneser Künstler
Giovanni di Paolo für die Bibliothek des Königs von Neapel angefertigt wurde,
zeigt einen geflügelten Teufel, der auf dem Dach des Florentiner Domes steht und
Florin-Münzen in die ausgestreckten Hände eines Papstes schüttet.

ziskanerordens und der Biograph des heiligen Franziskus, den Gastgeber. Während der erste Kreis einen intellektuellen Schwerpunkt besaß, ist dieser zweite eher inspirativ. Bonaventura beginnt mit einem Lob des Dominikus Guzman, des Gründers des Predigerordens, dem das Recht verliehen worden war, die Katharer oder Albigenser zu bekämpfen, ein Recht, das Dante offensichtlich billigte. Dann würdigt er Franz von Assisi, dessen Orden damals ebenfalls, anders als in den Tagen seines Gründers, eher Rückschritte machte.

Dann beginnt der Tanz von neuem: Hugo von Sankt Viktor, der deutsche Theologe, der den oft zitierten Satz prägte »Lerne alles — später wirst Du sehen, daß nichts überflüssig war!«; Nathan, der hebräische Prophet; Joachim von Fiore, der ähnlich wie Siger auf der Erde dicht am Wind gesegelt war, dessen Prophezeiungen und Visionen des Weltendes sich aber als sehr einflußreich erwiesen hatten, sowie noch sieben weitere Persönlichkeiten. Abt Suger, Héloise und Abaelard gehören nicht zu den Bewohnern des Himmels, wohl aber Anselm von Canterbury, der Mann, der den Theologen Anselm von Laon unterrichtete, Abaelards viel gescholtenen Lehrer, was einen gewissen Hinweis darauf geben dürfte, wo Dantes eigene Sympathien im Duell der Denker angesiedelt waren. Augustinus von Hippo, Franz von Assisi und Bernhard von Clairvaux (mittlerweile ein ehrwürdiger, alter Mann in den Gewändern der Heiligen des Himmels) werden alle erst später unter den Auserwählten der höheren Regionen des Paradieses Erwähnung finden.

In den zwei Reigen der Seelen, die sich in der Sphäre der Sonne abspielen, spiegeln die vornehmen — und überraschend beschwingten — Zeremonienmeister wie bei einem Square-Dance gegenseitig ihr Verhalten wider: Ein Dominikaner stellt Franziskus vor, während ein Franziskaner Dominikus vorstellt; beide präsentieren dann die aus ihrer Sicht größten »Hits« des mittelalterlichen Denkens. Sie machen Dante Mut zu Reflexionen:

> O unvernünftig doch der Menschen Sorge,
>   wie falsch sind alle die Gedankenspiele,
>   die deiner Flügel Schlag nach unten führen!
>
> Der eine lief dem Rechte nach, der andre
>   der Heilkunst, einer hat die Priesterweihe,
>   ein andrer will durch Macht und Schlauheit herrschen . . .
>
> Als ich, von allen diesen Dingen ledig,
>   mit Beatrice dort im Himmel droben
>   in solchem Glanze aufgenommen wurde.

In der Sphäre der Fixsterne sieht Dante die Seelen der Seligen in das Empyreum aufsteigen. Dieses Mal betrachtet er sie nicht als Reflexionen, sondern als »siegesfrohe Dünste«:

> So sah ich droben sich den Äther schmücken
>   und niederschneien siegesfrohe Dünste,
>   die dort mit uns zusammen erst verweilten.

> Mein Auge folgte ihren lichten Bildern
> solange, bis der Raum in seiner Größe
> ihm nicht erlaubte, weiter vorzudringen.

Dante und Beatrice fliegen nun noch näher zur Rose des Paradieses, zur neunten Sphäre, dem Primum Mobile, von dem das gesamte Universum bewegt wird. Jenseits dessen gibt es für sie nur noch eine Stufe zu erklimmen, bevor sie wirklich den Geist Gottes sehen können. Denn es ist der Geist Gottes, wie Beatrice erklärt, der diesen Himmel faßt, »in dem entbrennt die Liebe, die ihn bewegt, die Kraft, die er entsendet«. Er wird durch neun gleißende Kreise aus Licht symbolisiert, die sich alle umeinander und zugleich in einem Kreis bewegen; von ihnen, sagt Beatrice, hängt alles in der Natur und im Himmel ab:

> Von Licht und Liebe ist er selbst umfangen,
> wie er umfängt die andern, dies Umschließen
> kann der nur, der ihn selbst umschließt, verstehen.

Für Dante ist dies ein Bild der gesamten Schöpfung: klein, einfach, tragbar und kreisförmig. Diese aus Licht bestehenden Kreise sind ein Bild der Planeten und ihrer Einflüsse, der Rangordnungen der Engel, die sie bewegen, und des Geistes von Gott, Urgrund und treibende Kraft des ganzen Systems – das Licht allen Lichtes, das durch das Paradies herabscheint.

Diese Kreise aus Licht müssen allerdings für den wahren Dante sehr weit entfernt gewesen sein. Der hatte unten auf der Erde seine Beatrice verloren und war für den Rest seines Lebens aus der Stadt, die er liebte, ins Exil verbannt worden. Er arbeitete als eine Art freiberuflicher Diplomat und Lehrer und zog dabei von Stadt zu Stadt; während seiner Reisen erweiterte er gewissenhaft seine Kenntnisse in Philosophie, Kosmologie und Theologie. Sein Exil wurde für ihn um so bedrückender, als er sich von seinen eigenen Verbündeten in Florenz zunehmend entfremdete. Seine Weigerung, an einem Umsturzversuch in der Stadt teilzunehmen, führte schließlich dazu, daß er sich zu einer Art »Ein-Mann-Partei« entwickelte. Schließlich ließ er sich in Ravenna an der Mündung des Po nieder, wo er, wie er es ausdrückte, in seinem Buch der Erinnerungen las – der Erinnerungen an seine Liebe und seine Erfahrungen.

Doch als Dante seinem größten Werk den letzten Schliff verlieh, begann die Welt, in die er hineingeboren worden war, die Welt des Mittelalters, zu zerfallen. Die Päpste zogen mit ihrem Hauptquartier nach Avignon, um näher bei ihren französischen Sponsoren zu sein; die befestigten Mauern ihres neuen Palastes zeigten, wie tief sie in die Affären der diesseitigen Welt verstrickt waren. Dantes Traum einer gerechten Balance hatte sich bereits so überlebt, daß er beinahe lächerlich wirkte. Das französische Königshaus war für eine der großen Grausamkeiten jener Zeit verantwortlich, als Philipp IV. befahl, die Templer, einen geistlichen Ritterorden, der während der Kreuzzüge zum Schutz der Jerusalempilger gegründet und von Bernhard von Clairvaux unterstützt worden war, zu vernichten. Der Grund dafür war vermutlich, daß sie bei ihren Abenteuern große Reichtümer angesammelt hatten und damit Neid heraufbeschworen. Dante bezeichnete aus diesem Grund König Philipp IV. als einen »zweiten Pilatus«, der gierig und

Als Dante und Beatrice in die Sphäre der Sonne aufsteigen, werden sie von der Seele des
Thomas von Aquin begrüßt, der von Albertus Magnus, seinem Lehrer, begleitet wird;
in Giovanni di Paolos Miniatur stellen diese Weisen den beiden Reisenden einen
fröhlichen Kreis ausgesprochen gelehrter und gebildeter Seelen vor (»Paradies«, Gesang X).

»ohne Rechtfertigung in den Heiligen Tempel« einbrach. Eine oder zwei der visionären Quellen
für »Die Göttliche Komödie« sind islamischen Ursprungs. Sie könnten Dante durchaus von Or-
densmitgliedern zugänglich gemacht worden sein, die sie aus Jerusalem mitbrachten. Es finden
sich in der »Göttlichen Komödie« − versteckt hinter Symbolen und allegorischen Anspielungen − sogar einige die Templer unterstützende Bemerkungen. Er mußte vorsichtig sein, zumal er
sich im politischen Exil befand.

Selbst das Wetter wandte sich gegen das Mittelalter. Im Jahr 1315 regnete es während des gesamten Sommers, die Ernten verfaulten auf den Feldern, und die Tiere hungerten zu Tode. Es war
der Beginn einer Reihe von Hungersnöten, die die Bevölkerung schwächten und sie zu einer leichten Beute für den Schwarzen Tod, die Pest, machten. Die ersten politischen Schachzüge, die zum
blutigen und verheerenden Hundertjährigen Krieg führen sollten, wurden ebenfalls in dieser Zeit
gemacht. Darüber hinaus setzte man zu Dantes Zeit in Europa während eines Krieges erstmals
Feuerwaffen ein.

Fünf Jahre vor seinem Tod, im Jahr 1316, erhielt er von seiten der Stadt Florenz das Angebot
einer Amnestie. Im Gegenzug sollte er eine öffentliche Demütigung über sich ergehen lassen und
eine Geldbuße zahlen.

Nachdem sie den Mond, den Merkur, die Venus, die Sonne und den Mars passiert haben, erreichen Dante und Beatrice die Sphäre des Jupiters, wo sie Giovanni di Paolos Miniatur zufolge von Jupiter persönlich in einem leuchtenden Kreis begrüßt werden, der die strahlenden Seelen der gerechten Herrscher erhellt, die einen gigantischen Adler bilden — ein Symbol politischer und kaiserlicher Macht (»Paradies«, Gesang XVIII).

Die Demütigung beinhaltete das Tragen einer über und über mit der Aufzählung seiner Verbrechen beschriebenen Mitra auf dem Gang durch die Straßen der Stadt zum Baptisterium, wobei er von allen und jedem verhöhnt werden konnte. Dante antwortete wutentbrannt:

> Dies ist nicht der Pfad, auf dem ich in meine Heimatstadt zurückkehren werde . . . Wenn ein anderer gefunden werden kann, . . . der nicht den Ruhm und die Ehre Dantes schmälert, werde ich ihn bereitwillig einschlagen. Doch wenn Florenz auf solchem Weg nicht betreten werden darf, dann werde ich Florenz eben nie wieder betreten. Kann ich nicht überall in das Angesicht der Sonne und der Sterne sehen? . . . Seid beruhigt, es mangelt mir nicht an Brot!

Obwohl er Florenz nie wiedersah, dauerte es nach seinem Tod im September 1321 nicht lange, bis die Stadt begann, ihn als ihren großen Lehrer und als ihr Aushängeschild zu verehren. Bis auf den heutigen Tag senden die Bürger von Florenz am Jahrestag seines Todes eine Flasche Öl an die Stadt Ravenna, in der er starb. Eine gewisse Zeit seines Exils hatte er zwar in Verona verbracht, doch während der letzten Jahre hatte er als Gast des Grafen Guido Novella da Polenta in Ravenna gelebt. (Guido war ein Neffe derselben Francesca da Rimini, die Dante in der wirbelnden Dunkelheit des zweiten Kreises der Hölle, des Kreises der Lust, untergebracht hatte. Vielleicht war er deshalb so verständnisvoll, als sie sich damit entschuldigte, alles habe nur an einer »Seifen-oper« gelegen.) Dante starb vermutlich an Malaria, als er sich auf dem Rückweg von einer poli-tischen Mission befand, die ihn im Namen des Grafen nach Venedig geführt hatte.

Es geht die Sage, daß bei seinem Tod der letzte Teil seines Epos nicht aufzufinden war (»Die Göttliche Komödie« wurde es erst später genannt). Daraufhin erschien Dantes Geist einem sei-ner Söhne im Schlaf und teilte ihm mit, daß das Finale etwas so Besonderes geworden sei, daß er es zur Sicherheit in die Wand seines Studierzimmers eingemauert habe. Er hatte gegen 1307 mit der »Komödie« begonnen, die »Hölle« bis zum Jahr 1314 abgeschlossen und am »Paradies« bis zum Schluß gearbeitet. Als man auf die letzten der Gesänge stieß, fand man damit einige der reichsten Bilder des gesamten Werkes, Bilder, die dazu ausersehen waren, eine Welt neu zu ver-zaubern und in Harmonie zu versetzen, die, wie Dante aus seinen alltäglichen Erfahrungen wußte, ziemlich arm an Zauber und Harmonie war. Sie sollten zeigen, wie trotz allen Anscheins des Gegenteils die Teile eine Einheit bildeten und wie das Zentrum halten konnte.

Dantes Paradies war ebenso wie seine Hölle und sein Fegefeuer ein Kunstwerk, bei dem sein Schöpfer persönlich die Hauptrolle der Geschichte spielte, wie es auch von Gottes »Kunstwerk« zeugte. Das war seine eigentliche Botschaft — die Botschaft aller Quellen der Philosophie, Theo-logie, Naturwissenschaft, Science-fiction, Kosmologie und Poesie, die er seit dem Tod Beatrices gelesen hatte. Das Universum ist ein harmonisches System, in dem die Menschen, die Engel und Gott den ihnen zukommenden Platz besetzen: eine durch und durch mittelalterliche Botschaft.

Es ist von besonderer Ironie, daß Dante seine gewaltige Idee genau zu jener Zeit zelebrieren sollte, als das christliche Abendland zerfiel. Es zeugt auch von Ironie, daß die Komödie ein Happy-End besitzt — happy, d. h. glücklich, im mittelalterlichen Sinn des Verstehens der endgül-tigen Harmonie und *Richtigkeit* des Universums, einer Harmonie, die von einem einzigen Prin-zip, dem Schlüssel zur gesamten Geschichte, getragen wird. Denn, wie Dante gläubig am Ende des »Neuen Lebens« gelobt hatte, »wenn es der Wunsch dessen sein sollte, in dem alles gedeiht, daß mein Leben noch einige Jahre andauert, so hoffe ich, über *sie* das zu schreiben, was noch über keine Frau geschrieben worden ist.«

»Die Göttliche Komödie« ist »ein einziges Kristall mit 13 000 Facetten« genannt worden, als »das Werk des letzten Menschen in der Geschichte, der noch in der Lage war, alles Wissen seiner Zeit in sich aufzunehmen«. Der Sinn der Übung war jedoch nicht, Einzelheiten aufzutürmen, das Universum in mundgerechte Stücke zu zerteilen — etwas in der Art hätte man einhundert Jahre später erwartet — oder fortschrittlich zu sein. Dante war einfach glücklicher, wenn er zurück-schaute, und er war von seinem Temperament her eher den Dingen, so wie sie zu sein pflegten, zugewandt — wenn sie ihre beste Zeit gerade hinter sich hatten; er war radikal im eigentlichen Sinn, daß er die Wurzeln untersuchte. Der Sinn der Übung war Wieder-Verzauberung. Und das Ergebnis seiner persönlichen Reise durch den Kosmos fiel so stark und überzeugend aus, daß es für eine gewisse Zeit sogar gegen die Formen der Wissenschaft in der Renaissance und damit ge-gen die andere große Vision des Universums standhalten konnte. Dantes Vision kann auch heute in der postmodernen Welt — oder sollte man besser Post-Renaissance sagen? — noch ein Führer durch den dunklen Wald sein.

»Wenn es je geschieht«, schrieb Dante am Ende des »Paradieses«, »daß dieses heilige Ge-
dicht . . . die Macht gewinnt über jene grausamen Herzen, die mich aus der lieblichen Herde verbannt haben, in der ich als ein Lamm heranwuchs . . . dann werde ich zurückkehren als ein Dichter, und an meinem eigenen Taufstein werde ich den Lorbeerkranz in Empfang nehmen, denn es
war dort, daß ich in den Glauben aufgenommen wurde.« So endet er dort, wo er höchstwahr-
scheinlich begann: im Baptisterium von Florenz, dessen Mosaikdecke er im Alter von elf Jahren
erstmals sah und bewunderte. Wie er bei seinem ersten Blick auf das Paradies sagt:

> Kein Kindlein kann so schnell mit dem Gesichte
> zur Milch sich stürzen, wenn es wach geworden
> viel später als es sonst erwachen mochte,
>
> Als ich mich beugte, daß aus meinen Augen
> noch beßre Spiegel würden . . .

Dante und Beatrice haben beobachtet, wie die neun leuchtenden Kreise verschwunden sind, und
sie sind in das Empyreum weitergezogen. Bis jetzt ist es Beatrice gewesen, die das Licht des Himmels gesehen und die ihre Erfahrung an ihren Gefährten vermittelt hat. Dante muß nun geblendet
werden, damit auch er das Licht sehen kann:

> So wie ein schneller Blitz des Sehens Kräfte
> zerstreut, daß selbst die größten Gegenstände
> auf unser Auge nicht mehr wirken können,
>
> So ward ich vom lebendigen Licht umflutet
> und eingehüllt in einen solchen Schleier
> von seinem Glanze, daß ich nichts mehr schaute.

Mit seiner neuen Sehkraft erblickt er einen flammenden Strom reinen Lichtes, der in einen Kreis
verwandelt zu einem See wird. An den Ufern des Sees stehen Blumen, denen der Frühling wunderbare Farben verliehen hat, aber bei näherem Hinsehen stellen sich die Blumen als die Seelen
der Auserwählten heraus, die sich, angeordnet in der Art von Blütenblättern, zu einer gigantischen Rose von reinem Weiß geöffnet haben. Keine Rose der romantischen Liebe oder der Ritterlichkeit, wie sie in der höfischen Literatur vorkommt, sondern eine Rose der göttlichen Liebe.
Einem Kind gleich findet Dante nicht die richtigen Worte, und einem Kind gleich sieht er auch:
Alle Blütenblätter der Rose scheinen ihm gleich weit entfernt zu sein. Er hat sein ganzes Leben
dafür gebraucht, wie ein Kind zu sehen.

> Mein Aug hat in der Breite und der Höhe
> sich nicht verloren, sondern ganz ergriffen
> die Art und Weite dieser großen Freuden.
>
> Nichts gibt und nimmt hier Nähe oder Ferne,
> denn dort, wo Gott unmittelbar regieret,
> ist das Naturgesetz nicht mehr in Geltung.

Mit seiner Reise ist er so über Raum und Zeit hinaus gelangt. Entfernung und Perspektive sind zu nutzlosen visuellen Hilfsmitteln geworden. Die Ziele, denen sich Dantes Freund, der Maler Giotto, stolpernd näherte, indem er den Realismus zugunsten des Naturalismus verwarf, waren bloße Versuche, ein armseliges Äquivalent zum »Gesetz der Natur« zu finden und die Erfahrung auf menschliche Größe zu reduzieren. Um die Rose des Paradieses zu erkennen, bietet die Zentralperspektive nicht die geringste Hilfe. Das gleiche gilt für die Physik: Die Tausende von Engeln, die wie schwärmende Bienen zwischen den Seelen der Auserwählten und Gott umherfliegen, behindern nie den Blick auf das glorreiche Licht. Es gibt keine Geräusche, nur ein immergleiches Schweigen. Dante und Beatrice bewegen sich in das Zentrum der Rose, und als der Dichter ihr eine Frage stellt, entdeckt er, daß er einen neuen und endgültigen Führer gefunden hat — niemand anderen als Bernhard von Clairvaux. Beatrice hat ihren eigentlichen Platz auf einem der höchsten Ränge der Auserwählten eingenommen.

Dante und Beatrice, die sich dem Ende ihrer epischen Reise nähern, steigen vom Saturn in die Sphäre der Fixsterne auf. In Giovanni di Paolos Miniatur sehen sie auf die strahlende Sonne in ihrem Wagen und auf ein Spektrum von Farben hinab, in dessen Zentrum Leda und Gemini (die Zwillinge) zu erkennen sind, ebenso auf den Mond, den Mars, den Merkur, den Jupiter, die Venus und den Saturn (»Paradies«, Gesang XXII).

> . . . und jene aus der Ferne
>> hat, wie ich glaube, lächelnd mich betrachtet,
>> dann hat sie sich zum ewigen Quell gewendet.

Bernhard fordert Dante auf, noch höher hinauf in die Kreise zu schauen, bis er die Königin des Himmels persönlich erkennen kann. In diesem Augenblick ist er der ideale Führer, denn er ist entflammt im Feuer der Liebe zu ihr und ihr treuer Diener. Als Dante nach oben blickt, kann er sehen, daß die Blütenblätter der himmlischen Rose von ihrem Mittelpunkt nach außen hin aus Kindern bestehen, aus den Seligen des Alten und den Heiligen des Neuen Testaments, vor allem aus heiligen Männern wie Franz von Assisi und Augustinus von Hippo, wobei die Jungfrau Maria den Kopf einer Reihe von Frauen des Alten Testaments bildet, zu denen auch Eva gehört. Auf der »Nach-Christus-Seite« wird Maria flankiert vom heiligen Petrus und vom heiligen Johannes, dem Evangelisten, auf der »Vor-Christus-Seite« sitzen Adam und Moses neben ihr.

Die Szenerie wirkt wie ein mittelalterlicher Hof im Himmel, mit Königen, Fürsten und Fürstinnen, Baronen, Grafen, edlen Damen und Bürgerlichen: hierarchisch, geordnet, aufgeteilt und vorherbestimmt. Dante beschreibt es als eine Art Amphitheater der Auserwählten. Und einer der wunderbaren Aspekte seines Besuches ist der, daß er sich ausnahmsweise einmal mit allen auf gleicher Ebene fühlt. Der Engel Gabriel grüßt die Königin des Himmels mit weit ausgebreiteten Schwingen, und Bernhard fordert Dante auf, zu Gott emporzublicken. Das Wort »Christus« erscheint nicht ein einziges Mal in der »Hölle«; nun, inmitten einer Traube von Anspielungen, Erwähnungen und Verweisen, muß der Dichter bereit gemacht werden, *Sein* Gesicht zu sehen. Bernhard bittet zu diesem Zweck die Königin des Himmels, den »Dunst der Sterblichkeit« zu zerstreuen. Dante wendet seine Augen auf »die Strahlen des hohen Lichts, das die Wahrheit selber« ist, und erkennt drei Kreise in drei transparenten Farben, die an einem Ort zusammenlaufen. Jeder reflektiert den anderen wie einen »Regenbogen«, und der Dichter versucht herauszufinden, wie die drei Kreise und Farben der Dreifaltigkeit miteinander in Beziehung stehen können. Wieder einmal ist die Wissenschaft − sogar die von den Proportionen − ohne Wert:

> So wie der Geometer, der sich mühet,
>> den Kreis zu messen, und mit allem Denken
>> doch jene Regel, die er braucht, nicht findet,
>
> So ging es mir bei diesem neuen Bilde . . .

Mit derartiger Vollendung vor Augen, die ihn die universale Form, die Vision aller Dinge erkennen läßt, wird Dante wieder zum Kind:

> Nunmehr wird meine Sprache noch viel ärmer
>> für das auch, was ich weiß, als die des Kindes,
>> das noch am Mutterbusen letzt die Zunge.

Schließlich ergibt sich der Augenblick der Einsicht und Erleuchtung, der die Reise des Dichters durch die geheimnisvolle Welt des Mittelalters beendet:

Vielmehr ist da mein Geist getroffen worden
von einem Blitz, der seinen Wunsch erfüllte.

Die hohe Bildkraft mußte hier versagen,
doch schon bewegte meinen Wunsch und Willen,
so wie ein Rad in gleichender Bewegung

Die Liebe, die beweget Sonn und Sterne.

Das Schwinden des Mittelalters

Hieronymus Boschs »Garten der Lüste«, der um die Mitte des zweiten Jahrtausends zu einer Zeit gemalt wurde, als die Erinnerungen an den Schwarzen Tod und den Hundertjährigen Krieg noch frisch waren, thematisiert das Schwinden des Mittelalters. Ein Universum mit Gott in seinem Mittelpunkt macht Platz für eines, in dem der Mensch das Zentrum besetzt; Kohärenz, Geschlossenheit, wird zu Fragmentierung, zur Auflösung in Bruchstücke. Ein idyllischer Frühling im Garten Eden, wo der Herrgott Adam und Eva in ihrer Nacktheit segnet, verwandelt sich in den reifen Sommer des verbotenen Wissens und der fiebrigen sinnlichen Lust, der sich wiederum in den ewigen Winter einer gefrorenen Hölle verwandelt, in der gigantische Musikinstrumente die Atmosphäre sprengen und klägliche menschliche Errungenschaften in Rauch aufgehen. Vielleicht soll dieser Geschichtszyklus immer am selben Ort stattfinden, wo der Brunnen des Lebens auf dem linken Flügel zu einer turmähnlichen, architektonischen Konstruktion in der Mitte und zum selbstzerstörerischen Baum-Mann und zur brennenden Stadt auf dem rechten Flügel wird. Wenn dies so sein sollte, wird die Hölle am Ende des Zyklus in dieser wie in der nächsten Welt losbrechen. Der Historiker Johan Huizinga urteilte zu Recht über diese Ära, in der Bosch den »Garten der Lüste« malte:

So grell und bunt war das Leben, daß es den Geruch von Blut und Rosen in einem Atemzuge vertrug. Zwischen höllischen Ängsten und kindlichem Spaß . . . Es lebt in Extremen, zwischen der gänzlichen Verleugnung aller weltlichen Freude und einem wahnsinnigen Hang zu Reichtum und Genuß, zwischen düsterem Haß und der lachlustigsten Gutmütigkeit.

Hieronymus Boschs
berühmtes Triptychon
»Der Garten der Lüste«
(um 1500):
Die linke Tafel zeigt
den »Garten Eden«, die
mittlere Tafel den
»Garten der Lüste« und die
rechte Tafel die »Hölle«.

ANHANG

I *Umberto Ecos Mittelalter*

Im folgenden werden Ecos zehn Klassifikationen der verschiedenen Wiederentdeckungen des Mittelalters aufgeführt, die sich seit der Renaissance ergeben haben; die Beispiele stammen in der Hauptsache von mir:

1 Das Mittelalter als *Vorwand* – eine mythologische Bühne, auf der zeitgenössische Charaktere ohne den Versuch, Authentizität herzustellen, ihren Platz finden können; Opern, verwegene Geschichten und die Fernsehwerbung sind vielleicht die besten Beispiele.

2 Das Mittelalter als *ironisches Wiedersehen* – eine Form des Kommentars zu zeitgenössischen, weniger farbenprächtigen Sitten und Gebräuchen, von Cervantes und Rabelais bis Monty Python.

3 Das Mittelalter als *Barbarei* – eine schäbige, dunkle Ära voll von brutaler Gewalt, Wikingerhelmen und »Heavy metal«, von Brunhilde bis zu den Hell's Angels. Die Art des Mittelalters, an die Alain Minc in »Das neue Mittelalter« denkt.

4 Das Mittelalter als *romantische Zeit* – eine Ära voller sturmgepeitschter Burgen und in ihren Rüstungen klappernder Geister, voller Ritterlichkeit, stets glücklicher und zufriedener Handwerker und alles in allem ein goldenes Zeitalter, von Horace Walpole über John Ruskin bis zum »Krieg der Sterne«.

5 Das Mittelalter als *ewig währende Philosophie* – beispielhaft dargestellt durch die Verlautbarungen des Vatikans und die weltlichen Denksysteme bestimmter Ideologen.

6 Das Mittelalter als *nationale Identität* – wobei die vergangene kulturelle Größe und Unabhängigkeit als ein politisches Modell gesehen wird (wie in einigen der Republiken Osteuropas oder in Irland), obwohl sie in Wirklichkeit in dieser Art nie bestanden hat.

7 Das Mittelalter der *Dekadenz* – von den Symbolisten des späten neunzehnten Jahrhunderts (mit ihrem Schwelgen im Sadismus einer Figur wie Gilles de Rais) bis zu den »Millenariern« und einigen Künstlern zeitgenössischer Galerien (die mittelalterliche Dinge mit dem in Verbindung bringen, was sie als »das Erbärmliche« bezeichnen).

8 Das Mittelalter als *philologische Rekonstruktion* – die Geisteshaltung eines mittelalterlichen Gelehrten in heutiger Zeit, der oder die sich durch die ungeheuren Mengen an Informationen hindurcharbeitet, die im zwanzigsten Jahrhundert verfügbar geworden sind, vielleicht um »große Ereignisse« zu verstehen, aber wahrscheinlicher, um in »die Formen des alltäglichen Lebens« jener Zeit hineinzuschlüpfen, in die *Mentalität* dieser Periode. (Man hat geschätzt, daß zehn- bis zwanzigmal mehr geschriebene Texte aus der mittelalterlichen als aus der griechisch-römischen Welt überdauert haben. Sie datieren hauptsächlich aus der Zeit ab dem Jahr 1000, und sie sind zum Teil deswegen erhalten geblieben, weil sie auf Lamm- oder Kalbslederpergament, einem sehr dauerhaften Material, geschrieben wurden; eine Vielzahl der nach 1250 entstandenen Quellen sind noch unveröffentlicht.)

9 Das Mittelalter der sogenannten *Tradition* – ein buntes Sammelsurium frei übersetzter Texte und überhasteter Schlüsse, das alles zusammenführt; von Druiden, Kraftfeldern und Erdstrahlen bis zu Salomons Tempel,

Tempelrittern, Rosenkreuzern, Hermetischer Philosophie, dem Heiligen Blut und dem Heiligen Gral, Runensteinen, vergrabenen Schätzen, Numerologie, Selbstverwirklichung und – nur zu oft – einem definitiv aus alter Zeit stammenden (und keinesfalls einem »New Age« entsprungenen) Willen zur Macht.

10 Das Mittelalter des *Milleniums und der Apokalypse* – das mit einem sich beschleunigenden Tempo der Veränderung seit dem Verblassen des ursprünglichen Mittelalters herumgeistert, und herumgeistern wird bis gegen Mitternacht des »Tages danach«, wenn vermutlich jemand mit den Worten zu hören sein wird: »Ich hab's Euch ja gleich gesagt . . .«

II *Mittelalter-Studien heute*

Zu den wichtigsten wissenschaftlichen Werken, die in den letzten Jahren veröffentlicht wurden, gehört Professor Norman Cantors 450seitige Studie über das Leben, das Werk und die langfristigen Wirkungen der wichtigsten Mediävisten des zwanzigsten Jahrhunderts, die er »Inventing the Middle Ages« (Die Erfindung des Mittelalters) nennt. In diesem Buch erzählt er eine faszinierende Geschichte, die mit dem englischen Rechtshistoriker Frederic William Maitland beginnt und sich mit dem Blick auf die Vertreter der deutschen Kultur- und Geistesgeschichte fortsetzt, deren berufliche Laufbahnen vom Nationalsozialismus beeinflußt wurden, und sich dann mit den französischen Sozialhistorikern der Zeit zwischen den beiden Weltkriegen beschäftigt, die zunächst die ökonomischen Bedingungen und dann die *Mentalität* studierten, sowie mit Exilanten wie Erwin Panofsky, der die mittelalterliche Kunstgeschichte neu definierte. Er hat einiges zu sagen über die »Oxford-Phantasten« C. S. Lewis und J. R. R. Tolkien sowie über die amerikanischen Historiker, die in einem Klima des heißen und kalten Krieges die »mittelalterlichen Ursprünge des modernen Staates« untersuchten, und er schließt mit dem römisch-katholischen Geschichtswissenschaftler David Knowles, der sein Leben dem Studium religiöser Orden in England widmete, dem französischen Philosophen Etienne Gilson, der Thomas von Aquin als Modell dafür interpretierte, »welchen progressiven Weg katholische Kultur im zwanzigsten Jahrhundert einschlagen sollte«, dem aus Oxford stammenden Richard Southern, dessen »The Making of the Middle Ages« (Die Geburt des Mittelalters) von 1953 *die* Studie über die geistige und weltliche Empfindsamkeit im zwölften Jahrhundert geblieben ist, sowie, als ein Postskriptum, mit dem niederländischen Kulturhistoriker Johan Huizinga, der das noch immer einflußreiche Buch »Autumn of the Middle Ages« (»Herbst des Mittelalters«) während eines einzigen Sommers im Jahr 1919 schrieb – ein Buch, das darüber spekulierte, wie das Holland und das Burgund des fünfzehnten Jahrhunderts aus der Geschlossenheit, dem »Idealismus« und der Symbolkraft der mittelalterlichen Kunst und Kultur zum »Realismus«, zu Einzelteilen und Einzelheiten überging. Er zieht dabei Beweise aus der populären Kultur hervor, um seine These zu stützen.

Laut Cantor haben diese Geschichtswissenschaftler das Mittelalter »erfunden«. Er geht von der Annahme aus, daß die Historiker im neunzehnten Jahrhundert, wie herausgehoben und talentiert sie als Schriftsteller auch gewesen sein mögen, dazu neigten, »die relative Einfachheit der mittelalterlichen Welt als gesichert anzunehmen und auf dieser Basis rechthaberische Urteile abzugeben«; darüber hinaus schrieben sie »über menschliche Beziehungen vor den revolutionären kulturellen Konsequenzen des Aufkommens der sozialen, behaviouristischen und psychoanalytischen Wissenschaften in der modernistischen Kultur des frühen zwanzigsten Jahrhunderts«. Im Ergebnis betrachteten sie das Verhalten menschlicher Wesen auf eine Art, die den Lesern des zwanzigsten

Jahrhunderts überholt oder manchmal sogar unverschämt erscheint. Es waren also im Grunde die Historiker des zwanzigsten Jahrhunderts, die das Mittelalter erfanden. Sie hatten dabei eine feste − wenn auch in der Regel einseitige − Beziehung dazu, wie mittelalterliche Themen und Gegenstände in der Breitenkultur wahrgenommen werden. Cantor bemerkt dazu:

> Die Arbeit der Mediävisten ist offenkundig in verschiedene Gruppen oder Schulen der Interpretation zu unterteilen, und deren Meinungen über den grundsätzlichen Charakter und die genaue Entwicklung der mittelalterlichen Zivilisation unterscheiden sich manchmal völlig voneinander. Außenstehenden mag eine derartige akademische Debatte als haarspalterisches Geschwätz weltfremder Professoren erscheinen, genaueres Hinsehen enthüllt jedoch vieles, was in diesen Debatten auf dem Spiel steht, da in ihrem Verlauf Hypothesen getestet und Ideen verfeinert werden und schließlich auch ein Konsens erreicht wird. Akademische Mediävisten stellen die interpretierende Gemeinschaft, der sich populäre Autoren wie Tuchman und Eco, die über das Mittelalter schreiben, in ihren überaus phantasievollen Schriften beugen.

Eine der wichtigsten Leistungen von Cantors Buch (das bisweilen wie ein farbenprächtiges Turnier anmutet, bei dem das Mittelalter den Preis darstellt) ist es, die wesentlichen Entwicklungen in der Geschichtswissenschaft, die nur zu oft isoliert betrachtet werden, in ihren wahren sozialen und politischen Kontext gestellt zu haben: »Die mittelalterlichen Wurzeln des modernen Staates« wurden während des Kalten Krieges wichtig; Thomas von Aquin war und ist wichtig in den Debatten über die Stellung der katholischen Kirche gegenüber der zeitgenössischen Kultur. Und so weiter. Cantors »große Mediävisten« (und Ecos »philologische Tradition«) können uns ebensoviel über ihre eigene Zeit wie über die Zeiten sagen, die sie untersuchen.

Ein Schlüsselbeispiel stammt aus dem Deutschland der späten zwanziger Jahre, als der Historiker Ernst Hartwig Kantorowicz seine monumentale und vielgelesene Biographie Friedrichs II. (1194−1250) aus der Dynastie der Staufer veröffentlichte, der sein Anrecht auf die deutsche Kaiserkrone von seinem Vater Heinrich VI. und seinem Großvater Friedrich Barbarossa und dasjenige auf das Königreich Sizilien von seiner Mutter Konstanze herleitete. Auf der Höhe seiner Macht und nach Kriegen, die er an verschiedenen Fronten zugleich geführt hatte, erstreckte sich Friedrichs Reich von den Grenzen Dänemarks im Norden bis Sizilien im Süden und dem Heiligen Land im Osten. Schon zu seiner eigenen Zeit war er eine legendäre Figur, einerseits, weil er überaus begabt war, was die Werbung in eigener Sache anging, andererseits, weil eine Reihe aufeinanderfolgender Päpste seiner Propaganda ihre eigene entgegensetzten (sie hatten die verständliche Sorge, eingekreist zu werden), schließlich aber auch, weil er von dem neuen Wissen aus dem Osten fasziniert war, das über Sizilien nach Europa gelangte und das auf den Uneingeweihten wirkte wie ein Werk des Teufels. Einer seiner Feinde hatte sogar behauptet, er habe es gewagt, Moses, Christus und Mohammed als »die drei großen Hochstapler« zu bezeichnen. Friedrich war um die Mitte des dreizehnten Jahrhunderts bekannt als »splendor mundi« (Glanz der Welt), »immutator mirabilis« (bewundernswerter Veränderer) und »malleus orbis« (der Hammer der Welt); er schrieb außerdem *das* Buch über Falknerei, sein Kanzler in Sizilien erfand das Sonett, er korrespondierte über den Sinn des Lebens mit den Weisen des Judentums und des Islam, und er gewährte den provenzalischen Liebespoeten Zuflucht, die der Albigenser-Kreuzzug nach Süden getrieben hatte. Ein außerordentliches, überlebensgroßes Objekt für eine Biographie. Kantorowicz war Mitglied eines Zirkels von Intellektuellen und romantischen jungen Männern, um den konservativen Lyriker und Mystiker Stefan George. Sein Buch »Kaiser Friedrich der Zweite«, im Jahr 1927 in Berlin erschienen, war eine brillant geschriebene Lobeshymne auf die Prinzipien charismatischer Führung und nationaler Erneuerung. Sie begann mit den Worten: »Es herrscht Begeisterung für die großen deutschen Herrscher der Vergangenheit zu einer Zeit, in der es keine Kaiser mehr gibt«, und sie endete mit großem rhetorischem Schwung in einer Nacherzählung der mittelalterlichen Legende, daß dieser vergangene und zukünftige König von seiner vorübergehenden Ruhestätte im Vulkan Aetna inmitten von fünftausend gleißenden Reitern zurückkehren würde, um seine Völker wiederzuvereinen. »Der größte Friedrich ist noch nicht erlöst; sein Volk kannte ihn nicht und es tat ihm nicht genüge.« Laut Kantorowicz hatte Friedrich einen überragenden Plan, der darauf abzielte, die schwächlichen Südländer und die männlichen Nordländer in einem Reich zu vereinen, das die Macht des Papsttums herausfordern und schließlich in einen modernen, weltlichen Nationalstaat münden würde. Kein Wunder, daß sich Nietzsche auf den Kaiser als auf »einen meiner nächsten Verwandten« bezog und ihn zur auserwählten Legion der Superhelden zählte.

Welche politische Intentionen Kantorowicz beim Schreiben seines Buches auch gehabt haben mag (er war Jude, und ebenso wie verschiedene andere Mitglieder von Georges Zirkel wird er Hitler als einen vulgären Emporkömmling und/oder als ein zeitweiliges Ärgernis empfunden haben), »Kaiser Friedrich der Zweite« wurde – im Zusammenhang mit dem aufkommenden Nationalsozialismus – zur Bibel des neuen Mittelalter-Kults. Natürlich hatte es auch vorher schon solche Kulte in der neueren deutschen Geschichte gegeben – vor allem während der napoleonischen Invasion sowie in der Ära Bismarcks und der Reichsgründung: Doch die Massenmedien und die nationalsozialistische Ästhetisierung der Politik stellten sicher, daß die Version des zwanzigsten Jahrhunderts mehr als jemals zuvor durchschlagen konnte. Kantorowiczs Biographie war eines von Hermann Görings Lieblingsbüchern. Während der letzten fünfundzwanzig Jahre sind verschiedene, die Verhältnisse zurechtrückende Biographien und Studien erschienen – die wirkungsvollste von ihnen ist David Abulafias »Friedrich II. von Hohenstaufen« –, die Friedrichs unheimliche Fähigkeit, die Gedanken zukünftiger Generationen vorwegzunehmen, in Frage gestellt haben und in denen betont wurde, daß, weit entfernt davon, einen grundlegenden Plan zu verfolgen, der Kaiser den Hauptzweck seines Lebens darin sah, seine dynastischen Ländereien und Titel so gut und so brutal wie möglich zusammenzuhalten, und daß er die deutschen Fürstentümer weitgehend so zurückließ, wie er sie vorgefunden hatte. Aber Kantorowiczs Werk bleibt dennoch, wie Norman Cantor es zusammenfaßt, »die aufregendste Biographie eines mittelalterlichen Monarchen, die in diesem Jahrhundert vorgelegt wurde«. Der Punkt ist, daß Kantorowicz, obwohl er unzweifelhaft ein Gelehrter von hohem Rang war, das Mittelalter zwangsläufig durch die Brille seiner eigenen Zeit betrachtete – die untergehende Weimarer Republik und die modische Reaktion des Neo-Romantizismus.

Ein anderes Hauptcharakteristikum der wissenschaftlichen Untersuchung des Mittelalters, das in diesem Jahrhundert besonders signifikant gewesen ist, war die große Anzahl wichtiger Gelehrter, die von einem Standort »innerhalb« der römisch-katholischen Kirche ausgingen und ihr Ziel in Angriff nahmen, indem sie zu den Wurzeln zurückgingen bzw. eine ebenso lebendige wie ererbte Tradition nährten. Folgendes Zitat aus David Knowles' »The End of the Middle Ages« (Das Ende des Mittelalters), Band 2 »The Religious Orders in England« (Die religiösen Orden in England), erstmals veröffentlicht im Jahr 1955, macht dies deutlich:

> In Wahrheit fehlen gründliche und detaillierte Aufzeichnungen über die Nonnenklöster für die gesamte Periode zwischen etwa 1200 und der Auflösung (der Klöster) nahezu vollständig. . . . Ein religiöser Historiker, der sich mit dem mittelalterlichen England befaßt, kommt nicht daran vorbei, in allen Jahrhunderten, die auf das elfte folgten, die völlige Abwesenheit einer heiligen oder bestimmenden Frauenfigur zu bemerken.

Infolgedessen, fügt Knowles hinzu, würde sich seine Studie über das englische Klosterleben nicht mit Nonnen befassen. Und in der Tat findet das wichtigste Werk zu diesem Thema, Eileen Powers »Medieval English Nunneries, c. 1275–1535« (Englische Frauenklöster des Mittelalters zwischen 1275 und 1535) aus dem Jahr 1922 in Knowles ausgedehnter Bibliographie nicht eine Erwähnung.

In Cantors »Inventing the Middle Ages« wird Powers Buch untersucht, und zwar in einem Kapitel unter der Überschrift »Außenseiter . . . die Abweichler, die Exzentriker, die Nonkonformisten«; es ist allerdings das einzige Buch einer Mediävistin, das sich bei ihm plazieren kann (auch wenn Cantor in einer einzigen Zeile auf vier Schülerinnen Bezug nimmt). Cantor fährt fort:

> Powers Bericht über Nonnen im England des späten Mittelalters, über die Not und die soziale Randlage ihres Lebens sowie den Mangel an Fürsorge und Beachtung, der ihnen sogar von seiten der kirchlichen Hierarchie zuteil wurde, gibt Zeugnis von einem Statusverlust der Frauen im Landadel des nördlichen Europas während des späten Mittelalters. Es ist nicht überraschend, daß ein Mittelalter-Enthusiast wie David Knowles in seinem monumentalen vierbändigen Werk über die Geschichte religiöser Frauen sehr schnell hinweggeht und daß er sehr wenig zu Powers maßgeblichem Bericht hinzuzufügen hatte. Es ist auch nicht überraschend, daß Dick Southern nie das Thema ansprach, wie wenig Frauen langfristig wirklich von der Marienverehrung und der eher humanistischen Theologie des zwölften Jahrhunderts profitierten.

Das Werk von Eileen Power, die in den Pionierjahren um 1920 im Girton College in Cambridge arbeitete, kritisierte nicht nur patriarchale Strukturen im späten Mittelalter, sondern es lieferte auch ein Modell für die weibliche Geschichtsschreibung ein halbes Jahrhundert später. Denn, wie Cantor schließt:

> Eileen Power ist die einzige Mediävistin, die in die Reihen derer gehört, die unser Bild vom Mittelalter während der ersten siebzig Jahre dieses Jahrhunderts schufen und prägten. Wenn das einundzwanzigste Jahrhundert näherrückt, so wird dies anders aussehen. Um das Jahr 2020 werden Studien über das Mittelalter hauptsächlich von Wissenschaftlerinnen erstellt, wenn die gegenwärtigen Trends anhalten.

Die Forschungen des letzten Jahrzehnts haben erwiesen, daß es Informationen über das geistliche und persönliche Leben in Nonnenklöstern gibt – und über den sich verändernden Status von Frauen zwischen dem frühen und dem späten Mittelalter. David Knowles und anderen müssen diese Informationen bekannt gewesen sein; die Frage ist, ob sie daran ein Interesse hatten oder nicht. Seit der Mitte der achtziger Jahre gibt es Untersuchungen über die Arbeit von Frauen im Mittelalter, über die religiöse Bedeutung von Ernährung – einschließlich des Fastens und dessen, was wir heute »Anorexia« nennen würden –, die Bedeutung der Selbst-Kasteiung für Frauen sowie – außerhalb der Klostermauern – die weibliche Stimme in mittelalterlichen höfischen Romanzen und den Stellenwert, den sexuelle Gewalt in der aristokratischen Literatur einnahm. Es gab Studien über »dominante Figuren« wie die Äbtissin Hildegard von Bingen (1098–1179), Visionärin, Dramatikerin, Kräuterkundige, erste Komponistin in der westlichen Geschichte (ihre hymnischen Gesänge haben 1993 sogar ihren Weg unter die »Top Ten« der klassischen Schallplatten gefunden) und, wie uns jetzt gesagt wird, Schöpferin der »feministischen Theologie«; wie Christine de Pisan (ca. 1364–1433) und ihr »Buch über die Stadt der Frauen«, und es gibt Studien über die Veränderung des Bildes und der Bedeutung der Jungfrau Maria zu jener Zeit mit ihren Implikationen für die Rolle und den Status der Frauen aus den oberen Schichten. Fast alle Arbeiten der Äbtissin Hildegard waren während der vergangenen dreihundert Jahre in Druck. Der entscheidende Punkt war, daß nur sehr wenige Historiker ihnen Beachtung geschenkt haben.

Vielleicht der radikalste Beitrag zu dieser Debatte stammt von dem großen französischen Historiker Georges Duby, der den Standpunkt vertreten hat, daß der Code der höfischen Liebe im zwölften und dreizehnten Jahrhundert, die stilisierte Unterwerfung des unverheirateten Ritters unter die verheiratete Frau, tatsächlich nichts anderes als ein schlauer Schachzug war, um die jüngeren Söhne aristokratischer Häuser in Beschäftigung zu halten (sie mußten ledig bleiben, um die Erblinie nicht zu stören, und sie mußten sich mit der aufgeschobenen Bedürfnisbefriedigung abfinden, wenn sie keinen Ärger bekommen wollten). Die höfische Liebe war weniger dazu da, der Frau einen besonderen Status zu verleihen als vielmehr eine Angelegenheit zwischen dem jungen Ritter und dem Herrn, dessen Frau er umwarb und den er mit seiner Loyalität zu beeindrucken suchte — mehr »eine Männersache« als eine Gelegenheit für die weibliche Stimme, gehört zu werden. »Es ist fraglich«, so Duby, »ob höfische Liebe als Gefühl je außerhalb literarischer Texte existiert hat.« Wenn man allerdings die literarischen Texte verläßt, ist es außerordentlich schwierig festzumachen, wie die Menschen sich wirklich verhalten haben (im Gegensatz zu dem, wie sie sich verhalten haben *sollen* oder wie man auf ihr angenommenes Verhalten reagiert hat).

Natürlich hat es noch zahllose andere wissenschaftliche Beiträge zum Mittelalter gegeben, die die Sorgen von heute ebenso reflektieren wie das Beweismaterial von gestern. Zu ihnen gehört R. I. Moores kontroverse Studie »The Formation of a Persecuting Society« (1987, Die Bildung einer verfolgenden Gesellschaft), die den Standpunkt vertritt, daß im elften und vor allem im zwölften Jahrhundert parallel zu dem Versuch, »dem Christentum« größeren Zusammenhalt zu verleihen, wohlüberlegte und sozial sanktionierte Gewalt gegen Gruppen von Menschen aufkam, die durch Rasse, Religion oder sexuelle Vorlieben definiert waren. Dies stellte ein neues Merkmal der europäischen Geschichte dar, das durch die Institutionen von »oben« und nicht notwendigerweise von der Gesellschaft selbst geprägt war und das den Ursprung für die zahllosen Grausamkeiten bildete, die noch folgen sollten. Norman Cohns Arbeit über »Europe's Inner Demons« (1975, Europas innere Dämonen) und die Millenarier zieht ebenfalls Parallelen zu den Geisteshaltungen, die zu den heutigen ethnischen Säuberungen geführt haben — ein mittelalterlicher Alptraum, der Realität geworden ist.

Cantors zentrale These — daß Studien zum Mittelalter, die bei oberflächlicher Betrachtung sorgfältig gegen die Eigenarten des zwanzigsten Jahrhunderts abgegrenzt zu sein scheinen, in Wirklichkeit von ihnen ebenso tief durchdrungen sind wie jede andere Form der Geschichtswissenschaft — scheint immer stärker anerkannt zu werden in den jüngeren Beiträgen die, dem Werk des Philosophen Michel Foucault und anderen Autoren folgend, sich Gedanken darüber gemacht haben, wie »historische Archive« angelegt und geordnet werden. Ob ein solches Bewußtsein der eigenen Position wirklich bedeuten wird, daß zukünftige Mittelalter-Studien mehr leisten werden als eine bloße Reproduktion der Annahmen der Gegenwart, wird die Zeit erweisen.

Ausgewählte Literatur

Titel, die mit Sternchen gekennzeichnet sind, waren besonders hilfreich.

Allgemein

Barber, Richard: *The Penguin Guide to Medieval Europe*. London 1984
Bishop, Morris: *The Pelican Book of the Middle Ages*. London 1971
Brown, Peter: *Die Heiligenverehrung*. Leipzig 1991
Calkins, R. G.: *Monuments of Medieval Art*. London 1979
Davis, R. H. C.: *A History of Medieval Europe, from Constantine to St. Louis*. London 1988
Duby, Georges: *Europa im Mittelalter*. Stuttgart 1986
Geary, Patrick J. (ed): *Readings in Medieval History*. 1993
*Gurjewitsch, Aaron: *Mittelalterliche Volkskultur*. München 1987
Haren, Michael: *Medieval Thought: Western Intellectual Tradition from Antiquity to the 13th Century*. New York 1992
Holmes, George (Hrsg.): *Europa im Mittelalter*. Stuttgart 1993
LeGoff, Jacques: *Für ein anderes Mittelalter. Zeit, Arbeit und Kultur im Europa des 5.–15. Jahrhunderts*. Hamburg 1987
LeGoff, Jacques, Hrsg.: *Der Mensch des Mittelalters*. Fellbach 1990
LeGoff, Jacques: *Das Hochmittelalter*. Frankfurt a.M. 1990
*Le Goff, Jacques: *Medieval Civilization, 400 – 1500*. Oxford 1988
*Loyn, H. R. (ed): *The Middle Ages – A Concise Encyclopedia*. London 1991
McEvedy, Colin: *The New Penguin Atlas of Medieval History*. London 1992
Martindale, Andrew: *Gothic Art*. London 1988
*Moore, R. I.: *The Formation of a Persecuting Society: Power and Deviance in Western Europe, 950-1250*. Oxford 1990
*Murray, Alexander: *Reason and Society in the Middle Ages*. Oxford 1985
Southern, Richard: *Western Views of Islam in the Middle Ages*. London 1962
*Southern, Richard: *The Making of the Middle Ages*. 1993
Storey, R.L.: *Chronology of the Medieval World, 800-1491*. Oxford 1993

Das Mittelalter heute

Abulafia, David: *Friedrich II. von Hohenstaufen. Herrscher zwischen den Kulturen.* München 1994

Bennett, Judith M.: ›Medievalism and Feminism‹; in: *Speculum,* April 1993

Bretèque, François de la: *Le Moyen Age au Cinéma.* Perpignan 1985

Brynum, Caroline W.: *Holy Feast and Holy Fast: The Religious Significance of Food to Medieval Women.* Berkeley 1987

Campbell, Joseph: *Der Heros in tausend Gestalten.* Frankfurt 1978

*Cantor, Norman F.: *Inventing the Middle Ages: Lives, Works and Ideas of the Great Medievalists of the 20th Century.* Cambridge, 1992

Ciment, Michel: *John Boormann.* London 1986

Cohn, Norman: *Europe's Inner Demons.* 1993

Day, David: *Tolkien. Eine illustrierte Enzyklopädie.* Remseck 1992

Duby, Georges: *Die Frau ohne Stimme. Liebe und Ehe im Mittelalter.* Frankfurt a. M. 1993

Eco, Umberto: *Kunst und Schönheit im Mittelalter.* München 1993

Eco, Umberto: *Nachschrift zum Namen der Rose.* München 1987

*Eco, Umberto: *Der Name der Rose.* München 1982/1991

*Eco, Umberto: *Über Gott und die Welt. Essays und Glossen.* München 1987

Eco, Umberto: *The Aesthetics of Chaosmos: The Middle Ages of James Joyce.* London 1989

*Frayling, Christopher: *Conversation with Umberto Eco.* Vollst. Transkript 1984

Frayling, Christopher: ›In Search of a Logic of Culture‹; in: *The Listener,* 11. Okt. 1984

Frayling, Christopher: *Conversation with Terry Gilliam. BBC World Service,* 12. Nov. 1991

Gablik, Suzi: *The Re-enchantment of Art.* London 1994

*Girouard, Mark: *The Return to Camelot: Chivalry and the English Gentleman.* London 1985

Griffin, David Ray: *The Re-enchantment of Science: Postmodern proposals.* London 1988

Hobsbawn, E./ Ranger, T.: *The Invention of Tradition.* Cambridge 1992

Jencks, Charles: *The Post-Modern Reader.* 1993

Kantorowicz, Ernst: *Kaiser Friedrich der Zweite.* Stuttgart 1994

Knowles, David: *The Religious Orders in England.* Cambridge 1948–1959

*Ladurie, Emmanuel L.: *Montaillou. Ein Dorf vor dem Inquisitor.* Berlin 1993

Macdonald Fraser, George: *The Hollywood History of the World.* London 1988

McLuhan, Marshall: *The Gutenberg Galaxy.* London 1962

Marcus, Greil: *Lipstick Traces. Von Dada bis Punk – kulturelle Avantgarden und ihre Wege aus dem 20. Jahrhundert.* Hamburg 1992

Minc, Alain: *Das neue Mittelalter.* Hamburg 1994

Mottram, Eric: *Blood on the Nash Ambassador: Investigations in American Culture.* 1991

Power, Eileen: *Medieval English Nunneries, c.1275-1535.* Cambridge 1922

Rose, Mary Beth: *Women in the Middle Ages and Renaissance.* Syracuse 1986

Sheldrake, Rupert: *The Greening of Science and God.* New York 1991

Stone, Norman: ›The Return of the Dark Ages‹ ; in: *The Sunday Times,* 17. April 1994

Strong, Roy: *And when did you last see your father?: The Victorian painter and British history.* London 1978

Tuchman, Barbara: *Der ferne Spiegel. Das dramatische 14. Jahrhundert.* Hildesheim 1987/ München 1994

Twain, Mark: *Ein Yankee aus Connecticut an König Artus' Hof.* Zürich 1990

*White, Lynn, Jr.: *Medieval Religion and Technology: Collected Essays.* Berkeley 1978

Die diamantene Stadt

Bony, Jean: *French Gothic Architecture of the 12th and 13th Centuries.* Berkeley 1985

*Brooke, Christopher: ›Die Kathedrale in der mittelalterlichen Gesellschaft‹; in: Wim Swaan: *Die großen Kathedralen.* Köln 1984

Coulton, G. J. G.: *Life in the Middle Ages,* 4 vols. Cambridge 1928-30

Friedman, John: *The Monstrous Races in Medieval Art and Thought.* London 1981

Frisch, Teresa G.: *Gothic Art 1140-1450: Sources and Documents.* Toronto 1987

*Geary, Patrick: *Furta Sacra: Thefts of Relics in the Central Middle Ages.* Princeton 1990

*Gimpel, Jean: *The Cathedral Builders.* 1993

Harvey, John: *The Gothic World 1100-1600: A Survey of Architecture and Art.* London 1950

Herbers, Klaus: *Der Jakobsweg: Mit einem mittelalterlichen Pilgerführer unterwegs nach Santiago de Compostela.* Tübingen 1993

*Hogarth, James (Übersetzer): *The Pilgrim's Guide: 12th century guide for the pilgrim to St James of Compostela.* Confraternity of St James, 1992

*James, John: *Chartres – The Masons who Built a Legend.* London 1982

Katzenellenbogen, Adolf: *The Sculpture Programs of Chartres Cathedral.* Baltimore 1959

Lasko, Peter: *Ars Sacra 800-1200.* New York 1978

Macaulay, David: *Sie bauten eine Kathedrale.* München 1989

*Miller, Malcolm: *Chartres Cathedral.* Andover 1992

Oursel, Raymond: *Lumières de Vézelay.* St. Leger Vauban 1993

*Panofsky, Erwin (ed): *Abbot Suger on the Abbey Church of St Denis and its Art Treasures.* Princeton 1946

Panofsky, Erwin: *Gotische Architektur und Scholastik. Zur Analogie von Kunst, Philosophie und Theologie im Mittelalter.* Köln 1989

The Pilgrim's Guide: 12th century guide for the pilgrim to St James of Compostela s. Hogarth, James

*Simson, Otto von: *Die gotische Kathedrale. Beiträge zu ihrer Entstehung und Bedeutung.* Darmstadt 1992

Sox, David: *Relics and Shrines.* Sydney 1985

Swaan, Wim: *Die großen Kathedralen.* Köln 1984

*Turnbull, David: *Inside the Gothic Laboratory* (Unveröffentlichter Konferenz-Beitrag). Bath 1991

Ward, Benedicta: *Miracles and the Medieval Mind: Theory, Record and Event 1000–1215.* 1987

Wilson, Christopher: *The Gothic Cathedral.* London 1990

Zarnecki, George: *Romanesque Art.* London 1972

Die Feuer des Glaubens

Barber, Malcolm: *The Two Cities: Medieval Europe, 1050–1320.* New York 1993

Cohn, Norman: *Europe's Inner Demons.* 1993

Cook, William/Herzman, Ronald: *The Medieval World View.* Oxford 1983

Gumley, Frances/ Redhead, Brian: *The Christian Centuries.* London 1989

*Habig, Marion (ed): *St Francis of Assisi – Writings and Early Biographies.* London 1973

*Hamilton, Bernard: *The Medieval Inquisition.* London 1981

*Johnson, Paul: *A History of Christianity.* New York 1990

Lambert, Malcom: *Ketzerei im Mittelalter. Eine Geschichte von Gewalt und Scheitern.* Freiburg 1991

Leclercq, Jean (et al.): *Geschichte der christlichen Spiritualität.* Würzburg 1993

*Leff, Gordon: *Heresy in the Later Middle Ages: The Relation of Heterodoxy to Dissent, 1250–1450,* 2 vols. Manchester 1967

*Little, Lester K.: *Religious Poverty and the Profit Economy in Medieval Europe.* New York 1978

Oldenbourg, Zoe: *Massacre at Montségur: History of the Albigensian Crusade.* Dorset 1991

Rouquette, Yves: *Cathares.* Portet-sur-Garonne 1991

Sorrell, Roger D.: *St Francis of Assisi and Nature: Tradition and innovation in Western Christian attitudes toward the environment.* Oxford 1988

Thomas, Keith: *Man and the Natural World.* New York 1984

*Wakefield, Walter: *Heresy, Crusade and Inquisition in Southern France, 1100–1250.* Sydney 1974

Wakefield, Walter (ed): *Heresies of the High Middle Ages (Selected sources).* New York 1969

Das Duell der Denker

Barber, Richard (ed): *The Arthurian Legends.* Woodbridge 1987

Bernhard von Clairvaux: *Sämtliche Werke (Lateinisch/Deutsch). Hrsg. von Gerhard B. von Winkler,* Innsbruck 1990

Brooke, Christopher (ed): *The Medieval Idea of Marriage.* Oxford 1994

Chibnal, M. (Übers.): *John of Salisbury's Memoirs of the Papal Court.* Nashville 1956

Cobban, Alan B.: *Universities in the Middle Ages.* Liverpool 1991

Gilson, Etienne: *Heloise und Abälard.* Freiburg 1955

Grane, Leif: *Peter Abelard: Philosophy and Christianity in the Middle Ages.* Sydney 1970

Haskins, C. H.: *The Renaissance of the Twelfth Century.* London 1990

Kenny, Anthony: *Aquinas.* Oxford 1980

Knowles, David: *The Historian and Character and other essays.* Cambridge 1964

LeGoff, Jacques: *Die Intellektuellen im Mittelalter.* Stuttgart 1992

LeGoff, Jacques / Fagan, Teresa: *Intellectuals in the Middle Ages.* Oxford 1993

*Matarasso, Pauline (ed): *The Cistercian World: Monastic Writings of the 12th Century.* New York 1993

*Murray, A. Victor: *Abelard and St Bernard: A Study in Twelfth Century ›Modernism‹.* Manchester 1967

Pennington, Basil (ed): *St Bernard of Clairvaux.* Cistercian Studies, no. 28, 1977

Pullan, Brian: *Sources for the History of Medieval Europe.* Oxford 1966

*Radice, Betty (Übers.): *The Letters of Abelard and Heloise.* New York 1974

*Scott James, Bruno (Übers.): *The Letters of St Bernard of Clairvaux.* Turnbridge Wells 1953

*Warner, Marina: *Alone of all her Sex: The Myth and the Cult of the Virgin Mary.* London 1985

Die Reise ins Licht

*Anderson, William: *Dante the Maker.* London 1983

Auerbach, Erich: *Dante als Dichter der irdischen Welt.* Berlin 1969

Baxendall, Michael: *Giotto and the Orators.* Oxford 1988

Dante Alighieri: *Die Göttliche Komödie.* (Übersetzt von Hermann Gmelin). Stuttgart 1949/ München 1988

Dante Alighieri: *Das neue Leben.* (Übersetzt von Hannelise Hinderberger). Zürich 1987

Gilson, Etienne: *Dante the Philosopher.* London 1948

Heer, Friedrich: *Mittelalter (von 1100–1350).* Zürich 1961

Hollander, Robert: *Allegory in Dante's ›Commedia‹.* Princeton 1969

*Huizinga, Johan: *Herbst des Mittelalters.* Stuttgart 1975

Hyde, K.: *Society and Politics in Medieval Italy: The Evolution of Civil Life 1000–1350.* New York 1973

Jerman, James/Weir, Anthony: *Images of Lust. Sexual Carvings on Medieval Churches.* London 1993

LeGoff, Jacques: *Die Geburt des Fegefeuers. Vom Wandel des Weltbildes im Mittelalter.* München 1990

Pope, Hennessy, J. (ed): *Paradiso.* London 1993

Reynolds, Barbara (Übers.): *Dante – La Vita Nuova (Poems of Youth).* New York 1969

Sayers, Dorothy/Reynolds, Barbara (Übers.): *The Comedy of Dante Alighieri;* vol. 3 *Paradise.* New York 1974

Anmerkungen zu den Quellen

Die Textauszüge auf den angeführten Seiten stammen aus folgenden Quellen:

Seite 49: *The Chronicle of Jocelin of Brakeland,* London 1925
53: zitiert nach Erwin Panofsky, *Abbot Suger on the Abbey Church of St Denis and its Art Treasures*
61: Abbé Bulteau, *Monographie de la Cathédrale de Chartres,* 1887
66: Robert Willis, *The Architectural History of Canterbury Cathedral,* London 1845; zitiert nach Teresa G. Frisch, *Gothic Art 1140–1450*
79: J. M. Neale/B. Webb, *The Symbolism of Churches and Church ornaments,* Leeds 1843; zitiert nach Teresa G. Frisch, *Gothic Art 1140–1450*
84: Zitiert nach Walter Wakefield, *Heresies of the High Middle Ages*
94: Zitiert nach Walter Wakefield, *Heresy, Crusade and Inquisition*
97: Aus *La Chanson de la Croisade Albigeoise*
101, 107, 108, 109: Zitiert nach Marion Habig, *St Francis of Assisi – Writings and Early Biographies*
129: Zitiert nach Pauline Matarasso, *The Cistercian World: Monastic Writings of the 12th Century*
133: Betty Radice (Übers.), *The Letters of Abelard and Heloise*
137: Gottfried von Straßburg, *Tristan.* Stuttgart 1980
140: Bernhard von Clairvaux, *Sämtliche Werke* (Lateinisch/Deutsch). Hrsg. von Gerhard B. von Winkler, Innsbruck 1990
150: Zitiert nach Brian Pullan, *Sources for the History of Medieval Europe*

Die vollständigen Angaben zu den angeführten Büchern und Autoren (wenn nicht hier erwähnt) und zu den Büchern und Autoren, auf die im Text Bezug genommen wird, finden sich in dem Literaturverzeichnis.

Die Zitate aus den Schriften von und über Franz von Assisi in Kapitel 2 stammen aus *St Francis of Assis – Writings and Early Biographies*, herausgegeben von Marion A. Habig. Die Zitate aus den Schriften von Abaelard und Heloise in Kapitel 3 stammen aus Betty Radice (Übers.), *The Letters of Abelard and Heloise,* © Betty Radice, 1974. Die Zitate aus Dante: *Die Göttliche Komödie* in Kapitel 4 stammen aus der Übersetzung von Hermann Gmelin © 1949 Stuttgart.

Bildnachweis

Der Verlag dankt allen nachstehend Genannten, die Fotografien zu diesem Buch lieferten oder die Erlaubnis gaben, rechtsgeschütztes Material abzudrucken. Wir haben uns größte Mühe gegeben, alle Inhaber solcher Rechte ausfindig zu machen; sollten uns dennoch Fehler und Versäumnisse unterlaufen sein, bitten wir dies zu entschuldigen.

Register

Kursiv gesetzte Seitenzahlen verweisen auf Abbildungen